Gerhard Schweizer

Kreuz und Schwert

Gerhard Schweizer

Kreuz und Schwert

Geschichte, Glaube und
Politik der orthodoxen Kirchen

HERDER

FREIBURG · BASEL · WIEN

Für Brigitte

© Verlag Herder GmbH, Freiburg im Breisgau 2023
Alle Rechte vorbehalten
www.herder.de

Die Bibelverse wurden, soweit nicht anders angegeben, folgender Ausgabe
entnommen:

Die Bibel. Die Heilige Schrift
des Alten und des Neuen Bundes.
Vollständige deutsche Ausgabe
© Verlag Herder, Freiburg im Breisgau 2005

DIE BIBEL

Satz: ZeroSoft SRL
Herstellung: GGP Media GmbH, Pößneck

Printed in Germany

ISBN Print 978-3-451-39562-8
ISBN E-Book (EPUB) 978-3-451-83962-7

Inhalt

Orthodoxes Christentum – und die offenen Fragen.
Überraschungen in den letzten Jahrzehnten

Religion und Politik in Russland.
Das Beispiel einer aktuellen Krise

Im Mai des Jahres 2000 wurde die Weltöffentlichkeit durch eine Nachricht aus Moskau überrascht: Wladimir Putin, der als der neue Präsident Russlands in sein Amt eingeführt wurde, ließ diesem politischen Ritual einen Gottesdienst folgen. Was war die Überraschung? Bisher hatten uns in Westeuropa zwar schon genügend Informationen über eine sprunghaft gewachsene Religiosität in Russland erreicht, aber im ehemals kommunistischen Staat hatte sich noch kein ranghoher Politiker demonstrativ von der einst staatlich verordneten Doktrin des Atheismus abgewandt.

Der Gottesdienst für den neuen Staatspräsidenten fand symbolträchtig in jener Kathedrale des Kreml statt, die einst den russischen Großfürsten und Zaren als Ort für private Andachten gedient hatte. Putin küsste Alexej II., dem damals amtierenden Patriarchen von Moskau und Oberhaupt der russisch-orthodoxen Kirche, die Hand, und er zündete feierlich – durch das Fernsehen auffällig dokumentiert – eine Kerze am Altar an. Wie das? Putin war noch ein Jahrzehnt zuvor der Chef des sowjetischen Inlands-Geheimdienstes gewesen, er musste sich also in dieser Eigenschaft zu dem damals verordneten Atheismus kommunistischer Führungskräfte bekannt haben. Nun aber ließ er sich in seiner neuen politischen Funktion durch den höchsten geistlichen Würdenträger segnen. In der Weltöffentlichkeit wird seither gerätselt, ob der Atheist Putin tatsächlich Christ geworden ist oder ob er seither nur aus taktischen Erwägungen demonstrativ als Christ auftritt.

Im selben Jahr 2000 erreichte die Weltöffentlichkeit eine weitere überraschende Nachricht aus Russland. In Moskau fand ein Konzil des Patriarchats statt, in dem die Sozialdoktrin mit folgender Aussage veröffentlicht wurde: Das Verhältnis zwischen öffentlicher Regierungsgewalt und Kirche sei mit jenem von Körper und Seele des Menschen zu vergleichen. Die Kirche verstehe sich als die große geistige Kraft, der die russische Nation ihre Existenz verdanke und ohne die Russland nicht bestehen könne.[1] Solche Äußerungen eines Bischofskonzils bedeuten, dass es keine Trennung zwischen Staat und Kirche, Politik und Religion mehr geben könne, sondern dass beide eine organische Einheit seien. Die Konsequenz: Die russisch-orthodoxe Konfession müsse wieder in den Rang der Staatsreligion erhoben werden, wie dies einst unter der Herrschaft der Zaren gewesen sei. Eine derartige Botschaft signalisierte aber nicht nur eine radikale Position gegen die einstige Diktatur des Sowjetkommunismus, unter deren Herrschaft Religionen weitgehend in ihrem Einfluss zurückgedrängt wurden. Dies bedeutete auch eine aggressive Kampfansage an die säkularen Demokratien westlicher Staaten, in denen es eine solch enge Verbindung von Staat und Kirche nicht mehr gibt.

In diesen Zusammenhang passt auch ein Denkmal nahe dem Kreml: eine 16 Meter hohe Statue aus Bronze, ein bärtiger Mann in der Kleidung eines Fürsten des frühen Mittelalters – dieser Fürst hält in der rechten Hand ein mächtiges Kreuz, die linke Hand ist auf den Knauf eines Schwertes gestützt. Die Statue wurde 2016 auf Geheiß von Wladimir Putin errichtet. Bei der Einweihung hielt Putin eine Rede, ihm folgte Kyrill I., der seit 2009 amtierende Patriarch der russisch-orthodoxen Kirche. Eine Prozession von Bischöfen und Popen in farbenprächtigem Ornat gab der Veranstaltung eine betont sakrale Atmosphäre. Welche Botschaft verbinden Präsident Putin und Patriarch Kyrill mit einer solch pompösen Zeremonie vor dieser Statue? Die Symbole von Kreuz und Schwert erinnern an die Propaganda von Kreuzzügen im Mittelalter. Aber im 21. Jahrhundert?

Eine derartige Entwicklung in Russland lässt die These zu: Trotz aller Unterdrückung ist bei einem größeren Teil des Volkes der Glaube an die Autorität einer dominierenden russisch-orthodoxen Staatskirche erhalten geblieben – oder zumindest die Sehnsucht danach. Die Fakten sprechen für sich. Kaum war der politische Zwang durch die kommunistischen Machthaber verschwunden, änderten sich deutlich die Strukturen. Die Zahl der kirchlich registrierten Mitglieder hatte sich im Zeitraum der Jahre 1991 bis 2008 von 31 auf 72 Prozent mehr als verdoppelt.[2] Und die Zahl theologischer Seminare und Akademien stieg von 1991 bis 2016 von 3 auf über 50. Im Gegensatz dazu gab nur noch jeder vierte russische Einwohner an, Religion spiele in seinem Leben keine Rolle.[3] Ich selbst konnte bei meinen Aufenthalten in Moskau – 1972 sowie 1979 unter kommunistischer Herrschaft und 2017 in der postsowjetischen Ära – den gravierenden Unterschied bereits im äußeren Erscheinungsbild bemerken: 2017 gab es zahlreiche neu gebaute Kirchen, deren Gottesdienste besonders auch von jüngeren Leuten gut besucht wurden.

Am 24. Februar 2022 wurde die Weltöffentlichkeit wieder von einer Nachricht überrascht, welche die bisher stärkste Irritation bedeutet. Es ist der brutale Angriffskrieg Russlands gegen die Ukraine – ein Krieg, dessen Ursachen und dessen Auswirkungen auf ganz Europa inzwischen von den Medien weltweit diskutiert werden. Aber meist steht hierbei die politische Problematik im Vordergrund mit der Auffassung: Putin wolle nach dem dramatischen Zerfall der Sowjetunion wieder ein Großrussisches Reich wie zur Zeit der Zaren herstellen, und hierbei betrachte er den Staat Ukraine, der sich aus dem russischen Einfluss lösen wolle, als unverzichtbaren Teil Russlands. Dieser Krieg hat jedoch auch eine sehr starke religiöse Motivation, die in den westlichen Medien meist nur beiläufig erwähnt und damit unterschätzt wird.

Wenn wir diesen Krieg an zentralen Führungspersönlichkeiten Russlands festmachen wollen, dann dürfen wir den Blick nicht allein auf den Präsidenten Wladimir Putin richten. Ebenso wichtig ist Patriarch Kyrill. Das mächtige Oberhaupt der russisch-orthodoxen

Kirche hatte schon zu Beginn des Krieges gegen die Ukraine im Februar 2022 Putin als starken politischen Führer und die enge „Zusammenarbeit zwischen Staat und Kirche" gelobt. Außerdem hatte er die Gegner als Anhänger „böser Mächte" diskriminiert.[4] Aber der Patriarch radikalisierte seine religiöse Rhetorik sieben Monate später noch erheblich. Im September verkündete er bei einem Gottesdienst in Moskau: Alle russischen Soldaten, die im Kampf gegen die abtrünnigen Ukrainer sterben, würden ins Paradies gelangen. Denn ein solches Opfer in der Schlacht wasche alle Sünden ab. Gott vergebe jenen, die für ein heiliges Ziel kämpfen, alle Sünden.[5] Eine derartige Rhetorik des ranghöchsten russischen Geistlichen erinnert fatal an die Aufrufe zur Zeit der Kreuzzüge, die im Mittelalter stattgefunden haben, und an die Parolen späterer Glaubenskriege bis hin zum Dreißigjährigen Krieg. Mehr noch: Eine solche Rhetorik weist sogar eine beklemmende Parallele zur Propaganda muslimischer Glaubenskämpfer, der Dschihadisten, auf. Für Islamisten dieser Art wird ja jeder, der im Krieg gegen „Ungläubige" stirbt, zum geheiligten Märtyrer, und ihm öffnet Gott den Weg ins Paradies, selbst wenn er zuvor ein großer Sünder gewesen ist.

Westlich aufgeklärte Europäer muss es irritieren, dass eine solche Religiosität unter Christen sogar noch im 21. Jahrhundert wesentlich die Politik beeinflussen kann. Entsprechend haben sich in Westeuropa auch zahlreiche Christen – ob nun katholisch, evangelisch oder orthodox – entschieden von Aussagen des Patriarchen Kyrill distanziert. Aber spätestens seit dem russischen Angriffskrieg auf die Ukraine dringt ins westeuropäische Bewusstsein die Tatsache, dass nicht nur radikale Islamisten mit ihren verheerenden Attentaten zu einer Gefahr für ganz Europa werden können, sondern ebenso radikale Christen im Bündnis mit einer mächtigen Diktatur.

Ein solcher Krieg, der die Weltöffentlichkeit zutiefst beunruhigt, bietet den aktuellen Anlass, ein Buch über Religion und Politik der orthodoxen Kirchen zu schreiben. Allerdings gilt es hierbei zu zeigen, dass es falsch wäre, die Darstellung vorrangig auf die russisch-orthodoxe Kirche zu konzentrieren und ihre Entwicklung schon als

„typisch" für die Situation aller anderen orthodoxen Kirchen anzu-
sehen. Wir würden damit die geistige Vielfalt dieser Konfession ignorieren, die sich in unterschiedlichen Ländern unter unterschiedlichen sozialen und politischen Rahmenbedingungen entfaltet.
Westeuropäer dürfen nicht jenen Fehler machen, den viele bei ihrem
Blick auf den Islam immer wieder erneut begehen. Viele sprechen
von *dem* Islam und ignorieren die Vielfalt, die den islamischen Kulturraum in sehr unterschiedliche Entwicklungen auffächert. Und
sie stellen damit den Islam unter einen fatalen Generalverdacht. Ja,
mehr noch: Sie zeigen erst dann ein größeres Interesse am Islam,
wenn er als eine große Bedrohung für den „Westen" empfunden
wird. Und erst dann wird das Bedürfnis geweckt, den Islam zu „verstehen". Eine ähnliche Haltung droht nun gegenüber der Religion
orthodox gläubiger Christen, über deren kulturelle Grundlagen bisher nur wenige Westeuropäer ausreichend Bescheid wissen.

Im vorliegenden Buch versuche ich, die orthodoxe Konfession
des Christentums in ihrer Vielfalt darzustellen. Aber ich bin mir
bewusst, dass ich diese Konfession nicht unvoreingenommen wahrnehme. Auch dieses Problem eines außenstehenden Beobachters gilt
es zu thematisieren.

Orthodoxe Kirchen und ihr Verständnis von Religion. Der westeuropäische Blick auf eine noch immer wenig bekannte Konfession

Kirchen und Klöster mit goldenen Kuppeln, dazu Ikonen aus dem
späten Mittelalter, dazu eine Liturgie von Priestern und Mönchen
im byzantinischen Ritus, der sich seit einem Jahrtausend kaum geändert hat. Es sind idealtypisch verdichtete Eindrücke meiner Reisen in Osteuropa. In diesem Zusammenhang deutet sich bereits an,
dass mir die orthodoxe Konfession fremder ist als die katholische
oder evangelische. Und damit möchte ich zuerst auf meinen persönlichen Ausgangspunkt eingehen. Ich sehe allerdings meine eigene

Position nicht nur als eine individuelle Befindlichkeit an. Im Gegenteil, sie erscheint mir als eine weit verbreitete Wahrnehmung. Für viele Westeuropäer handelt es sich beim orthodoxen Christentum um eine noch immer wenig bekannte Konfession.

Es hat lange gedauert, bis ich osteuropäische Länder besuchte. In den 1960er Jahren hatte ich, ein Student der Empirischen Kulturwissenschaft und Geschichte, zunächst etliche Staaten in Nordafrika und dann quer durch Asien über die Türkei, Iran, Afghanistan, Pakistan, Nepal, Indien bis Burma und Kambodscha bereist. Hierbei reizte es mich, völlig fremde Kulturen und deren Religionen mit den Strukturen in Westeuropa zu vergleichen. Aber wenn ich hierbei Islam, Hinduismus, Buddhismus und fernöstliche Religionen dem Christentum gegenüberstellte, dann geschah dies unter folgendem Aspekt: Im Christentum berücksichtigte ich vor allem die katholische und die evangelische Konfession, dagegen betrachtete ich das orthodoxe Christentum eher beiläufig und schätzte es nur als im Kern eng verwandt mit dem Katholizismus ein. Dafür gibt es einen sehr naheliegenden Grund. In häufigen Gesprächen mit Protestanten und Katholiken hatte ich schon in früher Jugend Gelegenheit, mich mit ihnen über weltanschauliche Probleme auseinanderzusetzen – Probleme, die mit der westeuropäischen Geschichte, mit den Konflikten der Reformation und der Aufklärung, verknüpft sind. Die orthodoxe Konfession dagegen gehörte für mich zwar nominell auch zum Kulturraum des „christlichen Abendlands", aber mir fehlte lange Zeit der Kontakt mit Christen orthodoxer Konfession. Dies galt besonders für die Christen des osteuropäischen Raums, wo sie bis 1989 unter kommunistischer Herrschaft lebten. Dort war es für Einzelreisende aus Westeuropa schwierig, private Gespräche mit ihnen zu führen. Ich ertappte mich dabei, dass ich mich in meinen Büchern zum Thema Christentum über viele Jahre hauptsächlich mit den Problemen katholischer und evangelischer Religiosität analytisch auseinandersetzte. Dagegen erschien mir der Kulturraum der orthodoxen Konfession viel weniger bedeutend für die aktuelle Entwicklung des Christentums.

1969 bereiste ich ausgiebig Griechenland und damit erstmals einen Staat mit vorwiegend christlich-orthodoxer Bevölkerung. Aber trotz der dort vielen Begegnungen mit Menschen und ihrer Kultur konnte ich mir noch nicht vorstellen, dass sich sogar in einem christlichen Kulturraum – und nicht nur bei islamischen Fundamentalisten – Religion und Politik intensiv vermischen und zu explosiven Konflikten führen können. Eine derartig schockierende Erfahrung machte ich erstmals 1989. Damals rückte mir, rückte uns Westeuropäern insgesamt, die ferne orthodoxe Konfession plötzlich schmerzend „nahe". 1989 hatte der serbische Diktator Slobodan Milošević im zerfallenen Staat Jugoslawien einen brutalen Angriffskrieg gegen die „abtrünnigen" Teilstaaten geführt, und in diesem Krieg hatte sich der ehemals kommunistische Politiker eng mit den Bischöfen der serbisch-orthodoxen Kirche verbündet. Es war ein brutaler Krieg, in dem sich ein extremer serbischer Nationalismus mit einer aggressiven Dogmatik der Kirche vermischte, und eine ähnlich gefährliche Vermischung zeigte sich dann auch bei den Gegnern von Milošević, so den Katholiken in Kroatien sowie den Muslimen in Bosnien-Herzegowina und im Kosovo. Es war eine Entwicklung, wie sie sich 2022 ähnlich unter dem russischen Diktator Wladimir Putin durch seinen Angriffskrieg gegen die Ukraine zeigt. 1989 war die serbisch-orthodoxe Kirche und 2022 war die russisch-orthodoxe Kirche religiös-politisch durch ihr aggressives Vorgehen in das Licht der Weltöffentlichkeit gerückt.

Am Beispiel beider Kriege wurde deutlich: Für viele Europäer und Amerikaner ist das nur wenig bekannte „Fremde" erst dann interessant geworden, nachdem es ihnen „nahe" gerückt war und als extrem bedrohlich erschien. Sprunghaft ist dann erst das Bedürfnis gewachsen, über die Struktur des orthodoxen Christentums mehr zu erfahren. Und hier zeigt sich auf beklemmende Weise die Parallele zum 11. September 2001, als islamistische Attentäter das World Trade Center in New York und das Pentagon nahe Washington attackierten. Sprunghaft war auch damals in den USA wie in Europa das Interesse am Islam gewachsen, entsprechend rasch hatte in den

Medien die Zahl der Analysen zugenommen, seriöse Darstellungen einerseits, propagandistische Hetze andererseits.

Obwohl ich versuche, im vorliegenden Buch die orthodoxe Konfession des Christentums in ihrer Vielfalt darzustellen, bin ich mir wie gesagt bewusst, dass ich nicht unvoreingenommen „das Fremde" wahrnehme. Zu meinen markanten Eindrücken gehören die vielen Gespräche mit Christen der orthodoxen Konfession, in denen oft dieselbe Erklärung wiederkehrte – und die mich in ihrer dogmatischen Intoleranz überraschte: Allein ihre Glaubensrichtung könne beanspruchen, die Kirche in ihrer ursprünglichen Reinheit zu verkörpern, alle anderen Konfessionen hätten sich von dieser Kirche abgespalten, so die Katholiken, erst recht die Protestanten. Katholiken wie Protestanten hätten sich im Verlauf der Jahrhunderte immer wieder erneut dem Zeitgeist angepasst und entsprechend ihre Dogmen verändert. Die orthodoxe Kirche dagegen sei dem ursprünglichen Glauben treu geblieben. Solche Erklärungen, die mich an die geistige Grundhaltung des Mittelalters erinnern, bekam ich in verschiedenen Ländern Osteuropas vielfach mit nur unterschiedlichen Varianten zu hören. Zwar denken derartig auch manche Katholiken und Protestanten in Westeuropa und in Amerika, aber sie bilden eine Minderheit, die wir unter dem Begriff „Fundamentalisten" einstufen.

Besonders denkwürdig war für mich in diesem Zusammenhang ein Gespräch, das ich in Rumänien mit einem Priester führte. Wir standen vor dem Kloster Voroneț, einem der bedeutendsten Moldau-Klöster, und betrachteten an den Außenmauern die farbenprächtigen Wandbilder, die um das Jahr 1490 im byzantinischen Stil entstanden sind und dem Kloster den ehrenden Beinamen „Sixtinische Kapelle des Ostens" eingetragen haben. Wir konzentrierten uns schließlich auf ein spezielles Wandbild, in dem auf großer Fläche das Jüngste Gericht dargestellt ist. Auf der linken Seite sind jene von den Toten Auferstandenen abgebildet, die als „Rechtgläubige" ins Paradies gelangen, auf der rechten Seite die „Ungläubigen", die für ein Weiterleben im Flammenmeer der Hölle bestimmt sind. Die

Verdammten sind an ihrer Kleidung als muslimische Türken oder als Juden wie als Christen erkennbar, die sich gegen den orthodoxen Glauben schwer versündigt haben. Ähnliche Darstellungen finden sich zwar auch an mittelalterlichen Kirchen Westeuropas, aber dort werden sie seit der Epoche der Aufklärung im 18. Jahrhundert von vielen Betrachtern, so auch von mir, als spezifischer Ausdruck eines längst vergangenen Zeitalters betrachtet. Der Priester jedoch, mit dem ich sprach, sah in diesem monumentalen Wandbild eine Botschaft gerade auch für unsere Gegenwart mit ihren vielen „modernen" Anfechtungen. Ich lobte nur die künstlerische Qualität des Wandbilds, mein Gesprächspartner betonte die Warnung, die er für die Gläubigen der Gegenwart sah.

In diesem Zusammenhang sagte der Priester zudem: Allein die Christen der orthodoxen Konfession hätten sich den unverfälschten Glauben bewahrt, aber die Katholiken könne man wenigstens noch als halbe Christen bezeichnen, die Protestanten dagegen hätten nur noch wenig mit dem Geist der wahren Kirche zu tun. Ob ich Katholik sei? Nein, ich sei Protestant. Oh … Der Priester wirkte sichtlich verlegen. Aber nach wenigen Sekunden lächelte er und sagte: Ich sei trotzdem willkommen, man müsse sich über alle Unterschiede hinweg verständigen können. Er erklärte, wie wichtig es sei, einen Dialog zu führen. Insofern machte er auch deutlich, dass nicht alle „Irrenden" für die Hölle bestimmt seien. Aber unverrückbar blieb für ihn: Allein die orthodoxe Kirche sei im Besitz der „ganzen" Wahrheit, die anderen Konfessionen könnten – müssten – von der Haltung der Orthodoxen lernen. Eine solche Ambivalenz erlebte ich immer wieder: Selbst viele der strenggläubigen orthodoxen Christen begegneten mir, dem andersgläubigen und skeptisch abwägenden Ausländer, meist freundlich, ja gastfreundlich. Hier siegte anscheinend spontane Sympathie über vorgegebene Traditionen. Sie grenzen sich eher gegen Andersgläubige im eigenen Land ab, weil vor allem deren anderes Denken eine echte Herausforderung für vorgegebene Traditionen bedeutet.

Wie repräsentativ sind solche Erklärungen mit entschiedener Abgrenzung gegen fremde Konfessionen sowie Religionen? Und wie viel Prozent der Bevölkerung antworten so? Ich traf allerdings auch auf Menschen, die beim Thema Religion abwinkten. Bei ihnen war nicht klar, ob sie überhaupt einer Kirche angehören. Klar schien nur zu sein, dass sie kein Bedürfnis haben, sich auf eine Diskussion über religiöse Fragen einzulassen. Aber die Überraschung ist dann bei einem Blick auf Statistiken (davon im nächsten Abschnitt mehr), dass in ehemals kommunistischen Ländern die Mehrheit der Menschen keine Sympathie für den bisher offiziell verordneten Atheismus empfindet, sondern sich ausdrücklich zu einer Religion bekennt. Wie ist dieser Widerspruch zu verstehen?

Orthodoxes Christentum mit wachsender Mitgliederzahl. Der Gegensatz zu Religionen in Westeuropa

Wie viele Mitglieder zählt die orthodoxe Konfession? Es gibt hier verschiedene Daten. Im Jahr 2002 waren in der Statistik rund 215 Millionen orthodoxe Christen weltweit registriert.[6] Aber zwei Jahrzehnte später, 2022, ist die Zahl auf rund 300 Millionen gestiegen, und damit gilt die orthodoxe Konfession nach jener der Katholiken als die zweitgrößte christliche Gemeinschaft in der Welt.[7] Die Ursache bildet der politische Zusammenbruch der Sowjetunion und ihrer kommunistischen Vasallenstaaten im Jahr 1989. Innerhalb kurzer Zeit sind überall dort Christen wieder offiziell in die Öffentlichkeit getreten, die unter den Diktaturen in Osteuropa ein Schattendasein geführt hatten. Dazu kamen Menschen, die sich erst jetzt zu der wieder massiv geförderten Religion bekennen.

Dass sich in Russland die Zahl der kirchlich registrierten Mitglieder im Zeitraum von 1991 allein schon bis 2008 von 31 auf 72 Prozent nahezu verdoppelt hat, habe ich bereits erwähnt. Ähnlich ist die Situation aber auch in anderen Staaten mit kommunistischer Vergangenheit, die sich von der Sowjetunion unabhängig gemacht haben. So etwa im Nachbarstaat Belarus, „Weißrussland". Dort sind 73 Prozent der Bevölkerung als russisch-orthodox registriert, 9 Prozent als katholisch und nur 14 Prozent als atheistisch. Ähnlich in Bulgarien: Dort bekennen sich zwei Drittel der Menschen zur bulgarisch-orthodoxen Konfession, nur 13 Prozent definieren sich weiterhin als Atheisten. In Rumänien sind sogar 95 Prozent Mitglieder einer Kirche, davon 86 Prozent mit rumänisch-orthodoxer Konfession, rund 5 Prozent als Katholiken. Und in Serbien bezeichnen sich 84 Prozent als orthodoxe Christen, nur 16 Prozent definieren sich weiterhin als Atheisten. Bei Serbien kommt allerdings hinzu, dass neben der Auseinandersetzung mit dem atheistischen Kommunismus ein bis heute unbewältigter Konflikt mit dem türkisch-osmanischen Islam eine explosive Dynamik besitzt. Letzteres gilt auch für Griechenland, einem demokratisch orientierten Staat ohne kommunistische Vergangenheit. Auch bei den Griechen ist die Erinnerung an die islamische Fremdherrschaft bis heute ein Problem mit beträchtlichem Einfluss auf das religiöse Verhalten. Und hier stoßen wir auf die erstaunliche Tatsache, dass sogar 98 Prozent der Bevölkerung als Mitglieder der griechisch-orthodoxen Kirche registriert sind.

Wieder anders ist die Problematik in der Ukraine, einem unabhängig gewordenen Staat, für den die einstige Herrschaft der russischen Zaren und später der russischen Kommunisten einen unbewältigten Konflikt bildet. In der Ukraine sind 61 Prozent der Menschen kirchlich gebunden, davon bekennen sich 49 Prozent zur orthodoxen Kirche mit Patriarchat in Kiew, 13 Prozent zur orthodoxen Kirche mit Patriarchat in Moskau, der Rest der Gläubigen zur katholischen Kirche. Nachdem jedoch die Spannungen mit Russland weiter gewachsen sind, hat sich die ukrainische Bevölkerung gerade in ihrem orthodoxen Glauben noch weiter aufgefächert. In einer solchen Entwicklung ist dann auch schon neben den nationalistischen Streitpunkten jener religiöspolitische Konflikt angelegt, der 2022 zum russischen Angriffskrieg gegen die Ukraine geführt hat.[8]

Die hier genannten Zahlen von Menschen, die sich zur orthodoxen Konfession bekennen, überraschen. In Staaten Westeuropas hatte eine derartige Situation zuletzt Ende des 19. Jahrhunderts registriert werden können. Inzwischen ist in Westeuropa die Zahl kirchlich gebundener Mitglieder so stark gesunken, dass in manchen Staaten mehr als die Hälfte der Bevölkerung offiziell „ohne religiöses Bekenntnis" ist. Für Deutschland gilt dies seit dem Sommer 2022. Aber es gibt in diesem Zusammenhang auch Fragezeichen zu setzen. Im Internet stieß ich bei meinen Recherchen beispielsweise zu Bulgarien auf folgende Überschrift: „39 Prozent der Christen glauben an Gott." Dies sei das Ergebnis einer von bulgarischen Soziologen 2019 durchgeführten Befragung. Und weiter: Nur jeder vierte Einwohner Bulgariens habe Vertrauen in die Institution Kirche. Viele der Befragten gaben trotzdem an, orthodoxe Christen zu sein. Wie ist ein solcher Widerspruch zu erklären? Hier komme ich wieder auf meine eigene Erfahrungen zurück, dass eine Reihe meiner Gesprächspartner in Griechenland, Rumänien, im zerfallenden Jugoslawien wie auch in Moskau bei dem Thema Religion kaum Interesse zeigte, aber sich letztlich doch als orthodoxe Christen bezeichnete. Die Zugehörigkeit zu einer kirchlichen Gemeinschaft scheint für sie ein wichtiges Zeichen ihrer Identität, ihrer Einbindung in fest strukturierte Traditionen und soziale Gefüge zu sein. Und ein derartiges Gefühl von Zugehörigkeit kann zur Folge haben, dass man sich mehr oder weniger von andersgläubigen, andersdenkenden Gruppierungen abgrenzt. Die Frage ist, wie sehr sich ein solcher Befund bei nahezu allen Ländern der orthodoxen Konfession feststellen lässt.

Die Krise vieler Religionen. Ein Blick über die Kulturgrenzen hinaus

Wie soll man diese starke Kluft von West- und Osteuropa im religiösen Verhalten bewerten? Was ist das Besondere, was das für uns

Irritierende an Osteuropa? Im vorliegenden Buch versuche ich, wie schon betont, die langwierige und konfliktreiche Entwicklung von Religion und Politik der einzelnen orthodoxen Kirchen darzustellen. Einen Schwerpunkt bilden hierbei die Vorgänge im 20. und im frühen 21. Jahrhundert. Aber es wäre einseitig, in diesem Zusammenhang vorrangig auf die Exzesse einiger nationaler orthodoxer Kirchen und der mit ihnen verbündeten Politiker einzugehen. Es gilt auch zu zeigen, was den kulturellen Reichtum der einzelnen Großräume ausmacht. Herausragend ist hierbei die byzantinische Kultur. Sie hat einerseits in der Antike wesentlich zum Aufstieg der abendländischen Zivilisation beigetragen – und sie hat selbst nach der Eroberung von Konstantinopel 1453 durch die Türken weiterhin Einfluss auf fremde Kulturen ausgeübt, so auf die slawische, sogar auf die islamische Kultur. Damit verbunden stellt sich aber die Frage: Wieso konnte es dazu kommen, dass die religiösen und sozialen Strukturen der orthodoxen Christenheit uns in Westeuropa im Verlauf der letzten Jahrhunderte immer fremder geworden sind?

Allerdings dürfen wir die Krise des orthodoxen Christentums nicht isoliert als ein spezielles Problem betrachten. Zum einen gibt es ja fundamentalistische Entwicklungen im Christentum insgesamt, zum andern auch im Islam, dort sogar massiver, ja, auch im Hinduismus und Buddhismus. Die Krise des orthodoxen Christentums ist also Teilaspekt einer Krise vieler Religionen, die sich nur verschieden intensiv und unter verschiedenen Rahmenbedingungen äußert. Deutlich wird hierbei, dass das Thema Religion weiterhin im Weltgeschehen eine erhebliche Rolle spielt, wenngleich zahlreiche Menschen in Westeuropa diese Bedeutung unterschätzen. Oder wie es der Politikwissenschaftler Hannes Vorhofer formuliert, der im Februar 2023 über die rapid wachsende Religionskrise des säkularen Staates Israel berichtete:

„Für Westeuropäer schien klar, dass die Religion an Bedeutung verliert. Diesem Bild entsprechen aber bestimmte Phänomene nicht, die nicht nur in Israel, sondern auch im Rest der Welt zu beobachten sind. Die Entwicklung im postsowjetischen Russland, in Polen, Brasilien und zum Teil in den USA ähneln sich. Im akademischen Diskurs wird die These einer Rückkehr der Religion lebhaft diskutiert.“[9]

Religionskrise als wachsende Gefahr zum Teil auch in den USA … Diesen Aspekt müssen wir im Zusammenhang mit der Entwicklung im postsowjetischen Russland und den kulturell verwandten Staaten zumindest in groben Umrissen berücksichtigen. Schließlich üben die USA als Großmacht einen noch wesentlich stärkeren Einfluss auf die Weltpolitik aus als Russland, das erst wieder einen größeren Einfluss anstrebt. Kreuz und Schwert … Mit solchen Parolen treten evangelikale Prediger publikumswirksam in der US-amerikanischen Öffentlichkeit auf, und sie meinen mit ihrer Botschaft einen „Kreuzzug“, „crusade“, gegen „Ungläubige“, ob nun gegen jene in fremden Religionen oder gar der eigenen Konfession, weil jene einen säkularen, „gottlosen“ Staat befürworten. Ein fundamentalistisch gläubiger Präsident wie George W. Bush hat solche Schlagworte übernommen mit außenpolitisch fatalen Folgen, Donald Trump mit verhängnisvollen Konsequenzen für die Innenpolitik. Solche Schlagworte sind austauschbar – weltweit. Patriarch Kyrill und der mit ihm verbündete Präsident Putin bilden hier nur eine speziell „russische“ Variante. Ob nun „West“ oder „Ost“: An solchen Entwicklungen zeigt sich, wie gefährlich es ist, wenn eine fundamentalistisch geprägte Religiosität Einfluss auf die Politik nimmt.

Ob eine derartige „Rückkehr der Religion“ vor allem Anlass zu Pessimismus bietet oder ob sich mit den Umbrüchen auch Chancen für neue Perspektiven eröffnen, ist darüber hinaus Thema des vorliegenden Buches. Und in diesem Zusammenhang wird auch die Frage zu erörtern sein, ob durch eine weiter wachsende Krise nicht nur im westlichen Kulturraum, sondern ebenso bei den orthodoxen Christen die Zahl der offiziell registrierten Mitglieder bald wieder sinken könnte.

Wie die verschiedenen Kirchen entstanden. Eine konfliktreiche Entwicklung seit der Antike

Die Anfänge.
Was das Christentum erfolgreich machte

Mit den Anfängen des Christentums verbinden sich etliche Fragen. Mehr als ein Jahrhundert hat es gedauert, dass die christlichen Gemeinden überhaupt eine Gemeinschaft mit dem Begriff „Kirche" bilden konnten. Und mehr als zwei bis drei Jahrhunderte lang waren die Christen von der römischen Obrigkeit verfolgt worden und sind immer wieder erneut in ihrer Existenz bedroht gewesen. Wieso also konnte sich ausgerechnet aus einer derart unterdrückten Anhängerschaft die Gemeinschaft einer Weltreligion entwickeln? Und wieso konnten die Christen eine Mitgliederzahl erreichen, die jene aller anderen Religionen bis heute übertrifft?

Bevor ich zu dem Problem komme, weshalb sich das Christentum in verschiedene Kirchen spaltete, muss ich auf die übergeordneten Fragen eingehen. Das Christentum hatte von Anfang an in seiner Lehre ein Element, das in die damalige Welt etwas revolutionär Neues brachte. Jesus hat nicht nur eine Freiheit verkündet, die eine Erlösung auf religiöser Ebene verheißt. Seine Botschaft enthält darüber hinaus auch eine gesellschaftliche Dimension: Jesus hat den sozial Benachteiligten und Verachteten eine bis dahin unbekannte Würde gegeben. Dies zeigt sich in vielen seiner Aussprüche und Gleichnisse, die nach den Ergebnissen quellenkritischer Forschung auf Jesus selbst zurückgehen.

Ein oft zitiertes Beispiel dieser Botschaft Jesu findet sich im Matthäus-Evangelium, Kapitel 25, Verse 31 bis 46. Dort wird visionär der Tag des Jüngsten Gerichts geschildert, an dem Jesus als Richter über das Schicksal der Auferstandenen entscheidet. Zu jenen, die für ein Leben im Paradies bestimmt sind, sagt er:

„Denn ich war hungrig und ihr habt mir zu essen gegeben; ich war durstig und ihr habt mir zu trinken gereicht; ich war fremd und ihr habt mich aufgenommen; ich war nackt und ihr habt mich bekleidet; ich war krank und ihr habt mich besucht; ich war im Gefängnis und ihr seid zu mir gekommen." (Mt 25,35-36)

Die Auferstandenen, die für das Paradies bestimmt sind, antworteten Jesus: Sie seien ihm doch nie persönlich begegnet. Jesus als Weltenrichter aber verkündete ihnen: „Was immer ihr einem dieser meiner geringsten Brüder getan habt, das habt ihr mir getan." (Mt 25,40) Und zu jenen Auferstandenen, die für die Hölle bestimmt sind, sagt er: „Was immer ihr einem dieser Geringsten nicht getan habt, das habt ihr auch mir nicht getan." (Mt 25,45)

Der Apostel Paulus, der später wegweisende Theologe des Christentums, hat in seinen Briefen an verschiedene Gemeinden dieselbe Auffassung geäußert. Besonders markant ist in diesem Zusammenhang eine Botschaft an die Galater (Einwohner der römischen Provinz Galatia), Kapitel 3, Vers 28: „Da gibt es nicht mehr Juden und Griechen, Sklaven und Freie, da gibt es nicht Mann und Frau. Denn ihr alle seid einer in Christus Jesus." Hier sind sämtliche bisherigen sozialen Hierarchien aufgehoben. Und gerade mit dieser Botschaft hat Jesus und später sein wichtigster Theologe Paulus vor allem bei Menschen mit sozial niederem Stand Interesse geweckt. Ihnen bot sich nun eine bisher nicht gekannte Perspektive von „Erlösung". Eine solche Botschaft war für damalige Verhältnisse revolutionär, denn bei den Juden wie auch bei anderen Völkern der europäischen und asiatischen Antike galten Menschen „niederen Standes" und erst recht Sklaven – ja, auch Frauen – als geistig wie moralisch minderwertig, sie besaßen daher keine politischen Rechte. Sogar Philosophen wie Platon und Aristoteles vertraten eine solche Ansicht.[10]

Die Christen verkündeten, ein Sklave besitze vor Gott die gleiche Würde wie ein Kaiser, entscheidend sei allein der Glaube und das moralisch richtige Handeln. Diese Botschaft bedeutete eine akute Herausforderung für die Gesellschaftsordnung des Römischen Reiches. Die Machthaber verfolgten die Christen, weil diese es ablehnten, die bestehende Hierarchie von Hoch und Niedrig anzuerkennen. Entsprechend verweigerten sie dem „göttlichen" Kaiser auf der Spitze der Gesellschaftspyramide das vorgeschriebene rituelle Opfer. Der römische Staat unterdrückte die Christen dagegen nicht wegen ihres Glaubens an Christus, denn aus der Sicht der Polytheisten, die ohnehin an viele Gottheiten glaubten, kam es auf einen Gott mehr oder weniger nicht an.

Im Jahr 311 veränderte sich die Situation allerdings grundlegend. In diesem Jahr kam durch Kaiser Galerius ein Edikt zustande, das allen Religionsgemeinschaften im Römischen Reich Glaubensfreiheit gewährte. Dies kam vor allem den Christen zugute, die inzwischen durch ihre stark gewachsene Mitgliederzahl zu einer immer größeren Herausforderung für die Machthaber geworden waren. Darauf reagierte vor allem Kaiser Konstantin I., der 311 nach dem Tod des Kaisers Galerius der dominierende Regent gegen die politischen Rivalen war. Im Jahr 313 bekräftigte er das Toleranzedikt durch wegweisende Maßnahmen für die Christen (Näheres darüber im Abschnitt *Die Spannungen zwischen Rom und Konstantinopel).* Er pflegte engen Kontakt mit christlichen Geistlichen und Bischöfen. Kurz vor seinem Tod, im Jahr 337, ließ er sich taufen. In der Folge bekannten sich alle römischen Kaiser zum Christentum (mit Ausnahme des Kaisers Julian Apostata, der nur kurz von 361 bis 363 regierte). Wie war das möglich? Und unter welchen Bedingungen konnte nun das lang ersehnte Ziel einer organisatorisch gefestigten Kirche verwirklicht werden?

Die Machthaber des Römischen Reiches hatten spätestens seit Kaiser Konstantin begriffen, dass man eine so stark angewachsene Glaubensgemeinschaft wie die der Christen nicht mehr ignorieren konnte und es strategisch sinnvoll war, sie in das Staatsgefüge zu integrieren. Eine ideologische Hilfe hatte hier bereits der Apostel Paulus in einem Brief an die Epheser, Kapitel 6, Verse 5 bis 9, geliefert mit den Worten:

„Ihr Sklaven, gehorcht eueren irdischen Herren [...]. Dient bereitwillig, als gelte es dem Herrn und nicht den Menschen. Ihr wisst ja, dass jeder, wenn er Gutes tut, vom Herrn Vergeltung empfängt, sei er Sklave oder Freier. Ihr Herren, behandelt sie in gleicher Weise; lasst das Drohen! Ihr wisst ja, dass ihr denselben Herrn im Himmel habt wie sie und dass es bei ihm kein Ansehen der Person gibt.“

Dies konnte in der Tat als eine Stütze für die Machthaber verstanden werden, denn Paulus hatte verkündet: Die soziale Hierarchie sei zwar im Jenseits grundsätzlich aufgehoben, aber es genüge im Diesseits, die hierarchischen Unterschiede durch gutes Verhalten zu mildern. Aus der Sicht der römischen Machthaber bedeutete dies: Das Christentum war nützlich, weil es nun geeignet erschien, soziale Widersprüche zu mildern, sogar mehr als es die bisher anerkannten und in ihrem Einfluss geschwächten Religionen vermocht hatten.

Unter solch geänderten Bedingungen konnte auch die bisher lockere Gemeinschaft der Christen die organisatorisch gefestigte Gemeinschaft einer Kirche bilden. Aber am Anfang zeigte sich, dass dies mit erheblichen Problemen verbunden war.

Im Besitz der alleinigen Wahrheit. Die Grundmuster aller religiösen Spaltungen

Der Begriff „Kirche“ ist erst mehrere Jahrzehnte nach dem Tod Jesu entstanden. Und dies geschah nicht in Jerusalem, wo das Christentum seinen Anfang genommen hatte, sondern in Antiochia, der damaligen Hauptstadt der römischen Provinz Syria. In Antiochia hatten die Gebetshäuser der christlichen Gemeinde erstmals den Namen „kyriakon“ erhalten. Es ist ein griechischer Begriff, der sich mit „Haus des Herrn“ übersetzen lässt – und aus dem sich später das Wort „Kirche“ in unserem modernen Sinn geformt hat. Dass der Begriff aus dem Griechischen stammt, war nahezu zwangsläufig. Griechisch war die überregionale Sprache für die Bewohner im östlichen Teil des Römischen Reiches, wesentlich stärker verbreitet als das Aramäische, das Jesus und die Juden in Palästina sprachen. Griechisch predigte auch der hellenistisch gebildete Jude Paulus, der ja von Palästina über Griechenland bis Italien reiste. Paulus war es auch, der den jüdischen Begriff „Messias", „der Gesalbte", als Signatur für den verheißenen Erlöser der Menschheit in den griechischen Begriff „Christos" übersetzte. Hierbei verfestigte sich dann für die Anhänger der neuen Religion die Bezeichnung „Christen".

Warum geschah dies in Antiochia und nicht in Jerusalem? Nach der Hinrichtung Jesu in Jerusalem war es für seine Anhänger lebensgefährlich geworden, weiterhin im jüdisch besiedelten Teil des Römischen Reiches zu leben. Und so wurde für die Christen das neue Zentrum Antiochia, die Hauptstadt der römischen Provinz Syria. Antiochia war damals im Unterschied zum provinziellen und vorrangig jüdisch bevölkerten Jerusalem eine Metropole mit nahezu einer halben Million Einwohnern. In Antiochia lebten Menschen aus den unterschiedlichsten Kulturen und Religionen, deren Bildungsschicht durch die urbane Kultur des Hellenismus geprägt war. Und dort war auch die erste große christliche Gemeinde aus Nichtjuden entstanden. In Antiochia – nicht in Jerusalem wurden die vier Evangelien geschrieben, ebenso war eine Reihe Briefe des Apostels Paulus dort verfasst worden. Die Autoren der Evangelien waren nicht, wie lange Zeit in der christlichen Tradition überliefert wurde, ehemalige Jünger Jesu gewesen, sondern ehemalige „Heiden", die sich zum Christentum bekehrt hatten.[11] Entsprechend war ihr Glaube stark durch Traditionen griechisch-römischen Denkens beeinflusst, entsprechend veränderte sich in ihren schriftlichen Zeugnissen jüdisches Denken – und entsprechend entstand aus diesem Prozess ein erster großer Streit zwischen „Judenchristen" und „Heidenchristen" über die Frage, wer Jesus Christus wirklich gewesen ist und was er lehrte. Angesichts solcher Gegensätze begann sich die junge Kirche bereits in zwei

Fronten zu spalten – und schon zu dieser frühen Zeit wurde es schwierig, das Ideal der „einen Kirche" und ihrer unveränderbaren Lehre aufrecht zu erhalten.

Für die Judenchristen war es gemäß ihrer jüdischen Tradition völlig undenkbar, dass Jesus als „Sohn Gottes" halb Mensch, halb Gott sei, dass also „Gott" in Form des Heiligen Geistes die Jungfrau Maria befruchtet habe. Judenchristen verwenden zwar für Jesus ebenfalls den Begriff „Sohn Gottes", aber sie verbanden damit die Vorstellung, dass Jesus wegen seiner Sendung als Messias Gott religiös besonders nahe stehe. Der Titel besagt also aus jüdischer Sicht nicht, dass Jesus mehr als ein Mensch sei.[12] Jesus habe als der bloß menschliche Sohn von Maria und Josef erst bei seiner Taufe im Jordan durch Johannes den Täufer den Heiligen Geist empfangen. Daher lehnten Judenchristen die „heidnisch" beeinflusste Theologie des Apostels Paulus entschieden ab.[13] „Heidnische" Beeinflussung sahen Judenchristen vor allem darin, dass Paulus seine Briefe vorwiegend an die Christen des griechisch-römischen Kulturraums richtete, denen aus ihren bisherigen Religionen die Vorstellung geläufig war, dass Gott mit Menschenfrauen einen Sohn zeugte. Paulus formulierte seine Botschaft von der „Gottesnähe Jesu" deshalb in der Weise, dass die Christen ohne jüdischen Hintergrund die theologische Essenz besser verstehen konnten. Und der Erfolg gab ihm Recht: Die Heidenchristen stellten im Verlauf von nur einem Jahrhundert die überwiegende Mehrheit unter den Bekehrten.

Der Konflikt zwischen Judenchristen und Heidenchristen äußerte sich auffallend gerade auch in den Briefen des Apostels Paulus. So etwa in einem Brief an den Christen Titus:

> „Denn es gibt viele, die sich nicht unterordnen, Schwätzer und Verführer […]. Ihnen muss man den Mund stopfen, da sie ganze Hausgemeinschaften durch ihre ungehörigen Lehren zerstören, […] so sind sie abscheuliche und widerspenstige Menschen, unbrauchbar zu jeder guten Tat." (Titus 1,10-16)

Diese und andere Briefe des Paulus an christliche Gemeinden im Römischen Reich waren noch vor den Evangelien entstanden und gehören damit zu den frühesten schriftlichen Zeugnissen einer gerade erst sich formenden Religion. Paulus kritisierte hier scharf Juden, die sich zum Christentum bekehrt hatten, und bekannte sich zu jenen Christen, die zuvor „Heiden" gewesen waren. Solche Briefe von Paulus zeigen also, dass sich schon rund zwanzig Jahre nach dem Tod Jesu eine erste Spaltung in Glaubensfragen anbahnte. Und Paulus verteidigte seine unversöhnlich aggressive Haltung mit folgenden Worten in einem Brief an die Galater, Christen der römischen Provinz Galatia:

> „Denn ich versichere euch, Brüder: Das von mir verkündete Evangelium ist nicht nach Menschengeschmack; denn auch ich habe es nicht von einem Menschen empfangen noch bin ich darin unterwiesen worden, sondern ich habe es durch eine Offenbarung Jesu Christi empfangen." (Galater 1,11-12)

Paulus verwies mit diesen Worten auf jenen Christus, der ihm in einer visionären Erscheinung vor dem Stadttor von Damaskus begegnet sei und ihm, dem Apostel, auch später alle wesentlichen Gedanken visionär übermittelt habe.

Die Konsequenz einer derartigen Logik ist: Allein durch eine persönliche Begegnung mit Jesus Christus als dem Sohn Gottes kann unfehlbare Wahrheit übermittelt werden. Vom Irrtum befallen sind dagegen Christen, denen „Gott" oder „Gottes Sohn" nicht direkt eine Botschaft mitgeteilt hat. Deren Botschaften sind also nur von Menschen erdacht. Aber umgekehrt können auch die christlichen Gegner des Apostels Paulus so argumentieren – in der Überzeugung, dass „Gott" oder „Gottes Sohn" allein ihnen visionär erschienen sei, etwa in einem Traum oder während einer intensiven Meditation. So gesehen wäre also Paulus der irrende Mensch. Angesichts solcher Gegensätze ist es schwierig, in einem Andersdenkenden einen „Gläubigen" auf Augenhöhe zu sehen, er muss vielmehr als „Ketzer" eingestuft werden, dessen Einfluss entschieden zu bekämpfen sei.

Hier ist ein gedankliches Grundmuster vorgezeichnet, das für die theologischen und philosophischen Auseinandersetzungen zwischen Christen in späteren Jahrhunderten wegweisend ist. Dies gilt gerade auch für die Spaltung in verschiedene Kirchen. In diesem Zusammenhang werden andersgläubige Gegner im Kollektiv als „Ungläubige" gebrandmarkt und entsprechend verfolgt. Damit sind wir beim Thema des vorliegenden Buches. Die orthodoxe Kirche ist aus einem derartigen lange schwelenden und sich zuspitzenden Konflikt hervorgegangen. Im 4. Jahrhundert zeichneten sich erste Gegensätze zwischen den konkurrierenden religiösen Machtzentren Rom und Konstantinopel ab. Und im Jahr 1054 belegten sich der Papst von Rom und der Patriarch von Konstantinopel gegenseitig mit dem Kirchenbann. Auf diese Weise war die endgültige bis heute andauernde Spaltung zwischen einer westlichen und einer östlichen Kirche vollzogen – mit weitreichenden Konsequenzen auch für die Politik.

Die Namen der beiden zerstrittenen Konfessionen zeigen die dogmatische Intoleranz ganz im Sinn des Apostels Paulus. Für die westliche Kirche hat sich die griechische Bezeichnung „katholikos", lateinisch „catholicus", eingebürgert, was „allumfassend" und „universal" bedeutet. Für die östliche Kirche wurde die griechische Bezeichnung „orthodoxos", „rechtgläubig" maßgebend. Beide Attribute sind gleichermaßen selbstherrlich, denn beide sprechen den Andersgläubigen und Andersdenkenden den Besitz von „Wahrheit" ab – in diesem Zusammenhang gerade den Anspruch, der einzig wahren Kirche anzugehören. Die Anmaßung zeigt sich auch darin, dass die römisch-byzantinische Staatskirche, bevor sie sich in zwei Kirchen spaltete, beide Bezeichnungen benutzte: Katholisch *und* orthodox. Eine derartige Anmaßung existierte in beiden Kirchen weiter auch nach der Spaltung. Ja, diese Haltung verstärkte sich noch, als 1517 in Westeuropa durch die Reformation weitere Kirchen entstanden sind. Hatten sich bisher schon Katholiken und Orthodoxe gegenseitig den Anspruch streitig gemacht, die wahre Kirche zu repräsentieren, so sprachen beide den Protestanten von vornherein das Ziel ab, überhaupt eine „Kirche" bilden zu können. Der Streit zwischen Katholiken und Protestanten radikalisierte sich so weit, dass es zu verheerenden Glaubenskriegen kam, am schlimmsten der Dreißigjährige Krieg. Erst mit Beginn der Aufklärung seit Beginn des 18. Jahrhunderts hat sich an der fanatisierten Gegnerschaft – zumindest in Westeuropa – schrittweise etwas geändert.

Die Spannungen zwischen Rom und Konstantinopel. Papst und Patriarch als Rivalen

Der Bischof von Rom hatte schon um das Jahr 200 als Nachfolger des Apostels Petrus eine Führungsrolle gegenüber den Bischöfen aller anderen christlichen Gemeinden beansprucht. Er hatte den kirchenlateinischen Titel „Pappas", „Vater", angenommen – aus dem später im deutschen Sprachgebrauch „Papst" wurde. Aber damals zeichnete sich erst in vagen Konturen die Tendenz ab, dass der Bischof von Rom sich als ein gebietender „Vater" verstehen konnte, der hierarchisch über allen anderen geistlichen Würdenträgern stehen würde. Denn bis zum Jahr 311 konnten die Christen ihre Gemeinden nur im Verborgenen entfalten und führten oft, geistig wie auch in der Verwaltung, ein sehr unterschiedliches Leben. Damit war es ungewiss, dass der Papst seinen Anspruch durchsetzen konnte – und erst recht war es nicht vorstellbar, dass der Papst sehr bald eine Konkurrenz in einer zweiten Hauptstadt, nämlich in Konstantinopel, durch deren Bischof bekommen würde.

Zu einem derartigen Umbruch kam es unter Kaiser Konstantin. Aber um diesen Wandel zu verstehen, müssen wir einige Jahrzehnte vor Konstantin zurückgehen. Kaiser Diokletian, der von 284 bis 305 regierte, hatte die Konsequenz daraus gezogen, dass das riesige Römische Reich nicht mehr durch einen einzigen Kaiser beherrscht werden konnte, und er hatte deshalb im Jahr 293 die Herrschaft unter vier Kaisern aufgeteilt. Zukünftig sollte ein „Kaiser des Westens" in Rom regieren und ein „Kaiser des Ostens" in Nikodemia, einer Metropole in Kleinasien. Dazu gab es zwei untergeordnete Kaiser, der eine mit Residenz in der norddeutschen Stadt Trier, der andere in der griechischen Stadt Saloniki. Diokletian bevorzugte Nikodemia als Residenz, weil der östliche Teil des Römischen Reiches politisch gesicherter und wirtschaftlich stabiler war, und er beanspruchte in diesem Zusammenhang, dass sich bei ihm, dem „Kaiser des Ostens", die Führung konzentrierte. Damit war Rom als Hauptstadt in ihrem Rang stark relativiert. Aber noch gab es nicht die schrittweise Verlagerung des politischen Schwergewichts von Rom zu Konstantinopel, dies begann erst vier Jahrzehnte später.

Der Name Nikodemia ist heute nur noch Historikern mit Spezialkenntnissen geläufig. Unter islamischer Herrschaft hat diese Stadt den Namen Izmit bekommen und ist heute eine gesichtslose Stadt mit gerade noch 350 000 Einwohnern. Aber diese Hafenstadt am Ufer des Marmara-Meeres war im dritten Jahrhundert eine wichtige Metropole und neben den Hafenstädten Byzanz und Ephesus ein besonders bedeutsamer Handelsknotenpunkt. In Nikodemia, der östlichen Hauptstadt, erließ Kaiser Galerius im Jahr 311 ein Toleranzedikt, das allen Religionen im Römischen Reich Glaubensfreiheit gewährte (was ich bereits im Abschnitt *Im Besitz der alleinigen Wahrheit* erwähnte). Von diesem Edikt profitierten besonders die Christen, die zu dieser Zeit durch ihre rasch wachsende Zahl nicht mehr unterdrückt werden konnten. Galerius setzte damit ein Signal für eine wegweisende Wende. Diokletian war der letzte Kaiser gewesen, der Christen unterdrücken ließ.

Zeitweilig wohnte auch Kaiser Konstantin in Nikodemia und äußerte immer wieder seine Vorliebe für eine Residenz im Osten. Allerdings weckte auch die Hafenstadt Byzanz am Ufer des Bosporus sein Interesse als mögliche Residenz. Aber anfangs regierte Konstantin als untergeordneter Kaiser in Trier, besiegte 312 in einer Schlacht vor Rom den Kaiser Maxentius und stieg dann zum „Kaiser des Westens" auf. In Rom – und nicht erst in seiner späteren

Residenz Konstantinopel – leitete Konstantin erste wegweisende Veränderungen für die Entwicklung des Christentums ein. So bekräftigte er das Toleranzedikt, das Kaiser Galerius kurz vor seinem Tod 311 in Nikodemia erlassen hatte. Dies geschah 313 durch ein Abkommen in Mailand mit Licinius, dem neuen „Kaiser des Ostens". Und Konstantin wies in Rom dem Papst, der bis dahin nur unauffällig leben konnte, eine Residenz nahe dem Kaiserpalast zu. Auf diese Weise bestätigte Konstantin dem Papst seine Führungsrolle über die Bischöfe des ganzen Römischen Reiches. Dies geschah aus einem strategischen Kalkül heraus. Nahezu drei Jahrhunderte hatten die römischen Kaiser mit ideologischer Unterstützung ranghoher Priester regiert und hatten so eine politisch-religiöse Herrschaft ausgeübt. Nachdem aber die nichtchristlichen Religionen in ihrem Einfluss geschwächt waren, galt es das bisherige Bündnis durch ein neues zu ersetzen. Dem Kaiser lag daran, politisch die Einheit des Reiches trotz aller wachsenden politischen und sozialen Krisen zu wahren. Der Papst hatte ein ähnliches Interesse auf religiösem Gebiet. Er sah sich innerhalb der eigenen Glaubensgemeinschaft mit sehr unterschiedlichen Gruppierungen konfrontiert, die sich dogmatisch immer stärker gegeneinander abgrenzten, und ihm lag daran, sich gegenüber diesen „Ketzern" als eine übergeordnete Autorität durchzusetzen. Der weltliche wie der geistliche Herrscher hatten Ziele, die sich ergänzten: Der Kaiser wollte ein einiges Reich, der Papst eine einige Religion bewahren. Dies bedeutete in letzter Konsequenz: ein stabiles Reich, in dem das Christentum erheblich dazu beitrug, als Staatsreligion das Reich zu festigen.

Aber der Bischof von Rom konnte seinen Anspruch, Papst und damit unbestrittenes Oberhaupt der Kirche zu sein, nur vordergründig durchsetzen. An einem eindeutigen Erfolg hinderten ihn vor allem „ketzerisch" sich abgrenzende Glaubensgemeinschaften. Hinzu kam, dass Konstantin im Jahr 330 seine Residenz von der Hauptstadt Rom nach Byzanz verlegte – Byzanz also und nicht Nikomedia! Die Hafenstadt am Bosporus erschien ihm strategisch noch günstiger als die Hafenstadt am Marmara-Meer. Indem jedoch der Kaiser durch diesen Wechsel nicht mehr in unmittelbarer Nachbarschaft des Papstes regierte, lockerte sich auch erheblich der Kontakt zwischen diesen beiden Machthabern.

Dem Handelsknotenpunkt Byzanz, 85 Kilometer von Nikodemia entfernt, gab der Kaiser den griechischen Namen „Konstantinopolis", „Stadt des Konstantin", woraus dann in unserem Sprachgebrauch Konstantinopel wurde. Und dieses Konstantinopel wurde neben Rom zu jenem zweiten – rivalisierenden – Ort, in dem die Entwicklung des Christentums eine neue Richtung nahm. Zu dieser Zeit war Konstantin schon der unbestrittene Alleinherrscher, denn er hatte seinen Rivalen Licinius, den „Kaiser des Ostens", nach heftigen Streitigkeiten 324 in einer Schlacht besiegt und 325 hinrichten lassen. Durch die zweite Residenz schuf Konstantin aber unfreiwillig Rahmenbedingungen, durch welche die Kirche von neuen Konflikten bedroht wurde. Denn in der neuen Hauptstadt bildete sich neben dem Papsttum in Rom ein zweites religiöses Machtzentrum heraus: das Patriarchat von Konstantinopel. Der Titel Patriarch für den Bischof der höchsten kaiserlichen Residenz signalisierte bereits eine Rivalität gegenüber dem Anspruch des Papstes. Denn das dem Griechischen entlehnte Wort *patriarches* bedeutet „Stammvater", „Sippenoberhaupt".

In Konstantinopel und den dort nahegelegenen Städten Nikäa und Ephesus – nicht aber in Rom – fanden die Konzile statt, wo über wegweisende Dogmen der Kirche entschieden wurde. So geschah dies im Jahr 330 in Nikäa, wo es um die Festlegung des katholischen Dogmas von Jesus als dem „Sohn Gottes" ging. So folgte 381 in Konstantinopel das Dogma der unanfechtbaren Gottessohnschaft Jesu. Und 431 wurde in Ephesus Maria, die Mutter Jesu, durch Konzilsbeschluss endgültig zur „Mutter Gottes" erklärt und bildete damit den Ausgangspunkt für den Marienkult späterer Jahrhunderte. Abschließend wurde 451 im Konzil von Chalcedon (nahe Konstantinopel) Jesus endgültig in dem Sinn zum „Sohn Gottes", wie dies bis heute vor allem für die katholische und die orthodoxen Kirchen als unumstößlich gilt. Die Päpste mussten zur Teilnahme jedes Mal in den Ostteil des Römischen Reiches reisen. Entsprechend sah sich der Patriarch von Konstantinopel in seiner Bedeutung aufgewertet. Und entsprechend wuchs die Rivalität zwischen dem Papst und dem Patriarchen, die nun beide gleichermaßen den Anspruch erhoben, die Christenheit geistlich zu führen.

Aber diese Rivalität führte nicht schon auf jenen wegweisenden Konzilien zu einem Bruch in eine katholische und eine orthodoxe Konfession. Zunächst drohte eine Kirchenspaltung durch andere Gruppierungen. Im 4. Jahrhundert beanspruchten zwei mächtig angewachsene Glaubensgemeinschaften rivalisierend, dass allein sie das Ideal der „einen Kirche" verkörperten. Die eine Bewegung wurde von Athanasius, dem Bischof von Alexandria, angeführt, der das Dogma verkündete: Jesus Christus als der Sohn Gottes sei gleichermaßen Mensch und Gott. Die andere Gruppierung wurde von Arius, dem späteren Bischof von Konstantinopel, angeführt. Arius sah Jesus Christus als Menschen an, der Gott durch seine religiöse Identität besonders nahe steht. Hier wurde ein dogmatischer Streit fortgeführt, der schon im 1. Jahrhundert zwischen Judenchristen und Heidenchristen begonnen hatte. Aber in diesem Streit stand weder der Papst von Rom noch der Patriarch von Konstantinopel auf der Seite von Bischof Arius. Die Mehrheit der versammelten Bischöfe stimmten auf den Konzilien für das Dogma des Bischofs Athanasius – und damit für jene Lehre, wie sie später sowohl für die katholische als auch für die orthodoxe Kirche unumstößlich wurde.

Zu einer Kirchenspaltung kam es trotzdem. Die Anhänger des Bischofs Arius, die Arianer, gründeten eine eigene Kirche – mit der Folge, dass sich die nun verfeindeten Konfessionen gegenseitig für „ketzerisch" und „ungläubig" erklärten. Die arianische Konfession konnte sich einige Jahrhunderte lang gegen die byzantinisch-katholische Staatskirche behaupten, denn arianische Priester hatten nicht nur unter den Bewohnern des Römischen Reiches weiterhin Anhänger, sondern sie missionierten auch unter den Germanen erfolgreich. Aber einen erheblichen Rückschlag bedeutete für sie die Herrschaft des Kaisers Theodosius. Er, der um 379 bis 395 in Konstantinopel regierte, ließ brutal die arianischen Christen verfolgen, ja, konnte sie aus seinem Machtbereich weitgehend verdrängen. Er machte das Christentum mit katholischer Dogmatik endgültig zur Staatsreligion. Nun konnte sich der Katholizismus als die beherrschende Glaubensrichtung ungehindert ausbreiten.

Aber der Sieg der Katholiken bedeutete nicht, dass damit der Papst in Rom bei den Gläubigen den beherrschenden Einfluss gewann. Den größeren Einfluss konnte spätestens seit dem 5. Jahrhundert der Patriarch von Konstantinopel für sich verbuchen. Denn im 5. Jahrhundert war der westliche Teil des Römischen Reiches mit der Hauptstadt Rom durch die Eroberungszüge germanischer Stämme und der Hunnen vom Zerfall bedroht und löste sich in kleine Fürstentümer auf. Entsprechend verlor auch der Papst in Rom für die Gesamtheit der Christen an Bedeutung. Der östliche Teil des Römischen Reiches, nun als Byzantinisches Reich bezeichnet, konnte sich dagegen über weitere Jahrhunderte behaupten, ja, erlebte jetzt erst den Höhepunkt seiner Kultur. Konstantinopel – und nicht mehr Rom – bildete jetzt endgültig den Mittelpunkt der Christenheit.

Dies zeigte sich besonders im Jahr 537. In diesem Jahr weihte Kaiser Justinian in Konstantinopel die neue Hauptkirche mit dem griechischen Namen Hagia Sophia, „Heilige Weisheit", ein. Diese Hauptkirche war als die größte religiöse Kultstätte geplant, die jemals von den Menschen errichtet wurde. Kaiser Justinian soll beim Anblick des fertigen Monumentalbaus mit seiner Kuppel und den prächtigen Goldmosaiken ausgerufen haben: „Salomo, ich habe dich übertroffen". Er meinte damit, die Hagia Sophia übertreffe selbst das Vorbild des legendären Tempels in Jerusalem, den König Salomo hatte errichten lassen. Ohnehin war das Ziel erreicht, den damals bestehenden Petersdom in Rom zu übertreffen, der im Stil der römisch-antiken Basilika erbaut war. All dies geschah noch mit dem Anspruch, dass Konstantinopel das Zentrum einer Christenheit sei, die sich in Osteuropa wie in Westeuropa nicht grundsätzlich unterschied. Aber das Gegenteil war der Fall. In Osteuropa hatte sich die

Herrschaftsstruktur von Konstantinopel mit byzantinischer Kultur seit dem 5. Jahrhundert völlig anders entwickelt als in Westeuropa.

Cäsaropapismus … Dieser sperrige Begriff ist zum Kennzeichen für das byzantinische Reich geworden. *Cäsar* als der erste Teil des Namens ist abgeleitet vom Titel der römischen Kaiser und geht auf Julius Cäsar zurück, der den Übergang von der Herrschaftsform der römischen Republik zum römischen Kaisertum einleitete. Aus dem lateinischen Titel ist auch das deutsche Wort „Kaiser" geworden. Der zweite Teil des sperrigen Begriffs geht auf den Titel des Bischofs von Rom zurück, er lautete ja kirchenlateinisch „Pappas", „Vater", woraus im Deutschen „Papst" geworden ist. In der Praxis hieß das: Kaiser und Papst sind politisch-religiös untrennbar miteinander verbunden, aber der Kaiser hat in allen Entscheidungen, ob nun politisch oder religiös, das letzte Wort. Dies hatte sich schon bei den ersten christlichen Konzilien gezeigt, wo es um dogmatische Grundsatzfragen ging. Den Vorsitz hatte weder der Papst von Rom noch der Patriarch von Konstantinopel geführt, sondern Kaiser Konstantin (obwohl er sich erst als Sterbender taufen ließ). Trotzdem wurde in der religiösen Hierarchie eines klar: Je mehr sich die Macht von Rom nach Konstantinopel verlagerte, umso mehr gewann der Patriarch an Bedeutung, umso mehr verringerte sich der Einfluss des Papstes.

Diese Herrschaftsform, in welcher der Kaiser politische und religiöse Macht in einer Person vereinte, erinnert stark an jene Funktion, die der Kalif in der Frühzeit des Islam praktizierte. Eine solche Herrschaftsform des Christentums konnte sich aber nur im östlichen Teil des Römischen Reiches mit Konstantinopel als Hauptstadt durchsetzen, denn allein dort blieben die bisherigen Hierarchien der Macht stabil. Anders dagegen in Westeuropa. Dort war wie gesagt das Römische Reich im 5. Jahrhundert in zahlreiche rivalisierende Fürstentümer zerfallen. Unter solchen unterschiedlichen Rahmenbedingungen entwickelte sich die katholische Kirche in Westeuropa in eine völlig andere Richtung als in Osteuropa. Aber weiterhin bezeichnete sich der Papst in Rom als der maßgebliche

Führer der „einen Kirche", der in seinem Anspruch auch den osteuropäischen Herrschaftsbereich byzantinischer Kultur mit einschloss. Für den Patriarchen von Konstantinopel bedeutete dies zunehmend eine Provokation. Der Konflikt zwischen den Päpsten und den Patriarchen verschärfte sich durch die Tatsache, dass sich im 8. und 9. Jahrhundert das politische, wirtschaftliche und kulturelle Schwergewicht endgültig von Rom nach Konstantinopel verlagert hatte.

Dies zeigt sich besonders an der krassen Diskrepanz der Einwohnerzahl. Während Rom noch unter Kaiser Konstantin eine Millionenstadt gewesen ist, war die Metropole im 9. Jahrhundert auf das Niveau einer provinziellen Stadt mit nur noch 25.000 Einwohnern gesunken. Konstantinopel dagegen hatte als das „Zweite Rom" den Status einer Millionenstadt erreicht und war zur größten Stadt des christlichen Abendlandes geworden. In dieser Phase einer zugespitzten Entwicklung war die Zeit reif, dass der lang schwelende Konflikt zwischen Papst und Patriarch zur Spaltung der Kirche in zwei verfeindete Konfessionen führte.

Das katholische Rom und das orthodoxe Konstantinopel. Zentren einer dauerhaften Kirchenspaltung

Fast jeder historisch interessierte Westeuropäer kennt dieses Datum und weiß es in seiner Bedeutung einzuschätzen: den 25. Dezember des Jahres 800. An diesem Tag kniete Karl, der König des Frankenreiches, beim Weihnachtsgottesdienst im Petersdom von Rom vor Papst Leo III., und dieser setzte ihm eine Krone auf und erklärte ihn mit dem „Segen Gottes" zum Kaiser. Das Ereignis signalisiert eine welthistorische Zäsur. Denn mit Karl, den die Nachwelt mit dem Beinamen „der Große" ehrt, existierte plötzlich neben dem Kaiser von Konstantinopel ein zweiter Kaiser mit dem Anspruch, mehr als jeder andere Herrscher politisch das Oberhaupt der ganzen Christenheit zu sein. Und der Papst von Rom, dessen Amt seit dem 5. Jahrhundert stark an Bedeutung verloren hatte, konnte nun wieder zu einem ernstzunehmenden Rivalen des Patriarchen von Konstantinopel werden.

Für die Machthaber des Byzantinischen Reiches bedeutete die Krönung des Frankenkönigs Karl zum Kaiser eine Rebellion gegen die „gottgewollte" Ordnung. Und die Regierung in Konstantinopel zögerte bis zum Jahr 812, also zwölf Jahre lang, um diese markante Veränderung zu akzeptieren. Es war unmöglich, Kaiser Karl zum Verzicht dieser Weihe durch den Papst zu bewegen, denn Karl hatte ein Reich geschaffen, das vom heutigen Frankreich bis weit hinein in das heutige Deutschland und das heutige Italien reichte. Damit war in Westeuropa erstmals seit dem Ende des Weströmischen Reiches ein Machtbereich entstanden, der mit dem Byzantinischen Reich in Osteuropa konkurrieren konnte. Dieses Frankenreich ließ sich allerdings an kultureller Bedeutung noch nicht mit der byzantinischen Kultur vergleichen, aber die Franken lernten rasch. Ein erstes Anzeichen dafür war, dass Kaiser Karl in seiner Residenzstadt Aachen eine Kirche errichten ließ, die als Vorbild die byzantinische Kirche San Vitale in Ravenna hatte.

Die Machthaber in Konstantinopel waren mit der Situation konfrontiert, dass in Westeuropa Kaiser über Länder herrschten, die politisch mit dem Byzantinischen Reich zu konkurrieren vermochten, anfangs aus der Dynastie der Karolinger, später der Ottonen (benannt nach Otto „dem Großen"), der Salier, der Staufer und der Habsburger. Und mehr noch: Nun hatten auch die Päpste wieder beträchtlich an Macht gewonnen. Zum einen dadurch, dass zukünftig die Könige zur Kaiserkrönung nach Rom reisten, zum anderen, weil die Könige des Frankenreiches schon im 8. Jahrhundert den Päpsten maßgeblich dabei geholfen hatten, große Landstriche in Roms Umgebung zu erwerben – wodurch sich jener Kirchenstaat entwickelte, der als machtpolitisches Gebilde bis 1870 Bestand haben sollte. Die Päpste beanspruchten seit dem 9. Jahrhundert mit wachsendem Selbstbewusstsein, dass sie, die Nachfolger des Apostels Petrus, als einzige das religiöse Oberhaupt aller Christen sein könnten. Weder die byzantinischen Kaiser noch ihre Patriarchen konnten sich mit dieser Herausforderung abfinden. Der Konflikt zwischen den Machthabern in Osteuropa und Westeuropa spitzte sich zu, gerade weil nun auf Dauer zwei Kaiser und zwei ranghöchste Bischöfe die Führung über die gesamte Christenheit beanspruchten.

Im Jahr 1053 eskalierte der Konflikt. Damals reiste ein Kardinal als Vertreter des Papstes von Rom nach Konstantinopel. Er hatte die Aufgabe, einen dogmatischen Streit zu schlichten. Es ging um die – heute sehr nebensächlich anmutende – Frage, ob man beim Heiligen Abendmahl gesäuertes oder ungesäuertes Brot verwenden dürfe. Aber in dem nun folgenden Disput in der Hagia Sophia, die nicht nur die Hauptkirche von Konstantinopel, sondern auch der Amtssitz des Patriarchen war, rückte bald das eigentliche Problem in den Mittelpunkt. Zur wichtigsten Frage wurde, ob sich denn der Papst überhaupt als „Vater aller Bischöfe" betrachten dürfe und er die höchste Entscheidungskraft besitze. Der Kardinal aus Rom beharrte auf der Vorherrschaft des Papstes über alle Bischöfe, auch über den Patriarchen von Konstantinopel. Der betroffene Patriarch wies diesen Anspruch entrüstet zurück. Der immer heftiger werdende Streit endete schließlich damit, dass im folgenden Jahr 1054 der Papst und der Patriarch sich mit gegenseitigen Bannflüchen belegten.

Auf diese Weise war die lange befürchtete und immer wieder verzögerte Spaltung der „einen Kirche" in zwei verschiedene Konfessionen mit den Namen „katholisch" und „orthodox" vollzogen. Beide Namen drücken gleichermaßen einen schroffen Absolutheitsanspruch aus. Dabei unterscheiden sich die Dogmen der beiden Kirchen und erst recht das Verhalten katholischer wie orthodoxer Christen bis heute nur geringfügig. Für den westeuropäischen Beobachter zeigt sich dies besonders deutlich gerade in Kirchen und Pilgerzentren. Zwar kann man angesichts der Ikonen und Ikonostasen rasch das Spezifische eines sakralen Raums der Orthodoxie erkennen. Aber Katholiken wie Orthodoxe beten gleichermaßen zur „Gottesmutter" Maria und zu Heiligen als wichtigen Fürsprechern bei Gott und Christus, sie verehren Reliquien, bekreuzigen sich vor geweihten Bildern und Altären. Die Rituale sind teilweise so austauschbar, dass man Schwierigkeiten hat, katholische und orthodoxe Pilger in ihrem Gebaren zu unterscheiden. So erging es mir etwa in Jerusalem, wo in die Wallfahrtskirchen Besucher aller Konfessionen kommen.

Die Gegensätze zwischen Katholiken und Orthodoxen bündeln sich bis heute in der Frage, wie denn die kirchliche Hierarchie strukturiert sein soll. Dies beginnt bei der Stellung des Papstes sowie des orthodoxen Patriarchen. Hinzu kommt ein weiterer Unterschied, der sich im 11. Jahrhundert entwickelt hat: dass katholische Priester an den Zölibat, die Ehelosigkeit und den Verzicht auf Sexualität, gebunden sind; bei den Orthodoxen betrifft dieses Gebot nicht die einfachen Priester, sondern nur die Bischöfe und die Patriarchen (darüber im nächsten Abschnitt ausführlicher). Unterschiedlich ist auch der Gebrauch der rituellen Sprache im Gottesdienst: Bei den Katholiken ist es das Lateinische, bei den Orthodoxen des griechischen Kulturraums das Altgriechische und bei den slawisch Orthodoxen das Altslawische. Die orthodoxen Kirchen halten bis heute starr an ihrer Tradition fest, während die katholische Kirche seit dem Zweiten Vatikanischen Konzil von 1962 bis 1965 die Liturgie in der jeweiligen Landessprache zulässt, ja, verpflichtend macht.

Aber auch wenn sich die beiden Kirchen in vielen ihrer Dogmen und in ihren Ritualen nur wenig unterscheiden – die gegenseitigen Feindseligkeiten spitzten sich zu. So besonders im Jahr 1204. Damals war ein Heer von Katholiken auf dem Vierten Kreuzzug unterwegs nach Jerusalem, um die wichtigste Pilgerstadt der Christen von der Herrschaft der „ungläubigen" Muslime zu befreien. Aber das katholische Heer kam nicht bis Jerusalem, es stürmte Konstantinopel, um diese Metropole von den christlichen „Ketzern" zu befreien. Nahezu sechs Jahrzehnte befand sich nun Konstantinopel unter katholischer Herrschaft. In den Amtsräumen der Hagia Sophia residierte anstelle des orthodoxen Patriarchen ein katholischer Würdenträger mit eindeutigem Bekenntnis zu Oberhoheit des Papstes. Dieser – nur kurzfristig erfolgreiche – Versuch, mit militärischer Gewalt die „Einheit der Kirche" wieder herzustellen, belastet die Beziehung zwischen katholischer und orthodoxer Kirche bis heute.

Die brutale Plünderung von Konstantinopel im Jahr 1204 durch katholische Kreuzritter hat wesentlich zum Niedergang der einst blühenden Metropole beigetragen. Denn die Kreuzritter hatten nicht nur die materiellen Schätze nach Westeuropa mitgenommen, sondern auch viele Reliquien, die besonders im Mittelalter zum unabdingbaren Bestandteil des Pilgerlebens gehörten. Damit hatte Konstantinopel auch viel von seiner religiösen Bedeutung eingebüßt, was ebenfalls den wirtschaftlichen Niedergang beschleunigte. Denn gerade der rege Andrang von Pilgern aus halb Europa hatte eine beträchtliche Einnahmequelle ergeben. Konstantinopel hatte noch Anfang des 12. Jahrhundert, also kurz vor dem Raubzug der katholischen Kreuzritter, rund eine Million Einwohner gezählt, aber zu Beginn des 15. Jahrhunderts waren es nur noch 100 000 Einwohner. Viele Bewohner waren abgewandert. Immer mehr Wohnviertel, Paläste wie auch Kirchen waren vom Zerfall bedroht.[14]

Orthodoxe Christen werfen den Katholiken bis heute vor, dass Konstantinopel ohne die maßlose Plünderung im Jahr 1204 viel erfolgreicher auf den Vormarsch der osmanischen Türken hätte reagieren können. Genauso hartnäckig ist bis heute der Vorwurf, dass die katholische Kirche und die katholischen Fürsten bei der Belagerung von Konstantinopel durch die Türken 1453 in keiner Weise die bedrängten orthodoxen Christen unterstützt hätten. Gerade durch ein solches Verhalten hätten die Katholiken den Sieg der Muslime über jene Metropole ermöglicht, die das eigentliche geistige Zentrum des Christentums gewesen sei. Weit zurückliegende Ereignisse in der Geschichte bleiben auf diese Weise ein Stück aktueller, unbewältigter Gegenwart.

Die Unterordnung der Frauen. Ein Problem nicht nur für die orthodoxen Kirchen

„Ordnet euch einander unter in der Furcht Christi, ihr Frauen den Ehemännern wie dem Herrn! Denn der Mann ist das Haupt der Frau, wie Christus das Haupt der Kirche ist, die er als seinen Leib erlöst hat. Aber wie die Kirche sich Christus unterordnet, so auch die Frauen den Männern in allem."

Eine solche Aussage ist im Brief des Apostels Paulus an die Epheser, 5. Kapitel, Verse 21 bis 24, zu lesen. Und in seinem ersten Brief an die Korinther, 14. Kapitel, Verse 33 bis 35, heißt es:

„Wie in allen Gemeinden der Heiligen, sollen auch bei euch die Frauen in den Versammlungen schweigen; denn es ist ihnen nicht gestattet zu reden, sondern sie sollen sich unterordnen, wie es auch das Gesetz sagt. Wenn sie sich aber über etwas unterweisen lassen wollen, sollen sie zu Hause ihre Ehemänner befragen; denn es gehört sich nicht für eine Frau, in einer Gemeindeversammlung zu reden."

Weiterhin finden sich im 2. Kapitel seines ersten Briefes an Timotheus die Verse 11 und 12: „Eine Frau soll sich schweigend in aller Unterordnung belehren lassen. Zu lehren gestatte ich einer Frau nicht. Sie soll auch nicht über den Mann herrschen wollen, sondern sich still verhalten."

Die Briefe des Apostels Paulus haben mit ihren Ermahnungen bei den christlichen Gemeinden des ganzen Römischen Reiches große Verbreitung gefunden. Insofern liegt es nahe, in Paulus die zentrale, wirkungsmächtigste Gestalt dieser frauenfeindlichen Haltung zu sehen. Aber entscheidend ist nicht, ob Paulus oder ein anderer Theologe des frühen Christentums derartige Ansichten verbreitet hat, denn sie waren in der patriarchalisch strukturierten Gesellschaft auch der „heidnischen" Römer und Griechen ohnehin gegenwärtig. Es wäre daher falsch, die frühen Christen als die Erfinder einer solch frauenfeindlichen Haltung zu sehen. Wir müssen nur einige weitere Jahrhunderte zurückgehen, dann finden wir eine ähnliche Überzeugung bereits bei Aristoteles, einem der maßgebenden Philosophen der griechisch-römischen Antike. In seiner Schrift *Politik* ist in Bezug auf Frauen folgender Satz zu lesen: „Desgleichen ist das

Verhältnis des Männlichen zum Weiblichen von Natur aus so, dass das eine besser, das andere geringer ist, und das eine regiert und das andere regiert wird."[15] Gemeint ist damit, dass die Frauen von Natur aus mehr von Emotionen und die Männer mehr vom Verstand geleitet sind, also die Männer sich eher ein rationales Urteil bilden können. Es ist von daher auch folgerichtig, dass in der griechischen Demokratie des 5. vorchristlichen Jahrhunderts Frauen nicht wahlberechtigt waren. Der hellenistisch gebildete Apostel Paulus hat sich in seiner Haltung somit nicht nur von Traditionen des Alten Testaments der Juden bestimmen lassen, sondern ebenso von jenen der „heidnischen" griechisch-römischen Antike.

Im frühen Christentum haben solche Traditionen allerdings eine spezielle Prägung bekommen. So wurde ein Christ religiös höher bewertet, wenn er auf Ehe und Sexualität völlig verzichtete und ein Leben im Zölibat bevorzugte („Zölibat" ist abgeleitet vom lateinischen Wort „caelebs", „ehelos"). Die Überzeugung dominierte: Ohne die sinnlichen Verwirrungen der Sexualität sei man Gott näher. Dies war besonders für Männer bedeutend, die wegen ihrer „größeren Urteilskraft" allein zum Amt des Priesters oder eines Bischofs zugelassen waren. Paulus und spätere Verfechter einer solchen Haltung sahen in Jesus das große Vorbild. Im Neuen Testament wird ja betont, dass Jesus nicht verheiratet gewesen sei. Aber es gibt keine Bibelstelle, die darauf hinweist, dass Jesus von seinen Jüngern verlangt habe, unverheiratet zu sein. Viele der Jünger waren verheiratet, so auch Petrus, der nach katholischer Auffassung immerhin als erster Papst gilt. Und Paulus, der selbst im Zölibat lebte, sah die sexuelle Enthaltsamkeit für Geistliche nicht als Pflicht an, er selbst schätzte diese Lebensform wegen ihrer „größeren Nähe zu Gott" nur höher ein.[16]

Eine solche Konstellation war der Ausgangspunkt dafür, dass in der katholischen wie auch in der orthodoxen Kirche mehr als ein Jahrtausend lang die Priester heiraten durften und nur die ranghohen Geistlichen wie Bischöfe, Päpste und Patriarchen auf Sexualität verzichten mussten. Erst im Jahr 1139, also schon fast ein Jahrhundert nach der Kirchenspaltung, spalteten sich die Kirchen auch in der Frage des Zölibats. Papst Innozenz II. setzte in Rom auf dem Zweiten Laterankonzil durch, dass von nun an für alle katholischen Priester der ganzen Welt die Ehelosigkeit und der Verzicht auf Sexualität Pflicht sei. Die offizielle Begründung lautete, dies geschehe „um des Himmelsreiches willen". Der Papst und seine Mitstreiter ließen sich allerdings auch von machtpolitischen Erwägungen leiten: Verheiratete Priester vererbten ihren Besitz den Kindern, dagegen kam der Besitz ehelos lebender Geistlicher nach ihrem Tod wieder zurück zur Kirche. Aber zum Problem bei dieser religiöspolitischen Lösung wurde, dass viele Priester nur nach außen hin auf Sexualität verzichteten, heimlich dagegen mit einer Frau oder gar mehreren Frauen nacheinander lebten und uneheliche Kinder zeugten. Das galt auch für Bischöfe, ja, ebenso für etliche Päpste.[17]

Neue Akzente setzten angesichts dieser Krise die Protestanten im 16. Jahrhundert. Den Anfang machte der Reformator Martin Luther. Er, der selbst Mönch war, heiratete eine Nonne und hob damit das Gebot des Zölibats grundsätzlich auf, ihm folgten alle anderen Reformatoren. Ausdrücklich widersprachen Protestanten insgesamt der Meinung, dass der Verzicht auf Ehe und Sexualität eine größere Nähe zu Gott zur Folge habe und sich damit der Priester hierarchisch in seiner religiösen Bedeutung über die Laien herausgehoben fühlen könne. Aufgewertet waren damit die Frauen. Aber was sich durch die Reformation trotzdem nicht änderte: Nur Männer konnten Geistliche werden.

Erst im Zeitalter der Aufklärung hat sich in Westeuropa eine Emanzipation der Frauen angebahnt. Aber eine solche Entwicklung konnte sich nur in säkular orientierten Staaten durchsetzen, und dies nur in langwierigen Phasen. Ein signifikantes Beispiel bieten hier die USA mit ihrer ersten modernen Demokratie. Dort wurde 1776 die „Erklärung der Menschenrechte", die „Bill of Rights" verabschiedet, in der alle Menschen der Welt als gleichberechtigt bezeichnet werden – ein Manifest, das zum Vorbild für alle späteren Demokratien werden sollte –, aber mit „Menschen" waren damals nur Männer gemeint. Frauen blieben weiterhin von aller politischen

Teilhabe, vor allem vom demokratischen Wahlrecht, ausgeschlossen. Das Wahlrecht konnten Frauen großenteils erst nach dem Ende des Ersten Weltkriegs erzwingen, in Frankreich erst 1944, in Griechenland 1952, in der Schweiz sogar erst 1971. Und noch länger dauerte es, dass sich innerhalb der Kirchen nachhaltige Veränderungen zugunsten der Frauen anbahnten. Erst in der zweiten Hälfte des 20. Jahrhunderts konnten Frauen Geistliche und auch Bischöfe werden. Dies aber nur in den protestantischen Kirchen. In der katholischen Kirche dagegen ist der Widerstand weiterhin stark. Zwar fordern immer mehr Gläubige, endlich auch Frauen den Zugang zum Priesteramt zu gestatten und außerdem den Zwang der Priester zum Zölibat aufzuheben, aber der Vatikan als ein noch immer stabiles Machtzentrum sperrt sich weiterhin gegen solche Forderungen. Dabei hat der wachsende Mangel an Priestern aufgrund fehlender Reformen heute schon dramatische Folgen. Geändert hat sich allerdings bei Katholiken wie bei Protestanten, dass sich Frauen als Theologinnen etablieren können, und nicht zufällig ist bei vielen von ihnen zum Thema geworden, die religiös geprägte Unterdrückung ihres Geschlechts auf die Ursachen zu hinterfragen.

In den Kirchen der orthodoxen Konfession haben allerdings derartige Diskussionen über die Stellung der Frauen in der Religion bisher noch kaum begonnen. Eine derartige Diskussion kann erst einsetzen, wenn religiöse Traditionen insgesamt kritisch hinterfragt werden. Und von solch einer Entwicklung ist breitenwirksam noch wenig zu spüren. Die Ursachen dieses Defizits sind in den völlig anderen religiös-politischen Rahmenbedingungen des orthodoxen Kulturraums in Osteuropa begründet. Diese anderen Rahmenbedingungen werden in den folgenden Kapiteln geschildert.

Vom Mittelalter in die Neuzeit. Der andere Strukturwandel der orthodoxen Kirche

Kiew, ein erstes Zentrum slawischer Orthodoxie. Wie die Gemeinschaft der „Rus" entstanden ist

In welcher Stadt ist der Begriff „Rus" entstanden, aus dem sich später „Russe" und „Russland" abgeleitet hat? Und wo jene Konfession, die sich später „russisch-orthodox" nennt? Die meisten Westeuropäer haben noch vor wenigen Jahren geantwortet: In Moskau, oder zumindest irgendwo in Russland. Aber diese Antwort ist falsch, wie inzwischen schon durch eine Reihe populärwissenschaftlicher Darstellungen bekannt geworden ist. Der Begriff „Rus" hat sich in Kiew, heute die Hauptstadt des Staates Ukraine, entwickelt. Für die Russen ist dies schon seit Jahrhunderten eine selbstverständliche Tatsache gewesen, sie sehen in der Stadt sogar den Ursprung ihrer Kirche begründet. Und viele sprechen bis heute von einer russisch-orthodoxen Glaubensgemeinschaft, wobei sie keinen Unterschied zwischen Russen und Ukrainern machen. Vor diesem historischen Hintergrund wird erst deutlich, weshalb der von Wladimir Putin 2022 begonnene Angriffskrieg gegen die Ukraine nicht nur eine nationalistische, sondern auch eine religiöse Dimension besitzt.

Wir müssen bis in das 8. Jahrhundert zurückgehen, um zu verstehen, wie komplex der Begriff „Rus" ist und wieso er zu sehr unterschiedlichen Deutungen führen kann. Im 8. Jahrhundert war der nordosteuropäische Raum in zahlreiche kleine Herrschaftsgebiete slawischer Stammesführer aufgespalten, während im Süden das benachbarte Byzantinische Reich mit seiner Hauptstadt Konstantinopel ein Vorbild hochentwickelter Kultur war. Der Name „Rus" entstand, nachdem Wikinger aus Skandinavien in die slawischen Gebiete vorgedrungen waren, die dortigen Stammesgebiete unterworfen hatten und ein Großreich mit dem Namen „Rus" begründeten. Über die Wortbedeutung sind sich die Wissenschaftler nicht einig. Die einen sehen den Namen abgeleitet aus dem nordischen Wort *rodr*, das die Wikinger, die „Ruderer", betrifft. Andere führen den Namen auf das altslawische Wort *rusyi,* „rot", „hell", zurück. Rus wurde einst ein Nebenfluss des Dnjepr nahe Kiew genannt, dessen Wasser eine helle rote Farbe hatte.[18] Der Name ist später für alle ostslawischen Stämme verwendet worden, dies geschah aber im Bewusstsein einer gemeinsamen Kultur, nicht einer gemeinsamen ethnischen Herkunft.

Das damalige Großreich Rus mit der Hauptstadt Kiew erlangte jedoch erst eine welthistorische Bedeutung, als Großfürst Wladimir I. regierte. Dieser Großfürst wird von den Einwohnern der späteren Staaten Russland, Belarus und Ukraine bis heute gleichermaßen als „Vater" ihrer Kultur verehrt. Wladimir I. hat sich der Nachwelt vor allem durch eine Maßnahme eingeprägt: Er trat im Jahr 988 zum Christentum über und veranlasste, dass die Masse seiner Untertanen diesem Beispiel folgte. In eben jenem Jahr 988 war es am Ufer des Dnjepr in Kiew zu einer Massentaufe der „heidnischen" Bevölkerung gekommen, ein Signal für zahllose weitere Taufen im ganzen Herrschaftsbereich der Rus. Was war die Ursache? Das eigentliche Ziel des Großfürsten Wladimir war, eine engere Verbindung zum benachbarten Byzantinischen Reich zu knüpfen und durch intensivere Handelsbeziehungen von der überlegenen Kultur Konstantinopels zu profitieren. Um diese Verbindung zu verstärken, war es ihm nützlich erschienen, eine Tochter des byzantinischen Kaisers zu heiraten. Der Kaiser in Konstantinopel willigte ein, verlangte jedoch, dass der Großfürst zum Christentum der griechisch-orthodoxen Konfession übertrat und sich verpflichtete, sein ganzes Reich zu christianisieren.

Auf diese Weise war das Großreich der Kiewer Rus innerhalb weniger Jahrzehnte christlich geworden. Zugleich hatte die byzantinische Kirche ihren Einfluss innerhalb kürzester Zeit von Konstantinopel aus bis weit hinein in den ostslawischen Raum ausdehnen können. Für beide Machthaber hatten also strategische Erwägungen eine wesentliche Rolle gespielt. Die Massentaufe bei Kiew wird auf das Jahr 988 datiert. Also begann dort die Christianisierung rund sieben Jahrzehnte früher, als sich Konstantinopel 1053 offiziell von der katholischen Kirche mit Sitz in Rom abspaltete. Aber die neu bekehrten Christen fühlten sich von Anfang an nur mit der byzantinischen Kultur Konstantinopels verbunden, so dass sie sich folgerichtig seit dem 11. Jahrhundert auch zur orthodoxen Glaubensrichtung bekannten. Und so entstanden in der Hauptstadt Kiew Wallfahrtskirchen, die für alle slawischen Stämme der Rus als besonders wichtige Heiligtümer galten und sich unverkennbar auf Konstantinopel bezogen. Dies ist besonders auffällig bei der Sophien-Kathedrale. Sie wurde im 12. Jahrhundert nach dem Vorbild der Hagia Sophia erbaut, in der Absicht, einen Gegenpol zur zentralen Kathedrale in der byzantinischen Hauptstadt zu bilden. Sie war die Hauptkirche der Großfürsten von Kiew. Noch bedeutsamer wurde für die slawisch-orthodoxen Christen das Kiewer Höhlenkloster, in dessen Nähe sich die legendäre Massentaufe vollzogen haben soll. Deren erste Bauten sind an den waldigen Hängen nahe dem Ufer des Dnjepr Ende des 11. Jahrhunderts errichtet worden, und das Areal hat sich zu einem weit ausgedehnten Komplex von Kirchen mit Goldkuppeln und Mönchswohnungen (die älteren in Höhlen) entwickelt. Die Klosteranlage zählt zu den fünf heiligsten Orten der slawisch-orthodoxen Kirche, die sich später als russisch-orthodoxe Kirche bezeichnete.[19]

Im 13. Jahrhundert zerfiel das Reich der Kiewer Rus. Es wurde geschwächt durch innenpolitische Fehden des Adels und verlor vollends an Bedeutung, als ein Heer der Mongolen, geführt von einem Enkel Dschingis Khans, in den Jahren 1237 bis 1240 weite Landstriche verwüstete und auch Kiew plünderte. Nun herrschte anstelle des Großfürsten der Rus ein Khan der Mongolen, dessen Dynastie den Namen Goldene Horde trug und zum islamischen Glauben übergetreten war. Khan, „Führer", „Befehlshaber", dieser Herrschertitel mongolischer Reiternomaden Zentralasiens sollte nun für mehrere Jahrhunderte in Osteuropa dominieren. Muslime herrschten damit im nordosteuropäischen Raum – dies zwei Jahrhunderte bevor muslimische Türken 1453 Konstantinopel eroberten und zur Hauptstadt des Osmanischen Reiches machten. Die muslimischen Mongolen teilten das Reich der Rus in zahlreiche kleine Bezirke auf, in denen weiterhin christliche Fürsten als Vasallen regierten. Dies bedeutete jedoch nicht das völlige Ende der Rus. Ihre Fürsten konnten zumindest im Norden und Osten noch Macht ausüben, auch wenn sie überall als Vasallen der Mongolen tributpflichtig blieben.

Eine Bedeutung für die Fürsten der Rus behielt unter solchen Bedingungen noch am ehesten jene Region, in der später Moskau ein Machtzentrum wurde. Um das Jahr 1240 war Moskau allerdings noch ein unscheinbarer Ort. Das erste kulturelle, religiöse und politische Zentrum der Kiewer Rus im Gebiet des heutigen Russland wurde daher nicht Moskau, sondern eine Stadt, die 190 Kilometer östlich liegt. Sie trägt den Namen Wladimir, ganz bewusst auf den Großfürsten Wladimir bezogen, der 988 damit begonnen hatte, das Großreich der Rus zu christianisieren. Bis heute ist diese Stadt in Russland ein Pilgerzentrum mit bedeutenden Kirchen und Klöstern geblieben und bis heute wird dort ein spiritueller Bezug zu Kiew aufrechterhalten. Aber im Jahr 1325 hatte die Residenzstadt Wladimir ihre Vorzugsstellung an Moskau abtreten müssen. Moskau hatte sich zu diesem Zeitpunkt bereits zu einem wichtigen Handelszentrum entwickelt, das strategisch günstiger lag. Großfürst Iwan I. Kalita machte Moskau zur Hauptstadt seines aufstrebenden Reiches. Damit begann der Aufstieg Moskaus zu einem Zentrum von überragender politischer und religiöser Bedeutung. Es dauerte allerdings noch einige Jahrhunderte, bis Moskau den Anspruch erheben konnte, das „Dritte" Rom in der Nachfolge von Konstantinopel zu verkörpern. Im 13. und 14. Jahrhundert war Konstantinopel noch immer unbestritten das „Zweite Rom".

Aus Konstantinopel wird Istanbul.
Der Verlust der „Mitte" für die orthodoxe Kirche

Am 29. Mai des Jahres 1453 starb das christlich-orthodoxe Konstantinopel. Im Morgengrauen stürmten Truppen des Osmanen-Sultans Mehmed II. durch eine Mauerbresche in die Stadt. Damit war eine fast zwei Monate dauernde Belagerung der byzantinischen Hauptstadt durch die Türken beendet. Als Sultan Mehmed am dritten Tag nach diesem Sieg in die Stadt einritt und eine erste Rast auf einem der großen Plätze machte, soll er gesagt haben: Diese Stadt soll als die neue Residenz des Osmanischen Reiches zukünftig Istanbul heißen. Um die Bedeutung des Namens ranken sich Legenden. Angeblich soll es sich um den Schlachtruf griechisch sprechender Söldner auf Seiten der Türken handeln: „Is tin polis!", „Hinein in die Stadt!" Verballhornt ist daraus im Türkischen „Istanbul" geworden. Die Osmanen haben für ihre neue Hauptstadt nahezu vier Jahrhunderte lang zwei Namen verwendet: einerseits weiterhin Konstantinopel (in türkischer Version „Konstantiniyye"), dies vor allem im Kontakt mit dem Ausland, „Istanbul" aber für die Türken selbst. Erst seit 1930 ist auf Veranlassung Atatürks der Name Istanbul die allein gültige internationale Bezeichnung.

Sultan Mehmed II. mit dem ehrenden Beinahmen Fatih („Eroberer") hat nach seinem Einzug in die besiegte Stadt noch am selben Tag ein Signal für eine besonders markante Veränderung gesetzt. Er machte bei dem Ritt mit seinem Gefolge vor der Hagia Sophia Halt, betrat die Kathedrale und blieb schweigend vor dem Altar stehen. Dann stieg ein Imam zur Kanzel hinauf und sang das Glaubensbekenntnis des Islam. Dies war das Zeichen, dass nun eine der bedeutendsten Kirchen der Christenheit umgewandelt werden sollte in eine der bedeutendsten Moscheen des islamischen Kulturraums. In der Folge übertünchten die Türken die prachtvollen byzantinischen Goldmosaiken und versahen die Wände mit Koranversen, eingerahmt mit fein ziselierten Ornamenten. Der Sultan relativierte mit diesem Vorgehen die im Koran vorgeschriebene Toleranz, dass

den Christen als den Angehörigen einer geistesverwandten mono-
theistischen Religion ihre Kirchen zum Gottesdienst zu lassen sei-
en. Aber angesichts der Hagia Sophia, einer christlichen Kultstätte
mit herausragender symbolischer Bedeutung, fühlte er sich zu einer
Ausnahme berechtigt. Es ging ihm darum, nun den Islam als die
überlegene geistesverwandte Religion zu präsentieren.

Mit der türkischen Eroberung von Konstantinopel änderte sich
aber nicht nur grundlegend der Status der Hagia Sophia, sondern
ebenso nachhaltig die Machtposition des griechisch-orthodoxen
Patriarchen. Nachdem der Gebäudekomplex der Hagia Sophia zur
Residenz des höchsten muslimischen Geistlichen geworden war,
musste der Patriarch seinen bisherigen Wohnsitz verlassen und in
ein Gebäude einer anderen Kirche umsiedeln. Aber selbst in einer
solchen Zwangsmaßnahme offenbarte sich noch Toleranz: Der siegreiche Machthaber der Konkurrenzreligion Islam gestattete dem
bisherigen Oberhaupt der orthodoxen Kirche, in der neuen Hauptstadt der Osmanen weiterhin seinen Amtssitz zu behalten. Umgekehrt hätte sich im 15. Jahrhundert noch kein christlicher Eroberer
gegenüber einem religiösen Führer der Muslime derart duldsam
verhalten. Trotzdem war es von Anfang an eine Toleranz mit erheblichen Einschränkungen. Die nachfolgenden Osmanen-Sultane
ließen die verbliebenen Christen und deren geistliches Oberhaupt
spüren, dass sie keineswegs gleichberechtigte Untertanen waren.
Der Patriarch konnte seinen neuen Amtssitz in der Pamakaristos-
Kirche nur bis zum Jahr 1591 bewohnen, dann ließ Sultan Murat III.
diese repräsentative byzantinische Kirche ebenfalls in eine Moschee
umwandeln. Zu dieser Zeit verstärkte sich die Tendenz bei muslimischen Machthabern, christliche Untertanen weiter in ihren
Rechten einzuschränken – zu einer Zeit, als Spanien wieder von
den Christen zurückerobert war und Muslime wie Juden angesichts
intensiver Unterdrückung massenhaft in islamische Länder bis hin
in das Osmanische Reich flohen. Der Patriarch von Konstantinopel
musste sich seit dem Jahr 1551 mit einer wesentlich kleineren Residenz und einer relativ unscheinbaren Kirche begnügen. Er hielt

allerdings offiziell an dem Anspruch fest, dass Konstantinopel trotz der islamischen Oberhoheit das religiöse Zentrum der orthodoxen Christenheit sei.

Aber dem Patriarchen fehlte seit 1453 die Macht, die ihn bisher mit einem absolut regierenden Kaiser verband. Er hatte nun keinen starken Einfluss mehr auf die Bischöfe in Griechenland, Serbien, Rumänien, Bulgarien und Russland. Im Gegenteil. Immer mehr entwickelten sich die Landeskirchen der orthodoxen Christenheit in den folgenden Jahrzehnten zu eigenständigen Institutionen, bei denen nun ebenfalls ein Patriarch Oberhaupt war. So entstand schrittweise jene Struktur, wie sie uns heute geläufig ist: Es gibt nicht mehr die *eine* orthodoxe Kirche, sondern neben der griechisch-orthodoxen auch die bulgarisch-orthodoxe, serbisch-orthodoxe, rumänisch-orthodoxe und russisch-orthodoxe Kirche. Der Patriarch von Konstantinopel wird zwar von allen Patriarchen der Landeskirchen weiterhin als nominelles Oberhaupt anerkannt, aber sein Einfluss auf die orthodoxe Christenheit ist nicht zu vergleichen mit dem des Papstes auf die Katholiken.

Von Konstantinopel zu Istanbul, von einer zentralen christlichen zu einer zentralen islamischen Metropole – diese Veränderung löste vor allem bei den Christen orthodoxer Konfession einen Schock aus, denn ihnen war religiös wie auch politisch die „Mitte" verloren gegangen. Aber es war nicht der erste tiefgreifende Schock, mit dem muslimische Eroberer nachhaltig Christen in ihrem Selbstverständnis erschüttert hatten. Sieben Jahrhunderte vorher hatten arabische Muslime große Teile Vorderasiens und Nordafrikas unterworfen, hierbei gingen Palästina, Syrien und Ägypten verloren, Kernländer des frühen Christentums und zentrale Provinzen des Byzantinischen Reiches.

Im 7. Jahrhundert hatten sich Christen erstmals zutiefst verstört fragen müssen, wieso denn Gott einen derartigen Sieg von „Ungläubigen" über „Gläubige" hatte zulassen können. Bis dahin ließen sie sich von der Überzeugung leiten, dass sich ihre Religion mit der allein richtigen Offenbarung Gottes unaufhaltsam von den Staaten des Mittelmeerraums über die ganze Welt ausbreiten würde. Nun aber war mit Mohammed ein Prophet aufgetreten, der denselben Anspruch vertrat: die ganze Welt zu der einzig wahren Religion, dem Islam, „Hingabe"(an Gott), zu bekehren. Mohammed bekannte sich wie die Juden und Christen zu dem *einen* Gott, den er auf Arabisch „Allah" (der Gott) nannte. Er bekannte sich auch ausdrücklich zu den in der Bibel genannten Propheten, wobei er Jesus als den höchsten „Boten Gottes" verehrte. Aber der abschließende Prophet sei er, Mohammed, der von Gott auserwählt sei, die verfälschte Offenbarungslehre von Christen und Juden zu korrigieren. So gesehen stand also ein Entscheidungskampf bevor, ob nun die ganze Welt „christianisiert" oder „islamisiert" werden sollte. Christen und Muslime sahen dies gleichermaßen so. Allerdings befanden sich die Christen im 7. Jahrhundert in der verstörenden Situation, dass sie schwere Niederlagen gegen das Vordringen der „Ungläubigen" erleiden mussten. Und die meisten christlichen Theologen wie auch Machthaber taten sich schwer, die Gründe der Niederlage zu erkennen.

Besonders irritierend für die christlichen Machthaber wie auch Feldherren war: Sie mussten feststellen, dass eine große Zahl Mitglieder ihrer Glaubensgemeinschaft wenig dazu betrug, die angreifenden Muslime zu bekämpfen. Viele blieben passiv, ja, manche sabotierten sogar Befehle der Obrigkeit. Einzelne Gruppierungen sympathisierten offen mit dem Feind und begrüßten die Angreifer als Befreier. Viele erhofften sich von den Muslimen eine Herrschaft, die erträglicher war als die byzantinische – vor allem, weil es die Eroberer von Anfang an verstanden, die geistige Verwandtschaft zwischen Islam und Christentum zu betonen. Mehr noch: Die muslimischen Machthaber konnten es zunächst sogar so erscheinen lassen, dass der Islam ein reformiertes, von allen Verfälschungen gereinigtes Christentum sei: Zu diesem Eindruck trug erheblich bei, dass muslimische Herrscher den Christen und Juden im islamischen Herrschaftsbereich religiöse Freiheit zubilligten, umgekehrt aber die Christen den Muslimen nicht. Christen, die vom Dogma der byzantinischen Staatskirche abwichen, waren ja in ihrem bisherigen

Kulturraum unerbittlich als „Ketzer" verfolgt worden – aber unter islamischer Regierung konnten sie als religiös geduldete Minderheit gleichberechtigt neben Katholiken und Orthodoxen leben. Gerade die „Ketzer" unter den Christen waren es, die einen Kalifen oder Emir einem byzantinischen Kaiser oder Statthalter vorzogen.

Ein ähnlicher Prozess vollzog sich, als im 11. Jahrhundert türkischstämmige Muslime vom Iran aus nach Anatolien, der noch verbliebenen Kernprovinz des Byzantinischen Reiches, vordrangen. Im Jahr 1071 besiegte Alp Arslan, ein Sultan der Seldschuken-Dynastie, in der Schlacht von Mantzikert (östliches Anatolien) das byzantinische Heer. Und in den folgenden Jahrzehnten verloren die Byzantiner zwei Drittel ihrer Kernprovinz Anatolien an die muslimischen Eroberer. Die Seldschuken-Hauptstadt Konya wurde im 13. Jahrhundert berühmt für ihre Weltoffenheit und religiöse Toleranz gegen Christen – in schroffem Kontrast zur religiösen Unduldsamkeit der orthodoxen Staatskirche in Konstantinopel. Im 14. Jahrhundert waren dann Heere der türkischen Dynastie der Osmanen bereits bis 100 Kilometer südöstlich von Konstantinopel vorgedrungen. Von ihrer dortigen Residenzstadt Bursa eroberten die Osmanen etliche wichtige byzantinische Provinzen westlich von Konstantinopel, so Thrakien und Serbien, bis sie 1453 auch die Hauptstadt des Byzantinischen Reiches unter ihre Herrschaft brachten.

Die Eroberung von Konstantinopel durch die Türken bedeutete für die Christen der orthodoxen Konfession in zweifacher Hinsicht einen Schock. Sie waren einerseits in ihrem bisherigen Glauben erschüttert, weil Konstantinopel nicht mehr die religiöse und politische „Mitte" für das einzig wahre Christentum sein konnte. Andererseits fühlten sie sich von den Katholiken im Stich gelassen. Ja, viele sahen sich in ihrer Einschätzung bestätigt, dass katholische Christen nicht nur die Muslime, sondern auch die orthodox Gläubigen als Feinde betrachteten. Mehr noch: dass Katholiken eher noch auf der Seite der Muslime standen. Dafür gab es einige Indizien. So hatten die katholischen Machthaber in Westeuropa wenig getan, um die drohende Belagerung Konstantinopels durch die Osmanen zu verhindern. Besonders traf dies auf die wirtschaftlich starken Handelsmächte Genua und Venedig zu. Diese pflegten bereits ein Jahrhundert vor dem drohenden Aufmarsch der Türken rege Handelsbeziehungen mit dem Osmanischen Reich, und daher hielten auch sie sich weitgehend mit einer Hilfe für die orthodoxen Christen in Konstantinopel zurück. Mehr noch: Als Konstantinopel von den Türken erobert war, öffneten die katholischen Bewohner des Stadtteils Pera, der dem orthodox-christlichen Konstantinopel als Handelsstützpunkt der Genuesen und Venezianer am Goldenen Horn gegenüber lag, den türkischen Eroberern bereitwillig die Tore. Sie übermittelten Sultan Mehmed II. Glückwünsche zum Sieg. Ein solches Verhalten garantierte, dass die guten Handelsbeziehungen zwischen katholischen Christen und osmanischen Muslimen weiterhin gesichert blieben.[20]

Bei den Christen, ob nun katholisch oder orthodox, hatte aber schon im 15. Jahrhundert eine Diskussion darüber begonnen, ob denn nicht auch die Kirchenspaltung seit 1053 Einfluss auf ihr Verhalten gegenüber der Türkengefahr gespielt habe. So hatten im 15. Jahrhundert nicht wenige katholische Theologen argumentiert, dass der siegreiche Vormarsch der Türken eine gerechte Strafe für die Christen des Byzantinischen Reiches sei, die die Spaltung in zwei Kirchen verursacht hätten. Eine militärische Hilfe westeuropäischer Staaten gegen die Türken sei nur gerechtfertigt, wenn der Patriarch von Konstantinopel sich dem Papst als der höchsten Autorität unterwerfe.[21] Aber bei den Einwohnern von Konstantinopel hatte sich trotz der wachsenden Türkengefahr eine starke Abwehrfront gegen das ambivalente Hilfsangebot gebildet. Die meisten orthodoxen Christen lehnten einen Übertritt zum katholischen Glauben ab und betonten, unter einer islamischen Herrschaft ließe sich eine gewisse Eigenständigkeit der griechischen Orthodoxie noch eher wahren als unter katholischer Herrschaft. Von Loukas Notaras, dem letzten bedeutenden Minister des byzantinischen Kaisers, ist eine dazu passende Äußerung überliefert: „Lieber den Turban des Sultans als den Hut des Kardinals."[22]

Aber der Verlust von Konstantinopel als der geistigen „Mitte" des einzig wahren Christentums ist für viele orthodoxe Gläubige über Jahrhunderte eine offene Wunde geblieben. Und es ist immer wieder zu Versuchen gekommen, militärisch diesen Verlust rückgängig zu machen und das islamische Istanbul in ein christliches Konstantinopel zurück zu verwandeln. Dies geschah zuerst durch die Russen seit dem 16. Jahrhundert, dann durch die Griechen nach dem Ende des Ersten Weltkrieges.

Moskau als das „Dritte Rom".
Der slawische Anspruch auf das allein gültige Christentum

Seit dem Jahr 1325 war Moskau die Hauptstadt eines ständig wachsenden Reiches, auch wenn sich ihr Machtbereich noch immer unter der Oberhoheit muslimischer Mongolen-Khane befand. Und es dauerte noch mehr als zwei Jahrhunderte, bis sich Moskau selbstbewusst dazu bekennen konnte, anstelle von Konstantinopel, dem „Zweiten Rom", das „Dritte Rom" zu verkörpern. Dazu brauchte es noch zwei wesentliche Voraussetzungen. Zum einen: Konstantinopel musste religiös und politisch für das orthodoxe Christentum stark an Bedeutung verloren haben. Dies war 1453 durch die Eroberung der Türken geschehen. Zum anderen: Die russischen Großfürsten mussten sich weitgehend aus der Oberhoheit der mongolischen Khane mit islamischem Glaubensbekenntnis gelöst haben. Dies geschah im 16. Jahrhundert.

Eine Schlüsselfigur für diese Entwicklung wurde Iwan IV., der erste russische Großfürst, der den Titel „Zar" trug. Er regierte von 1530 bis 1584. Der neue Titel signalisierte, dass nun demonstrativ ein Bezug zur römisch-byzantinischen Tradition hergestellt war. Der lateinische Titel „Caesar", wie ihn zuerst die Kaiser des gesamten Römischen Reiches mit Rom als Hauptstadt führten und später die byzantinischen Kaiser mit Konstantinopel als Hauptstadt, wurde nun in der russischen Version zu „Zar" (in der deutschen Version sollte aus „Caesar" später „Kaiser" werden). Der Titel, ob nun Caesar, Zar oder Kaiser, meldete den Führungsanspruch über alle anderen Regenten an, die den Titel „König" haben.

Der erste russische Herrscher mit dem Titel Zar war dann auch energisch und politisch erfolgreich genug, um die in ihn gesetzten Erwartungen einzulösen. Nachdem das Fürstentum Moskau sich schon 1502 aus der Abhängigkeit politisch geschwächter mongolischer Herrschaft hatte befreien können, unternahm Zar Iwan den nächsten entscheidenden Vorstoß. In den Jahren 1547 und 1548 führte er einen Feldzug gegen das mongolische Khanat Kasan, das im Osten des russischen Machtbereichs weiterhin ein gefährlicher Rivale war. Zar Iwan siegte und war damit der erste russische Herrscher, dem es gelang, ein ganzes islamisches Fürstentum zu erobern. Mehr noch: Es war der erste Sieg eines christlich-orthodoxen Staates über einen islamischen Staat nach dem Fall von Konstantinopel 1453. Kreuz und Schwert … Die russische Kirche feierte diesen Sieg als den Beginn eines Kreuzzugs, der zur Folge haben sollte, dass alle islamischen Fürstentümer, die einst von Christen regiert wurden, wieder unter die Herrschaft der allein richtigen Religion kämen. Die Priester feierten Zar Iwan als „Neuen König David" und die Russen als „Gottes auserwähltes Volk", das berufen sei, Moskau zum „Dritten Rom" zu machen. Die Eroberung von Kasan, so der britische Russland-Experte Orlando Figes, „hatte gewaltige symbolische Bedeutung. Sie verliehen dem Zaren einen neuen Status, indem sie sein Ansehen unter den Nomaden der Steppe als legitimer Nachfolger der Mongolen-Khane steigerte und gleichzeitig seinen imperialen Anspruch bestätigte, ein universaler christlicher Herrscher zu sein, der Erbe des Kaisers von Byzanz".[23]

Vier Jahre später, 1552, konnten die Russen einen weiteren Sieg feiern, sie eroberten unter Iwans Führung das Khanat Astrachan. Zar Iwan ließ anlässlich dieses Triumphs eine neue Kathedrale auf dem Roten Platz in Moskau errichten, die nach dem Namen eines russischen Heiligen Basilius-Kathedrale genannt wurde. Wegen ihres markant exotischen Aussehens ist sie bis heute eines der beherrschenden Wahrzeichen der Metropole Moskaus geblieben. Mit ihrer bunten Mischung westlicher und orientalischer Elemente, vor allem mit ihren vielen Kuppeln und Zwiebeltürmen, sollte sie ein Symbol dafür sein, dass Russland nicht nur das „Dritte Rom" sei, sondern sie sollte Moskaus Position auch als das „Neue Jerusalem" bekräftigen.[24]

Zar Iwan IV. konnte außerdem auch durch Eroberungszüge in Richtung Sibirien und dann in Richtung Polen und Litauen den Einfluss des Russischen Reiches weiter ausdehnen. Damit festigte er endgültig jene Ideologie, die die russisch-orthodoxe Kirche ein Jahrhundert zuvor zu entwickeln begonnen hatte: Der Herrscher in Moskau sei der einzig wahre Vorkämpfer des Christentums. Die beiden früheren religiös-politischen Zentren, Rom als der Ursprung und Konstantinopel als das „Zweite Rom", seien vom wahren Glauben abgefallen und daher untergegangen. Moskau sei damit zur letzten Hauptstadt des rechten Glaubens geworden. Zwei Rome seien gefallen, das „Dritte Rom" sei gekommen, und ein „Viertes Rom" werde es nicht geben.[25]

Zar Iwan IV. gilt als einer der politisch durchsetzungsfähigsten Herrscher Russlands, von vielen Russen bis heute geschätzt. Aber er hat den Beinamen „der Schreckliche" bekommen. Wie das? Der Beiname hat aus westeuropäischer Sicht eine betont negative Bedeutung, nicht aber aus russischer Sicht. Auch wenn dieser Zar immer wieder Massenhinrichtungen anordnete und viele seiner Gegner foltern ließ, ja, viele Historiker ihn von seinem Charakter her als gewalttätig einstufen, so betonen gerade auch Historiker: „Iwan der Schreckliche" habe durch seine harten Maßnahmen eine Ordnung durchsetzen können, die zukunftsweisend gewesen und lange Zeit stabil geblieben sei.

Zar Iwan selbst äußerte sich immer wieder mit religiös geprägten Argumenten, um seine brutalen Maßnahmen zu rechtfertigen. So, dass ein Zar „das Schwert nicht umsonst trägt". Er verstand sich, so Figes, „als Schwert tragender Erzengel, als von Gott gesandter Rächer, um die Rechtgläubigen zu beschützen und die Welt vor der

Apokalypse von Ungläubigen und Sündern zu säubern. In seiner persönlichen Mythologie bestand kein Widerspruch zwischen seinem Status als rechtmäßig christlicher Monarch und der grausamen Gewalt, die er als Ausdruck des Zorns Gottes ausübte." Auf seine Weise sei Zar Iwan ein tiefgläubiger Christ gewesen. Ja, er habe zeitweilig sogar das Bedürfnis gehabt, sich in ein Kloster zurückzuziehen und Mönch zu werden.[26]

Aus westeuropäischer Sicht heute handelt es sich bei einer derartigen Form von Christentum um eine verheerende Fehlentwicklung. Aber wenn wir zum Vergleich einen Blick auf die religiös-politischen Spannungen in Westeuropa zur gleichen Zeit richten, so entdecken wir zumindest für das damalige Jahrhundert fatale Parallelen. Zar Iwan „der Schreckliche" regierte von 1530 bis 1584. In eben jenem Jahr 1530, als Iwan zum Zaren gekrönt wurde, zeichnete sich in den Fürstentümern des Deutschen Reiches durch die Reformation von 1517 eine endgültige Spaltung in eine katholische und evangelische Konfession ab. Und 1531 fiel der Schweizer Reformator Ulrich Zwingli in einem „Glaubenskrieg" gegen ein katholisches Heer. In Frankreich kam es 1562 nach immer stärkeren Spannungen zwischen Katholiken und Calvinisten, den Hugenotten, zum Bürgerkrieg. 1572 wurden dann in Paris in der sogenannten Bartholomäus-Nacht rund 2 000 Hugenotten auf Befehl der katholischen Herrscherfamilie ermordet. Und 1618, fast vier Jahrzehnte nach Iwans Tod, begann in Westeuropa der Dreißigjährige Krieg, jener Krieg zwischen Katholiken und Protestanten, bei dem sich religiöse und politische Motive überlagerten, ein Krieg, der in seinen Auswirkungen zu den schlimmsten Kriegen der Weltgeschichte überhaupt zählt. Ein solcher Krieg blieb dem Russischen Reich erspart – aber eben nur, weil dort die Zaren im Bündnis mit der russisch-orthodoxen Kirche von vornherein viel intensiver jeden Widerstand der „Ketzer" hatten unterdrücken können.

Eine beklemmende Parallele zur Politik Iwans „des Schrecklichen" zeigt auch der Blick auf die geistesverwandte Religion Islam. Hier bietet sich besonders ein Vergleich mit einem Zeitgenossen, dem Osmanen-Sultan Selim I., an. Sultan Selim regierte von 1512 bis 1520, also nur wenige Jahre vor Zar Iwan, und der Beiname, den ihm die Nachwelt verliehen hat, ist verblüffend ähnlich: Der türkische Name „Yavuz" lässt sich übersetzen mit „der Unnachgiebige", „der Strenge", in Westeuropa wird er gerne mit „der Grausame" wiedergegeben. Sultan Selim führte 1514 einen Krieg gegen den Nachbarstaat Iran, wobei sich wie in den westeuropäischen Glaubenskriegen politische und religiöse Motive mischten. Der türkische Sultan Selim war Sunnit, der persische Schah Ismail war Schiit. Der Streit zwischen diesen beiden islamischen Konfessionen war ähnlich fanatisch wie der zwischen Katholiken und Protestanten. Sultan Selim gewährte in seinem osmanischen Machtbereich zwar den Christen die koranisch vorgeschriebene Toleranz, betrachtete aber die Schiiten als Muslime, die sich von der wahren Religion abgewandt hatten und zu „Ungläubigen" geworden waren. Er ließ 1514 im östlichen Anatolien, wo viele türkische Schiiten lebten, rund 40 000 Menschen niedermetzeln, bevor er in den Iran vorrückte und dort Schah Ismail in der Schlacht von Tschaldiran besiegte. Sultan Selim begründete sein brutales Vorgehen damit, dass er „Ketzer", „Feinde der wahren Religion", beseitigen müsse. Der schiitische Schah Ismail antwortete ähnlich scharf. Es war für beide Seiten ein „Heiliger Krieg", der nur deshalb in seinen Auswirkungen nicht so katastrophal wie der Dreißigjährige Krieg war, weil er nur ein Jahr dauerte. Aus türkischer Sicht gilt Selim, „der Strenge", „der Grausame", als einer der bedeutendsten Osmanen-Sultane, denn er führte nicht nur gegen den Iran einen erfolgreichen Krieg, sondern er eroberte 1517 Syrien, Palästina sowie Ägypten und trug somit wesentlich dazu bei, das Osmanische Reich für etliche Jahrhunderte zu einer herausragenden Großmacht zu machen.

Im 16. Jahrhundert gab es weder für Christen noch für Muslime ein Unrechtsbewusstsein, radikal intolerant gegen Andersgläubige und Andersdenkende vorzugehen. Hier stellte Iwan „der Schreckliche" keine unrühmliche Ausnahme dar.

Moskau und Sankt Petersburg.
Die halbe Moderne durch eine neue Hauptstadt

1696, etwas mehr als ein Jahrhundert nach dem Tod Iwans „des Schrecklichen", setzte eine Entwicklung ein, welche die bisherigen Traditionen erschütterte. An die Macht kam Zar Peter I., dem die Nachwelt den Beinamen „der Große" verlieh. Anders als die Zaren vor ihm erkannte er, dass das Russische Reich zwar beträchtlich an Macht gewonnen hatte, aber den westeuropäischen Staaten an technischer, wissenschaftlicher und sozialer Organisation unterlegen war. Er holte Techniker, Wissenschaftler und Handwerker vor allem aus den Niederlanden, den deutschen Fürstentümern, Frankreich und England in das Russische Reich, um von ihren Kenntnissen zu profitieren.

Die Residenz des Zaren Peter blieb aber nicht in Moskau. Auf seinen Befehl wurde eine neue Stadt im ersten Jahrzehnt des 18. Jahrhunderts nach westeuropäischem Vorbild erbaut, eine Hafenstadt an der Ostseeküste mit guten Verbindungen zu nord- und westeuropäischen Staaten. Die 1703 gegründete Stadt bekam den Namen Sankt Petersburg. Das „Sankt" deutet darauf hin, dass es sich bei Peter um den Apostel Petrus als den Schutzpatron der neuen Hauptstadt handelt, nicht um den Zaren. Allerdings war die Parallele beabsichtigt, hierbei auch an Zar Peter als den Gründer der neuen Stadt zu denken. Der Idee einer solchen Stadtgründung war eine Auslandsreise vorausgegangen. Sie dauerte nahezu 18 Monate und führte Zar Peter durch das schwedische Livland, die Niederlande, das Königreich England, die deutschen Fürstentümer und das österreichische Kaiserreich. Der Zar reiste unter falschem Namen als wohlhabender russischer Adliger, um nicht erkannt zu werden. Inkognito studierte er in den Niederlanden wie in England Schiffsbau und heuerte Ingenieure für die eigene rückständige Flotte an.

Zar Peter I. war der erste russische Herrscher überhaupt, der in das westliche Ausland reiste. Die Folge war: Er trug nach seiner Rückkehr in das russische Reich westliche Kleidung und forderte den Adel sowie die Mitglieder der schmalen Bürgerschicht zum selben Verhalten auf. Unter seiner Regierung wurde es üblich, dass an höheren Schulen Fremdsprachen gelehrt wurden, damit wurden vor allem Französisch und an zweiter Stelle Deutsch zur Sprache jener Schicht, die sich Reisen ins westliche Ausland leisten konnte. Unter seiner Regierung war auch die Ausbildung an Universitäten an westliche Standards angepasst worden, zumindest in den Naturwissenschaften. Es wurde außerdem die Verwaltung modernisiert. Dazu passt, dass die neue Hauptstadt durchweg von westeuropäischen Architekten, italienischen, deutschen und französischen, konzipiert wurde. Die Absicht des Zaren war, möglichst auf Distanz zu Moskau mit seinen erstarrten Traditionen zu rücken und den Beginn eines neuen Zeitalters zu signalisieren.

Ein neues Zeitalter? Zar Peter brach in der Tat mit einer Reihe scheinbar ewig gültiger russischer Traditionen. So vor allem mit der Vorstellung, dass Moskau die politische und kulturelle Mitte des Staates sein sollte. Damit war auch eine andere Tradition in ihrer Bedeutung geschmälert: dass Moskau spirituell die Mitte der orthodoxen Christenheit sei. Wie aber konnte dann noch wie bisher der religiös-politische Anspruch mit der gleichen Überzeugungskraft aufrechterhalten werden, wenn in Moskau nicht mehr der Zar als Oberherr von Staat und Kirche residierte?

Zar Peter hatte zeitlebens eine Distanz zu religiösen Traditionen geäußert, überhaupt zu religiös verwurzelten Lebensformen. Ihm lag daher auch nichts daran, auf der zentralen spirituellen Bedeutung von Moskau zu beharren. Trotzdem blieb seine Vorstellung von Fortschritt nur oberflächlich an den Idealen der westeuropäischen Aufklärung orientiert: Ihn interessierte in erster Linie der materielle Fortschritt, wie er sich in der technischen und praxisbezogenen Überlegenheit des „Westens" äußerte, im Militär, im Schiffsbau, in der Verwaltung, in der Architektur – nicht aber das Ideal der Demokratie, verbunden mit Meinungsfreiheit und sozialer Gleichberechtigung. So war er, um nur ein anschauliches Beispiel zu nennen, in London von der technischen Modernität beeindruckt, aber nachdem er eine Sitzung im Parlament erlebt hatte, urteilte er: „Die englische Freiheit ist nicht angemessen für Russland."[27] Auch hatte er kein Interesse daran, die Leibeigenschaft in Russland abzuschaffen. Im Gegenteil: Seine moderne Residenzstadt Sankt Petersburg ließ er von Zehntausenden Leibeigenen errichten, von denen Tausende unter sklavenähnlichen Bedingungen schufteten und an Krankheit oder Erschöpfung starben. Es waren billige Arbeiter, die es dem Zaren ermöglichten, kostengünstig seine Residenzstadt zu erbauen.[28] Zar Peter hatte auch kein Interesse daran, nach westlichem Vorbild einen säkularen Staat zu schaffen. Obwohl er und viele seiner reformorientierten Beamten verächtlich über die Starrheit religiöser Dogmen sprachen, blieb doch das enge Bündnis von Zar und russisch-orthodoxer Kirche weiterhin bestehen. Denn mit dieser politisch-religiösen Allianz ließ sich das Volk einfacher regieren. Zar Peter ähnelte mit einer solchen Tendenz der Haltung so mancher fortschrittlich gesinnter Machthaber der islamischen Welt: interessiert zu sein am Import von technischem und ökonomischem Fortschritt aus dem „Westen", weil dies die eigene Macht verstärken konnte – aber in Abwehr zu den Idealen von geistiger Freiheit und Demokratie zu verharren, weil dies die eigene Macht gefährden konnte.

Zar Peter starb 1725 in Sankt Petersburg. Die Zarin Katharina II., die von 1762 bis 1798 regierte (und den Beinamen „die Große" erhielt), knüpfte tatkräftig an sein Reformwerk an. Sie war aber keine Russin, sondern stammte aus einem norddeutschen Fürstentum und kam im Alter von 17 Jahren als Braut Zar Peters III. nach Sankt Petersburg. Kurz vor ihrer Hochzeit 1745 trat sie von der evangelisch-lutherischen zur russisch-orthodoxen Konfession über. Der Zar, der 1761 gekrönt wurde, war allerdings ein wenig entscheidungsfähiger, ja, ein schwächlicher Regent, so dass ihn die tatkräftige Gattin mit Hilfe von Offizieren 1762 entmachtete, ihn wenig später ermorden ließ und selber die Macht übernahm. Aus ihrem norddeutschen Fürstentum hatte sie die Vorstellung mitgebracht, dass die Regierenden im Geist der westeuropäischen Aufklärung Reformen „von oben" durchführen müssten, was hieß, ohne Mitwirkung des Bürgertums oder gar weiterer Schichten des Volkes. Wie bei Zar Peter „dem Großen" blieben auch die Reformen von Katharina „der Großen" auf wenige Sektoren beschränkt. Zarin Katharina vergrößerte zwar weiter die Bildungsschicht, reformierte weiter die Verwaltung, aber letztlich blieb auch unter ihrer Herrschaft eine Diskrepanz zwischen einer schmalen Schicht wohlhabender Gebildeter und einer Mehrheit armselig lebender Ungebildeter bestehen. Im Grunde steckte, wie es der britische Historiker Mark Galeotti formuliert, Russland „gesellschaftlich und wirtschaftlich immer noch im Mittelalter fest. Die überragende Mehrheit der Bevölkerung bestand aus Bauern. Die meisten Leibeigenen arbeiteten auf Ländereien, die dem Staat, dem Adel oder der Kirche gehörten. Dies sollte sich im Verlauf des Jahrhunderts kaum ändern. Lebten im Jahr 1724 etwa 97 Prozent der Bevölkerung auf dem Land, waren es im Jahr 1796 immer noch 96 Prozent. Leibeigene galten als bewegliches Eigentum, das in Familieneinheiten verkauft oder innerhalb des Landes umgesiedelt werden konnte. Auf das Land, auf dem sie arbeiteten, hatten sie keinerlei Anspruch."[29]

Zar Peter I. und Zarin Katharina II. beanspruchten zwar beide, einen „aufgeklärten Absolutismus" nach dem Vorbild westeuropäischer Fürsten zu praktizieren. Aber ihre Regierungsform unterschied sich beträchtlich von jener der absolut regierenden Herrscher, die in Westeuropa mit einem solchen Anspruch auftraten. So etwa von dem preußischen König Friedrich II. (mit dem Beinamen „der Große") oder von dem habsburgischen Kaiser Joseph II. Sowohl bei Friedrich II. als auch bei Joseph II. wurde eine größere geistige Freiheit und eine religiöse Toleranz per Gesetz verankert, außerdem fanden etliche soziale Reformen statt. Auch wenn es teilweise nur Veränderungen waren, die später durch konservative Herrscher wieder verwässert und gar rückgängig gemacht wurden, so ließ sich in Westeuropa die geistige Dynamik der Aufklärung nur verzögern, nicht aufhalten.

Anders in Osteuropa unter der Herrschaft der Zaren. Der nur oberflächliche Einfluss der Aufklärung gefährdete letztlich die Überzeugungskraft der wenigen eingeleiteten Reformen. Zum Widerstand kam es hierbei allerdings kaum von den Bauern, denn die meisten von ihnen lebten weiterhin unreflektiert nach dem Diktat vorgegebener Traditionen. Zur Gefahr für eine Entwicklung hin zu mehr Fortschritt wurden dagegen jene Angehörigen einer schmalen Bildungsschicht, die sich weiterhin an die Religion im traditionellen Sinn gebunden fühlten und ihr Unbehagen begrifflich klar formulieren konnten. Bei ihnen regte sich im Verlauf des 19. Jahrhunderts immer stärker Widerstand, dies bis hinauf in höchste Kreise des Adels. So sehr jene Konservativen den Import von technischem Fortschritt aus dem „Westen" begrüßten, so kritisch äußerten sie sich über eine „Verwestlichung" russischer Kultur. Es war wiederum eine Parallele zu Entwicklungen der islamischen Welt, die sich im 20. und 21. Jahrhundert vollzogen.

Die Krise spitzte sich zu, als schließlich ein Zar an die Macht kam, der sich voll und ganz mit den extrem konservativen Ideologen identifizierte: Nikolaus I. Er regierte von 1825 bis 1855. Zwar blieb seine Residenz in Sankt Petersburg, aber er bekannte sich dazu, dass eigentlich Moskau die „Mitte" Russlands sei. Damit meinte er jenes Moskau, mit dem der Anspruch verbunden war, das „Dritte Rom" zu verkörpern und damit religiös-politisch die „Mitte" eines allein gültigen Christentums zu bilden. Entsprechend betonte dieser Zar auch wieder mehr als seine Vorgänger Zar Peter I. sowie Zarin Katharina II. die enge, unverzichtbare Verbindung von weltlicher und religiöser Herrschaft – und er beharrte auch wieder starr darauf, dass die „ewigen" Wahrheiten der kirchlicher Dogmatik in keiner Weise angezweifelt werden durften. So kehrte Zar Nikolaus I. zur Despotie seiner Vorgänger im 17. Jahrhundert zurück, indem er Christen anderer Konfession in seinem Herrschaftsbereich zwang, sich zum russisch-orthodoxen Glauben zu bekehren. Dies betraf einerseits Gebiete in Polen, andererseits in der heutigen Ukraine, die unter russische Herrschaft gekommen waren.[30] Und dieser Zar Nikolaus I. hat sich nachdrücklich ins Gedächtnis der Weltöffentlichkeit eingeprägt, indem er einen Krieg verursachte, bei dem sich ein „moderner", für das 19. Jahrhundert „zeitgemäßer" Imperialismus mit religiöser Ideologie vermischte, die im Mittelalter unter dem Motto „Kreuz und Schwert" eine beträchtliche Rolle spielte.

Die Verteidigung der russischen Orthodoxie im Krim-Krieg. Ein „Heiliger Krieg" und der imperialistische Hintergrund

Zar Nikolaus I. begann 1853 den sogenannten Krim-Krieg. Schauplatz des äußerst blutigen Krieges war die Halbinsel Krim, ein Fürstentum vom 13. Jahrhundert bis 1783 unter der Herrschaft der Mongolen, 1783 von den Russen erobert und zur Provinz gemacht. Der Krieg dauerte bis 1856. Russlands Gegner waren Frankreich und Großbritannien. Aus westeuropäischer Sicht war dies ein Krieg, bei dem drei imperialistische Großmächte darum kämpften, auf Kosten des politisch stark geschwächten Osmanischen Reiches ihren eigenen Einfluss in Südosteuropa beträchtlich zu vergrößern. Die imperialistische Tendenz aller drei Großmächte ist unbestritten, aber wenig bekannt ist bis heute geblieben, dass dieser Krieg religiös begründet war – und dass Zar Nikolaus I. den maßgeblichen Impuls dafür geliefert hat.

Der Anlass für den Krieg ist aus heutiger Sicht kaum mehr nachvollziehbar. Es ging zunächst um einen Konflikt, der die Grabeskirche Christi in Jerusalem betraf. In dieser Kirche mit ihren verzweigten Nebengebäuden wohnen Mönche aus sechs verschiedenen christlichen Konfessionen. Eine der beiden größten Konfessionen, orthodox oder katholisch, hat die Oberaufsicht. Welche Konfession die führende Rolle einnimmt, hängt von den politischen Rahmenbedingungen ab. Dass aber aus einer derart nebensächlich anmutenden Konstellation ein Krieg mit internationalen Auswirkungen entstehen konnte, ist nur aus den damaligen Voraussetzungen heraus zu verstehen.

Die Grabeskirche Christi in Jerusalem hatte Mitte des 19. Jahrhunderts noch einen wesentlich größeren symbolischen Stellenwert als heute. Damals bedeutete für viele Christen eine weit zurückliegende Vergangenheit religiöser Praktiken massiv auch Gegenwart. So war die Grabeskirche Christi sogar noch unter islamischer Herrschaft einer der meistbesuchten Pilgerorte – besonders für russische Pilger, seit sie sich in dem Bewusstsein wiegen konnten, dass Moskau das „Dritte Rom" sei und sie sich in diesem Zusammenhang als das „auserwählte Volk Gottes" betrachten konnten. Die Grabeskirche Christi war die prächtigste Kirche der Christenheit gewesen, bevor im 6. Jahrhundert Kaiser Justinian in Konstantinopel die Hagia Sophia bauen ließ. Als die arabischen Muslime 635 Jerusalem eroberten, ließen sie die Grabeskirche unangetastet, ja, sie gestatteten weiterhin eine autonome Verwaltung durch Priester der orthodoxen Konfession wie auch einen regen Pilgerbetrieb. Erstmals zur Ursache eines „Heiligen Kriegs" wurde die Grabeskirche durch die Nachricht, dass der religiös fanatische Kalif Al Hakim diese für Christen zentrale Kultstätte zerstören ließ. 1099 eroberten katholische Kreuzritter Jerusalem, um diesen Frevel zu rächen, aber in der wiedererrichteten Kirche nahmen sie eine entscheidende Veränderung vor: Katholiken übernahmen nun dort die führende Rolle und verdrängten die Orthodoxen von dieser bisher ständig ihnen zustehenden Position. Als Sultan Saladin 1187 Jerusalem wieder für die Muslime eroberte, durften die Christen wie zuvor die Grabeskirche autonom verwalten – die Führung wechselte nun jedoch in periodischen Abständen zwischen Orthodoxen und Katholiken. Der Wechsel war oft von Streit begleitet, da sich ja beide Konfessionen seit der Kirchenspaltung 1054 unversöhnlich feindlich verhielten. Immer wieder musste die muslimische Polizei eingreifen, um die streitenden religiösen Würdenträger zu trennen. Das letzte Wort hatte dann der muslimische Statthalter oder gar der Sultan. Seit der Osmanen-Sultan Selim I. 1517 Syrien und Palästina erobert hatte, lag die Entscheidung in besonders schwierigen Fällen bei der osmanischen Regierung in Istanbul.

Derart zugespitzt war dann auch die Situation Mitte des 19. Jahrhunderts, als Zar Nikolaus I. regierte. In der Grabeskirche von Jerusalem begann wieder ein lang andauernder Streit, ob nun Orthodoxe oder Katholiken die Führung übernehmen konnten. Zar Nikolaus mischte sich in den Streit ein und forderte, es stünde den

Geistlichen der russisch-orthodoxen Konfession die Oberaufsicht zu. Nun mischte sich aber auf katholischer Seite auch Frankreich ein. Der französische Botschafter in Istanbul, ein fanatischer Katholik, setzte beim Sultan durch, dass die Katholiken die Oberaufsicht bekämen. Zar Nikolaus drohte mit Krieg, wenn der Sultan seine Einwilligung nicht zurücknahm. Umgekehrt drohten auch die westlichen Großmächte Frankreich und Großbritannien mit Krieg gegen das Osmanische Reich, falls der Sultan dem Druck des Zaren nachgab. Der Sultan fürchtete anscheinend die imperialistische Macht der Franzosen und Briten mehr als jene der Russen, also blieb er bei der Entscheidung zugunsten Frankreichs. Für Zar Nikolaus war dies ein Grund, dem Osmanischen Reich den Krieg zu erklären. Offiziell stand weiterhin der religiöse Impuls im Vordergrund. Es ging dem Zaren darum, die Interessen aller orthodox gläubigen Christen auch über die Landesgrenzen hinaus zu verteidigen, denn er betrachtete das Russische Reich als Schutzmacht der gesamten Orthodoxie und Moskau als das „Dritte Rom". Für ihn, so proklamierte er, sei es letztlich eine „heilige Pflicht", die orthodoxen Christen von der muslimischen Herrschaft zu befreien.[31] Und mit dieser Begründung verband er das Ziel, an der Spitze der russischen Truppen bis Istanbul vorzudringen und das Osmanische Reich weiter zu schwächen. So würden die Russen dem Fernziel ein Stück näher gerückt sein, das islamische Istanbul zu erobern und wieder in ein orthodox-christliches Konstantinopel zu verwandeln. Allerdings würde Moskau weiterhin das „Dritte Rom" bleiben, und Konstantinopel wäre hierarchisch untergeordnet. Es handelte sich, so definiert, um einen „Heiligen Krieg", in dem die Propaganda mittelalterlicher Kreuzzüge – Kreuz und Schwert – neu instrumentalisiert wurde. Allerdings vermischten sich bei Zar Nikolaus in dieser Zielsetzung religiöse mit imperialistischen Motiven. Ihm ging es gerade auch darum, auf Kosten der politisch geschwächten Türken osmanische Gebiete unter russische Herrschaft zu bringen.

Ähnlich ambivalent handelten auch Frankreich und Großbritannien. Sie erklärten dem Russischen Reich den Krieg und verteidigten offiziell den französischen Anspruch, dass die Katholiken die Oberaufsicht in der Grabeskirche von Jerusalem führten. Das eigentliche Motiv bei ihnen war jedoch, anstelle des Russischen Reiches einen dominierenden Einfluss in Südosteuropa zu gewinnen. Und ihr Ziel erreichten sie mit diesem Krieg. Für Zar Nikolaus dagegen endete der „Heilige Krieg" mit einer Niederlage. Der Zar hatte erwartet, dass ihm die orthodoxen Christen an der Grenze zum osmanischen Herrschaftsgebiet als „Befreier" zujubeln und ihn durch einen Aufstand unterstützen würden, aber sie blieben passiv, misstrauisch gegen den Angreifer. Außerdem war die russische Armee technisch wesentlich schlechter gerüstet als die französische und englische. Der Krieg offenbarte, wie korrupt und inkompetent die russische Militärführung war – und daher weit entfernt davon, im gleichen Maß wie westliche Großmächte Einfluss in Südosteuropa zu gewinnen. Mit dem verlorenen Krieg erschien das Ziel, Moskau als Zentrum des wahren Christentums zu propagieren, noch mehr eine Illusion als zuvor.

Das „Unchristliche" der russisch-orthodoxen Kirche. Dostojewski und Tolstoi als prominente religiöse Kritiker

Im 19. Jahrhundert hat es im Kulturraum der orthodoxen Konfession kaum Kritiker an Fehlentwicklungen ihrer Kirche gegeben – weil sich selbst ein Teil der schmalen Bildungsschicht geistige Umbrüche wie in Westeuropa nicht vorstellen konnte. Trotzdem haben sich Tendenzen einer solchen Entwicklung innerhalb einer Minderheit dieser Bildungsschicht angebahnt – und dies ausgerechnet auch in jenem Staatsgebilde, das über die meisten Christen orthodoxer Prägung verfügte: das Russische Reich der Zaren.

Russische Denker, Wissenschaftler, Philosophen und Dichter, pflegten seit dem 19. Jahrhundert Kontakt zu westeuropäischen Ländern, und sie hatten bei ihren Auslandsreisen sehr wach die dort andersartigen Verhältnisse wahrgenommen. So, um nur einige der Prominenten zu nennen: Nikolai Gogol, Iwan Turgenjew, Anton Tschechow, Fjodor Dostojewski und Leo Tolstoi. Zu jenen, die Anfang des 20. Jahrhunderts geistige Anregungen aus westeuropäischen Staaten bezogen, gehörte auch Lenin, aber dies führte zu anderen Konsequenzen. Was die Kritik am eigenen Staat betraf: Sie alle stellten die Frage, wieso sich die russischen Machthaber viel weniger als westeuropäische um soziale Reformen kümmerten. Aber je mehr ihnen deutlich wurde, dass auch die russische Kirche durch ihre Politik wesentlich dazu beitrug, die Unterdrückung sozial benachteiligter Schichten zu unterstützen, desto mehr rückte für etliche Denker die religiöse Frage ebenfalls in den Vordergrund. Und hier gab es zwei herausragende Autoren, die in der zweiten Hälfte des 19. Jahrhunderts diese Frage zunehmend zu einem wichtigen Thema machten: Fjodor Dostojewski und Leo Tolstoi. Auf beide Autoren möchte ich im Folgenden näher eingehen, um das bis heute wirkende Defizit der russisch-orthodoxen Kirche zu verdeutlichen.

Fjodor Dostojewski wurde 1821 in Moskau geboren, sieben Jahre vor Tolstoi. Er stammte aus einer Adelsfamilie und war der Sohn eines Militärarztes. Der Vater betrieb mit viel Energie die Ausbildung seiner Kinder. Der Sohn besuchte in Moskau ein französisches Internat, wo er bald lernte, französische Literatur in der Originalsprache zu lesen. 1837 wechselte er in die Hauptstadt Sankt Petersburg, wo er sich an der militärischen Ingenieursschule auf eine Laufbahn als Ingenieur vorbereitete. Daneben aber vertiefte er seine Kenntnisse in der französischen Literatur, und 1845 veröffentlichte er seinen ersten Roman mit dem Titel *Arme Leute.* Es war das erste Werk in der russischen Literatur, das Menschen in Armut und Not schilderte. Die schmale russische Bildungsschicht begrüßte das Buch gerade wegen dieser völlig neuen Tendenz. In der Folge verkehrte Dostojewski in geheimen Zirkeln, die sich für eine sozialistische Revolution einsetzten, wurde aber 1849 verhaftet und zum Tod verurteilt. Der Hinrichtung entging er in der letzten Minute, auf dem Richtplatz wurde er zu acht Jahren Zwangsarbeit in Sibirien verurteilt. 1859 kehrte er als freier Mann nach Sankt Petersburg zurück und veröffentlichte dort 1861 seinen zweiten Roman mit dem Titel *Aufzeichnungen aus dem Totenhaus.* Dort beschrieb er eindringlich sein Dasein in einem sibirischen Arbeitslager. Es war das erste Werk russischer Literatur, welches das Dasein russischer Sträflinge und politisch Verfolgter beschrieb. Auch dieses Buch wurde ein großer Erfolg. Dostojewski war nun ein anerkannter Autor, der zwei völlig neue Themen in die russische Literatur eingebracht hatte: das soziale Elend und die politische Unterdrückung. Noch spielte das Thema Religion für ihn keine große Rolle.

Dass aber Dostojewski ungehindert Romane schreiben konnte und von der schmalen Bildungsschicht bejubelt wurde, hatte mit einem Machtwechsel zu tun. 1855 war Zar Nikolaus I. gestorben, der mit despotischer Härte alle Kritik unterdrückt hatte und unter dessen Herrschaft Dostojewski in ein Straflager geschickt wurde. Sein Sohn und Nachfolger Zar Alexander II. hatte hingegen begriffen, dass die rigorose Gewaltpolitik seines Vaters Russland geistig und politisch vom übrigen Europa isolierte. Deshalb versuchte er den überall drohenden sozialen Unruhen mit weitreichenden Reformen zu begegnen. Er leitete eine Lockerung der bisher kompromisslosen Zensur ein, und 1861 – in eben jenem Jahr, als Dostojewski als sozialkritischer Autor gefeiert wurde – schaffte er die Leibeigenschaft der Bauern ab. Die Reformen waren allerdings nur wenig durchdacht, blieben in Ansätzen stecken, so dass sich an der weit verbreiteten Armut nur wenig änderte. Aber die schmale Bildungsschicht konnte unter einer solchen Lockerung besser als vorher eine kritische Haltung entwickeln. Zar Alexander II. regierte bis 1881, also nahezu 26 Jahre, und gerade in diesem Zeitraum einer vagen Liberalisierung schrieb Dostojewski seine weiteren Romane. Dostojewski starb im selben Jahr wie Zar Alexander II., der Zar allerdings durch das Attentat einer radikal-sozialistischen Untergrundorganisation.

1862 unternahm Dostojewski seine erste Reise nach Westeuropa, ihr folgten immer neue Reisen, wobei er Deutschland, Frankreich, England und Italien immer näher kennenlernte. In diesem Zeitraum entstanden seine großen Romane von weltliterarischem Niveau:

Schuld und Sühne, Der Idiot und *Die Brüder Karamasow.* Es sind jene Romane, in denen Dostojewski zu seinem großen Thema gefunden hat: die Konflikte des modernen Menschen mit der Religion, dem drohenden Sinnverlust angesichts des Zweifels an überkommenen Traditionen. Dostojewski hat hier zu einer psychologischen Tiefe gefunden, die seine Romane gerade auch für westeuropäische Leser (wie auch mich) ungemein interessant gemacht haben und Anregungen für das Verständnis eigener Konflikte bieten. Die Begegnungen mit dem so andersgearteten „christlichen Abendland" in Westeuropa veranlassten den russisch-orthodoxen Christen Dostojewski, Religion aus einem neuen Blickwinkel zu sehen. In Westeuropa erlebte er zwar selbst in etlichen dort noch bestehenden konservativen Monarchien ein freieres geistiges Leben als in Russland, allerdings auch ein Christentum, das durch die Reformation im 16. Jahrhundert in verschiedene Konfessionen aufgespalten war. Mehr noch: Es bot sich ihm ein Christentum, das durch die geistigen Umbrüche seit der Aufklärung im 18. Jahrhundert beträchtlich an Autorität einer absoluten Wahrheit verloren hatte. Dostojewski sah hier mit Blick auf die eigene orthodoxe Konfession dieselben Probleme – und fühlte sich im Innersten bedroht.

Exemplarisch zugespitzt ist das Krisenbewusstsein in Dostojewskis letztem Roman *Die Brüder Karamasow,* den er von 1878 bis 1880 geschrieben und ein Jahr vor seinem Tod abgeschlossen hatte. Im Zusammenhang mit diesem Roman wird von russischen wie auch westeuropäischen Denkern vor allem ein Abschnitt aus dem fünften Buch zitiert. Der Titel lautet: „Der Großinquisitor". Geschildert wird ein Gespräch zwischen den Brüdern Aljoscha und Iwan Karamasow. Der erstere ist ein tiefgläubiger Mönch, der letztere ein vom westlichen Denken beeinflusster Intellektueller, der den Machtanspruch der Kirchen ablehnt und den Sinn der Religion überhaupt bezweifelt. Iwan, der Atheist, erzählt dem gläubigen Mönch Aljoscha eine Legende, die er selbst erfunden hat.

Die Legende schildert ein Ereignis aus dem katholischen Sevilla des 16. Jahrhunderts. Dort werden durch die Inquisition tausende von kirchenkritischen Christen auf Geheiß des Großinquisitors zum Tod auf dem Scheiterhaufen verurteilt und hingerichtet. In dieses Sevilla kehrt Jesus aus dem Jenseits zurück, das Volk erkennt ihn und begrüßt ihn als Erlöser. Der Großinquisitor erkennt ihn ebenfalls – er aber lässt Jesus ins Gefängnis werfen, besucht ihn dort und begründet seine Maßnahme in einem ausführlichen Monolog. Der Großinquisitor sagt zu Jesus im Gefängnis:

> „Du willst die Welt erlösen und bringst nichts mit als die Verheißung einer fragwürdigen Freiheit, die von der Menschheit aus Einfalt und angeborenem Stumpfsinn nicht begriffen wird, die sich fürchtet und erschreckt. Denn ihr ist nichts unerträglicher als frei zu sein! […] Darum werden sie uns ihre Freiheit vor die Füße werfen und bitten: ‚Knechtet uns, aber macht uns satt' Sie werden schließlich begreifen, dass Freiheit und Brot nicht für jeden erreichbar sind, denn sie, die kraftlos und lasterhaft sind, verstehen es nicht, untereinander zu teilen. Du versprachst ihnen das himmlische Brot! Ich aber frage dich: Kann dieses Brot sich in den Augen der Schwachen, Verdorbenen und Undankbaren mit dem irdischen Brote messen? Und folgen dir selbst Zehntausende, was geschieht mit den Millionen, die zu kraftlos sind, das Erdenbrot um des himmlischen willen zu verachten?"[32]

Der Großinquisitor sagt: Die Kirche, nicht aber Jesus, sei geeignet, das Christentum trotz der vielen Schwachen zu bewahren. Die Kirche müsse die Existenz der vielen Schwachen berücksichtigen und die Minderheit der Rebellen durch die Inquisition bekämpfen. Nur so würden die Menschen wirklich frei, den einzig richtigen Weg zu gehen, den die Kirche weist. Der Großinquisitor bittet Jesus im Gefängnis: Er solle wieder ins Jenseits zurückkehren, denn im Diesseits werde die Kirche die Christen mit ihrer strengen Herrschaft ohne den Religionsstifter besser regieren. Jesus schweigt angesichts des langen Monologs. Daraufhin öffnet ihm der Großinquisitor die Gefängnistür und entlässt Jesus mit den Worten: „Geh und komme nie wieder … komme überhaupt nicht mehr … niemals, niemals!"[33]

Wie konnte ein derart kirchenkritisches Romankapitel im zaristischen Russland ungehindert die Zensur passieren? Es gibt dafür zwei Gründe. Zum einen erschien der Roman *Die Brüder Karamasow* während der Regierung des Zaren Alexander II., unter dem die Zensur im beschränkten Maß eine Meinungsfreiheit zuließ. Zum anderen verlagerte Dostojewski den Schauplatz seiner Parabel in das Spanien des 16. Jahrhunderts und veranschaulichte die Krise am Beispiel des Katholizismus. Die Kirche Russlands musste sich also nicht getroffen fühlen, denn es handelte sich ja um eine abgespaltene Konfession von „Irrgläubigen". Tatsächlich aber meinte Dostojewski mit seiner Kritik, dass es gerade auch der Kirche Russlands nur noch um Machterhalt, nicht aber um die Lehre Christi in ihrer Substanz gehe. Der Autor entging mit diesem Kunstgriff der Gefahr, ein Opfer staatlicher Gewalt zu werden, wie es ihm ja 1849 als bekennendem „christlichem Sozialisten" ergangen war. Ohnehin besuchte Dostojewski bis zu seinem Tod russische Gottesdienste in dem Gefühl, selber das „wahre Christentum" zu leben.

Bei Leo Tolstoi allerdings spitzte sich der Konflikt mit der russisch-orthodoxen Kirche stärker zu, es kam zum offenen Bruch. Tolstoi wurde 1828, sieben Jahre nach Dostojewski, geboren. Er entstammte einer vornehmen, sehr vermögenden Adelsfamilie, die ihren Sitz auf dem Gut Jasnaja Poljana nahe Moskau hatte. Wie Dostojewski reiste auch Tolstoi viel ins westeuropäische Ausland, und ebenso hatte auch Tolstoi seinen literarischen Ruhm mit Werken begonnen, in denen die Religion nur eine untergeordnete Rolle spielte. Das galt selbst für seine literarisch bedeutendsten Romane *Krieg und Frieden* (von 1864 bis 1869 geschrieben) und *Anna Karenina* (von 1873 bis 1877 geschrieben). In ihnen dominieren die vielfältigen familiären und sozialen Konflikte, eingebettet in große historische Zusammenhänge. Erst ab dem Jahr 1879 wandte sich Tolstoi verstärkt religiösen Themen zu. Einen wesentlichen Anstoß hierzu gaben die schroffen sozialen Kontraste zwischen einer schmalen reichen Oberschicht und der Mehrheit eines bettelarm gebliebenen Volkes. Tolstoi sah nicht nur die Regierung der Zaren, sondern ebenso die mit ihr verbündeten Machthaber der Kirche verantwortlich für die Misere. In den folgenden Jahren wurde für ihn die Frage vorherrschend, wie christlich denn eine Kirche sei, wo sie doch ständig gegen die Gebote der christlichen Nächstenliebe und die Fürsorge für die sozial Benachteiligten verstieß.

Die Kritik Tolstois an der russisch-orthodoxen Kirche kam geballt zum Ausdruck, als er 1884 seine Streitschrift *Worin mein Glaube besteht* veröffentlichte. Dies geschah drei Jahre nach dem Tod von Dostojewski am 9. Februar und des Zaren Alexander II. am 13. März 1881. Der Zar war allerdings durch ein Bombenattentat der kommunistisch geprägten Untergrundorganisation „Volkswille" getötet worden. Dem getöteten Zaren folgte sein Sohn Alexander III., der angesichts wachsender sozialer Konflikte wieder zu einer rücksichtslos despotischen Herrschaft zurückkehrte. Der Nachfolger machte alle (halbherzig betriebenen) Liberalisierungstendenzen seines Vaters rückgängig, und er konnte sich hierbei religiös-ideologisch auf die russisch-orthodoxe Kirche stützen. In diesem Klima einer verschärften Diktatur war bei Tolstoi der Entschluss gereift, das Verhalten der Kirche entschieden zu kritisieren. Einen Anstoß gab die amtliche Volkszählung von 1882, an der Tolstoi als Registrator mitwirkte. Er stellte schockiert fest, dass die Arbeiter der beginnenden Industrialisierung noch mehr im Elend lebten als die notleidenden Bauern und dass sowohl die Regierung als auch die Kirche gegenüber der sozialen Krise gleichgültig blieben.

Tolstois Streitschrift *Worin mein Glaube besteht* wurde von der Zensurbehörde auf Geheiß der Kirche 1884 kurz nach der Veröffentlichung verboten. Aber die Streitschrift hatte bis dahin bei Studenten und im Bürgertum bereits einen großen Leserkreis gefunden, ja, war schon ins Ausland geliefert worden und dort bald in französischer, deutscher und englischer Übersetzung erschienen. In der Einleitung dieser Schrift sind folgende Sätze zu lesen: „Ich habe 55 Jahre in der Welt gelebt, und von diesen habe ich, mit Ausnahme der ersten 14–15 Jugendjahre 35 Jahre als Nihilist gelebt [...]. Vor 5 Jahren kam mir der Glaube an die Lehre Christi – und mein Leben ward plötzlich ein anderes […]."[34] Tolstoi schilderte seine Krise, die er nach den großen literarischen Erfolgen seiner Romane *Krieg und Frieden* und *Anna Karenina* durchlitten hatte: Statt eines Triumph-gefühls habe ihn ein Gefühl der Leere und Niedergeschlagenheit erfasst angesichts der zunehmenden Erkenntnis, dass die orthodoxe Kirche auf grundsätzliche Fragen der Existenz „keine Perspektive" biete.[35] In dieser Schrift erklärte Tolstoi die Bergpredigt Jesu zum geistigen Kern des Christentums mit seiner Botschaft der Nächs-tenliebe über alle sozialen, politischen und religiösen Schranken hinweg, sowie das Mitleid mit den sozial Schwachen. Mit der Berg-predigt sei untrennbar auch das Ideal der Gewaltlosigkeit verknüpft. Gerade diesen Kern des Christentums würde die russisch-orthodoxe Kirche weitgehend ignorieren.

Anders als Dostojewski nannte nun Tolstoi mit seiner Kritik die russisch-orthodoxe Kirche direkt beim Namen. Und eine derartige Kritik kam auch in seinem letzten Roman *Auferstehung,* 1899 er-schienen, zum Ausdruck. Dieser Roman ist allerdings literarisch nicht so vielschichtig wie seine früheren Werke. Ich beschränke mich darauf, die Reaktion der russisch-orthodoxen Kirche auf die späte Entwicklung Tolstois zu beschreiben. Am 24. Februar 1901 kam es zum offenen Bruch zwischen Tolstoi und der Kirche. An diesem Tag veröffentlichte das „Kirchenblatt unter der Heiligen Regierenden Synode" den Ausschluss Tolstois aus der Kirche. Ein Auszug aus diesem Text: „[…] Und in unseren Tagen erschien mit Gottes Erlaubnis ein neuer Irrlehrer, Graf Leo Tolstoi. Als welt-berühmter Schriftsteller, gebürtiger Russe, durch Taufe und Erzie-hung orthodox, rebellierte Graf Tolstoi in der Verführung seines stolzen Geistes kühn gegen den Herrn und seinen Christus und sein heiliges Erbe […]. Daher betrachtet ihn die Kirche nicht als Mitglied und kann ihn nicht berücksichtigen, bis er bereut." Am 4. April 1901 schrieb Tolstoi „Eine Antwort an die Synode", in der er seinen Bruch mit der Kirche bekräftigte. Er betonte, dass er sich mit voller Absicht „von der Kirche, die sich orthodox nennt, losgesagt habe." Aber dies sei nicht geschehen, „weil ich mich gegen den Herrn auflehnte, sondern im Gegenteil, weil ich ihm mit aller Kraft meiner Seele dienen wollte."[36] Die russisch-orthodoxe Kirche vermochte es nicht, einen der berühmtesten russischen Schriftsteller, der sich demonstrativ zum Christentum bekannte, zum Einlenken zu bewegen. Im Gegenteil. Tolstoi betonte nun erst recht seine Ablehnung gegenüber der russisch-orthodoxen Kirche. Und gerade mit diesem spektakulären Protest fand nun gerade auch seine Streitschrift *Worin mein Glaube besteht* immer mehr internationales Interesse. Auf diesen Text bezogen sich Mahatma Gandhi, Albert Schweitzer und Martin Luther King. Sie bekannten sich dazu, wertvolle Anregungen aus dieser Streitschrift empfangen zu haben.

Leo Tolstoi starb 1910 – sieben Jahre, bevor die Oktoberrevolution von 1917 den Zaren stürzte und mit ihm auch die Kirche entmachtete. In der Sowjetunion wurde die russisch-orthodoxe Kirche in ihren Funktionen stark beschränkt, und die atheistischen Machthaber hatten verkündet, durch den wissenschaftlichen und sozialen Fortschritt sei jede Religion zu einem natürlichen Absterben verurteilt. Das Fehlverhalten der orthodoxen Kirche über viele Jahrhunderte und der geistige Zerfall dieser Kirche seien ein eindeutiger Beleg dafür. Dass es aber anders gekommen ist, sollte sich noch im selben 20. Jahrhundert, nur sieben Jahrzehnte später, zeigen. Und dies sollte eine Entwicklung mit äußerst ambivalenten Folgen einleiten.

Warum keine Reformation und keine Aufklärung? Die anderen politischen Rahmenbedingungen in Osteuropa

Was bedeutet die Reformation, was die Aufklärung für die Geschichte Europas – und hier gerade auch für die Entwicklung des Christentums? Eine solche Frage stellt sich naturgemäß im Rückblick auf zweitausend Jahre Christentum. Aber diese Frage bekommt ihre besondere Brisanz im Blick auf die orthodoxe Konfession: Warum ist diese Glaubensrichtung von den intensiven Umbrüchen der Reformation im 16. Jahrhundert und der westeuropäischen Aufklärung im 18. Jahrhundert kaum beeinflusst worden?

Die politischen Rahmenbedingungen in Osteuropa waren völlig anders. Viele der osteuropäischen Staaten, in denen die Christen orthodoxer Konfession dominieren, waren von den muslimischen Türken erobert worden: so bereits ab 1389 Serbien, so 1453 Konstantinopel und damit vollständig das Byzantinische Reich, so von 1456 bis 1479 weite Teile Griechenlands, ebenso Bosnien und Albanien. Die Fürstentümer Moldau und Walachei (heute Rumänien) waren unter osmanische Oberhoheit gekommen. 1526 eroberten die Osmanen außerdem Ungarn, und damit hatte sich ihre Herrschaft auch auf katholisches Gebiet in unmittelbarer Nähe der Habsburger Residenz Wien ausgedehnt. Überall dort, wo Muslime regierten, hatte sich die Situation für die Kirchen maßgeblich geändert: Die Christen konnten zwar unter islamischer Herrschaft ihren Glauben frei leben, aber sie waren durch politische Regelungen eingeschränkt und mehr, als dies zuvor unter christlichen Fürsten geschehen war, abgeschnitten von Kontakten mit westeuropäischen Staaten.

In Westeuropa dagegen hatte seit dem 15. Jahrhundert eine Entwicklung mit epochalen Veränderungen eingesetzt. 1445 hatte Johannes Gutenberg nach jahrelangen Versuchen die erste Druckmaschine mit beweglichen Lettern erfunden. Damit war es möglich geworden, Texte in bisher nicht gekannter Schnelligkeit von einer Stadt in die andere zu verbreiten, und dies mit erheblich niedrigeren Kosten. Ohne diese epochale Erfindung wäre es unmöglich gewesen, dass der Theologieprofessor Martin Luther seine 95 Thesen zur Erneuerung einer reformbedürftigen Kirche derart rasch hätte verbreiten können. Und so hätte die Reformation, die von Luther 1517 ausging und von anderen Reformatoren wie Ulrich Zwingli und Johannes Calvin fortgesetzt wurde, nicht eine derart nachhaltige Wirkung über Jahrhunderte bekommen können. Dasselbe gilt für die Verbreitung neuer wissenschaftlicher Erkenntnisse, wie sie von Nikolaus Kopernikus, Galileo Galilei und Johannes Kepler entwickelt worden sind und die das traditionelle Weltbild revolutionierten. Die Kirchen besaßen nicht mehr die bisher starke Kontrolle über Entwicklungen, die ihrer Theologie widersprachen. Nachrichten über die dynamischen Veränderungen in Westeuropa drangen zwar bereits im 15. Jahrhundert nach Osteuropa vor. Aber solche Nachrichten wurden von den muslimischen Machthabern streng zensiert und fanden auch wenig Zustimmung bei Christen, von denen viele ohnehin in erstarrten Traditionen lebten und misstrauisch gegenüber Reformen eingestellt waren.

Zunächst zur Haltung der Muslime, die als die Regierenden die maßgebende Macht zur Kontrolle hatten. Eine besonders verhängnisvolle Entscheidung traf 1485 der Osmanen-Sultan Bayezid II. Er reagierte irritiert, als ihm aus Westeuropa zurückkehrende türkische Kaufleute von Gutenbergs Erfindung berichteten und ihm empfahlen, solche Druckmaschinen in das Osmanische Reich zu importieren. Sultan Bayezid beriet sich mit ranghohen Korangelehrten und lehnte daraufhin den Vorschlag entschieden ab. Denn, so das Argument, wenn Gedanken massenhaft vervielfältigt weite Kreise des Volkes erreichen, würde es schwierig werden, das Denken der Untertanen zu kontrollieren. Bayezid verbot die Einfuhr solcher Druckmaschinen mit Androhung der Todesstrafe.

Die nachfolgenden Osmanen-Sultane Selim I. und Suleiman der Prächtige, sehr fähige und erfolgreiche Herrscher, hielten das Verbot aufrecht. Wie das? Sie ließen sich durch Reisende berichten, dass die religiös-politische Entwicklung in Westeuropa zur Reformation und damit zur Spaltung der Kirchen sowie zu einem Verlust an Autorität geführt hatte. Die Sultane fühlten sich in ihrer Abwehrhaltung bestätigt, als sie außerdem zur Kenntnis nehmen konnten, dass durch die Erfindung des Buchdrucks auch viel Hetzpropaganda und unsachliche Behauptungen verbreitet wurden. Diese Haltung übernahmen dann die meisten Machthaber im islamischen Kulturraum. Hierbei ignorierten sie, dass ihre Kultur auf diese Weise immer mehr an Dynamik verlor und im Vergleich zur westeuropäischen Kultur provinziell wurde. Die Hierarchie des kulturellen Niveaus, wie sie vom 7. bis zum 12. Jahrhundert zwischen islamischer und abendländischer

Welt geherrscht hatte, kehrte sich nun geradezu um. Erst als 1683 die Osmanen bei der Belagerung von Wien scheiterten und das türkische Großreich zu zerfallen begann, setzte sich bei den Muslimen die Einsicht durch, dass sie die vielfältigen Signale des Fortschritts in Westeuropa ignoriert hatten. 1727 wurde endlich der Buchdruck im Osmanischen Reich zumindest für nichtreligiöse Bücher erlaubt, aber zu dieser Zeit war es schon zu spät. Es existierte unter den Muslimen kaum eine lesekundige Öffentlichkeit, und der Vorsprung gegenüber Westeuropa war nicht mehr einzuholen. Um das Jahr 1800 waren noch immer erst zwei bis drei Prozent der osmanischen Bevölkerung lesekundig – und hierbei handelte es sich in erster Linie um Christen und Juden. In europäischen Nationen wie England und in deutschen Fürstentümern konnten dagegen zur gleichen Zeit mehr als die Hälfte der Menschen lesen und schreiben.[37]

Die Christen unter islamischer Herrschaft – im Osmanischen Reich waren es hauptsächlich Christen der orthodoxen Konfession – litten unter derselben Rückständigkeit wie die Muslime, wenn auch bei ihnen das Defizit nicht ganz so weitreichend war. Aber Muslime wie Christen reagierten in ihrer Mehrzahl abweisend auf die Entwicklung der Aufklärung, die im 18. Jahrhundert westeuropäische Nationen tiefgreifend veränderte. In erster Linie wurde von Muslimen wie auch von osteuropäischen Christen der Zerfall traditioneller Strukturen wahrgenommen. Zahlreiche Neuerungen der Moderne wurden als Gefahr für die „ewigen" Wahrheiten der Religion wie auch für die überlieferten Werte von Staat, Autorität und Familie angesehen. Aber als eine schmale Oberschicht der Christen sich im 19. Jahrhundert zunehmend angezogen fühlte vom Fortschrittsideal des „Westens" und sich aus der islamischen Oberhoheit lösen wollte, unterdrückten die muslimischen Machthaber erbarmungslos solche Bestrebungen. Die Mehrheit der Christen unter islamischer Herrschaft besaß allerdings nicht das Privileg einer Bildung, sie nahmen daher ohnehin nicht die Entwicklung in Westeuropa zur Kenntnis und akzeptierten das Ende ihrer herkömmlichen christlichen Normen als selbstverständlich.

Die orthodoxen Christen waren jedoch auch unter der Herrschaft der russischen Zaren weitgehend daran gehindert, die Entwicklung Westeuropas in ihrer Vielfalt wahrzunehmen. Machthaber des orthodoxen Christentums hatten nahezu die gleichen Motive, um die Mehrzahl ihrer Untertanen in ihrem geistigen Horizont einzuschränken. Nur einer schmalen Oberschicht war eine Neugier auf Errungenschaften der aufstrebenden Industriegesellschaft Westeuropas gestattet, eine Neugier allerdings vorrangig auf Fortschritte der Technik und Wirtschaft. Dagegen galt ein Interesse an Freiheitsidealen der Aufklärung oder an einer Reformation der Kirche als „staatsgefährdend". Die Zaren und die mit ihnen eng verbündeten Bischöfe der russisch-orthodoxen Kirche gingen notfalls mit äußerster Gewalt gegen Untertanen vor, die das bestehende System grundsätzlich kritisierten.

Unter solchen Bedingungen war das Russland der Zaren noch zu Beginn des 20. Jahrhunderts in vielerlei Hinsicht ebenso „unterentwickelt" wie das Osmanische Reich. Nur in einigen wenigen Städten, wo westeuropäische Errungenschaften teilweise verbreitet waren, gab es eine geistig bewegliche Bildungsschicht. Die Volkszählung von 1897 ergab eine Bevölkerungszahl von 129 Millionen Menschen, doch die Mehrzahl, etwa 90 Millionen Menschen, lebte in ländlichen Regionen und war bettelarm. Viele blieben ein Leben lang Analphabeten. Sogar im europäischen Teil des russischen Reiches konnten zwei Drittel der Männer und fast 90 Prozent der Frauen nicht lesen und schreiben. Im gesamten Reich gab es nur 104 000 Personen mit einer Hochschulbildung und etwas mehr als eine Million Menschen, die eine weiterführende Schule besucht hatten.[38]

Ob nun Christen orthodoxer Konfession etliche Jahrhunderte unter der Herrschaft der türkischen Sultane oder der russischen Zaren lebten – der Effekt war nahezu gleich: Sie blieben in ihrer Mehrheit abgeschnitten von der dynamischen Entwicklung in Westeuropa. Und entsprechend wuchs das Konfliktpotential, als am Ende des Ersten Weltkrieges sowohl die Herrschaft der Osmanen-Sultane als auch die der Zaren zusammenbrach.

Griechisch-orthodoxe Christen und die Moderne. Probleme bis in die Gegenwart

Die Wallfahrt nach Tinos und die griechische Unabhängigkeit. Eine ambivalente Wechselbeziehung

Eine markante Kirche mit großer weißer Kuppel und weitverzweigten Gebäuden, eine breite Prozessionsstraße vom Hafen bis zum prächtigen Portal … Die Straßen quollen über von Menschen, ebenso die Gassen der verwinkelten Altstadt, ebenso die Innenhöfe der Häuser. Am späten Abend breiteten die Menschen ihre mitgebrachten Matten und Decken aus und legten sich auf den Straßen und in den Innenhöfen zum Schlafen nieder, um am nächsten Morgen die Prozession zu Ehren der Gottesmutter Maria zu erleben. Bis zu 30 000 Pilger, so sagten mir Einheimische, kämen jedes Jahr zum großen Ritual am 15. August auf die Kykladeninsel Tinos, dann sei die Hauptstadt der Insel mit gerade 9 000 Einwohnern mehrere Tage heillos überfüllt. Ich befand mich mitten in dieser drängenden Masse von Menschen und übernachtete ebenfalls auf der Straße.

Am nächsten Morgen reihte ich mich unmittelbar vor der großen Wallfahrtskirche unter die dichte Menge wartender Pilger ein, um die Prozession beobachten zu können. Der Patriarch von Athen, begleitet von hohen Würdenträgern im prächtigen Ornat, ging im Zentrum der Prozession, er trug ein Bild der Maria, das, so die Legende, der Apostel Lukas persönlich gemalt haben soll. In der wartenden Menge entstand Bewegung. Frauen und Männer bekreuzigten sich, knieten nieder, manche begannen zu singen, andere zu weinen. Ich hatte nie zuvor derartige Emotionen bei einer Prozession erlebt. Am Nachmittag sah ich, dass unzählige Menschen auf den Knien die breite Prozessionsstraße vom Hafen bis zur Kirche hinauf rutschten. Die Kirche mit ihren zahlreichen Ikonen war überfüllt, so dass ich sie nicht betreten konnte.

Der Zufall wollte es, dass ich an diesem 15. August des Jahres 1971 ausgerechnet auf die Insel Tinos kam. In Athen hatte ich von dieser Wallfahrt erfahren, und die Neugier trieb mich dazu, auf einem der drangvollen Schiffe zu der Kykladeninsel zu gelangen. Ich ging mit der Information an Bord, dass dies das größte Pilgerfest der orthodoxen Christen in Griechenland sei und dass auf der kleinen Insel Tinos sich eine der größten Kirchen Griechenlands befinde. Unterwegs auf dem Schiff erhielt ich von Pilgern, mit denen ich mich auf Englisch oder Deutsch verständigen konnte, weitere Auskünfte. Eine Information jedoch gab mir Rätsel auf. Die Pilger nannten mir für die Wallfahrt nach Tinos nicht nur den 15. August jedes Jahr als Termin, sondern zusätzlich den 25. März. Der 15. August erschien mir sofort plausibel, denn es ist der Tag der Himmelfahrt Mariä, der überall in der Welt sowohl von Christen orthodoxer als auch katholischer Konfession gefeiert wird. Aber der 25. März?

Am 25. März des Jahres 1821 hatte der Kampf der Griechen begonnen, um ihren Staat von der jahrhundertelangen Besatzung der Türken zu befreien. Wieso verknüpften die Griechen auch noch diesen Tag ausgerechnet mit der kleinen Insel Tinos? In jenem Jahr 1821 hatte es dorthin noch keine Wallfahrt gegeben. Trotzdem wurde Tinos, vor allem die Wallfahrt nach Tinos, zu einem überragenden Symbol dieses Freiheitskampfes. Religion und Politik vermischen sich hier. Am 21. März 1821 sei das Dorf Pyrgos auf der Insel Tinos der erste Ort der Kykladen-Insel überhaupt gewesen, über dessen Dächern die griechische Flagge geweht habe, so erfuhr ich. Das war die politische Komponente. Die religiöse Komponente kam ein Jahr später hinzu und zwar durch eine Nonne. Es soll der Nonne Pelagia, die im Kloster Kechrovouniou nahe der Tinos-Stadt lebte, im Sommer und Herbst 1822 die Gottesmutter Maria mehrmals im Traum erschienen sein. Maria soll der Nonne einen Hügel am Rand der Stadt genannt haben, wo ein Bild der Gottesmutter begraben sei, das der Apostel Lukas gemalt habe. Zu Beginn des Jahres 1823 gruben Einheimische an besagter Stelle und fanden das Bild. An der Fundstelle begannen die Einheimischen noch im selben Jahr eine

Kirche zu errichten, in deren Zentrum dann das Marien-Bild aufbewahrt wurde (heute der Standort der großen Kathedrale).

Noch während des Unabhängigkeitskriegs entwickelte sich eine Wallfahrt zu dem heiligen Bild. Der Anlass war, dass 1823 auf der Insel Tinos die Pest wütete und zahlreiche Einheimische tötete. Die Pest endete jedoch noch im selben Jahr. Das Bild hatte zum ersten Mal seine Wunderkraft bewiesen. In der Folge kamen Pilger auch von den Nachbarinseln und beteten vor der Marien-Ikone einerseits um Erlösung von Krankheit und Armut, andererseits um Kindersegen. Als schließlich der Unabhängigkeitskrieg der Griechen gegen die Türken 1829 mit einem Sieg endete und erstmals nach Jahrhunderten der Osmanen-Herrschaft wieder ein unabhängiger Staat Griechenland entstand, schrieben viele der gläubigen Christen diesen Sieg nicht nur den griechischen Soldaten, sondern im selben Maß der Wunderkraft der Marien-Ikone auf der Insel Tinos zu.

1832 wurde Griechenland zum souveränen Königreich. Dieser unabhängig gewordene Staat mit Athen als Hauptstadt umfasste allerdings nur das südliche Griechenland, zu dem außerdem sämtliche Inseln der Kykladen, Euböa und die Nördlichen Sporaden gehörten. Das Osmanische Reich behielt weiterhin Thessalien, Makedonien, Kreta und andere Inseln. Die Gebiete waren noch in den folgenden Jahrzehnten durch weitere Kriege zu erobern, und in diesen Kriegen fiel der griechisch-orthodoxen Kirche eine wichtige Rolle als geistig-religiöser Führungskraft zu. Gerade hier erwies sich die Wallfahrtskirche von Tinos als nützliches Instrument. Je mehr Gläubige nach Tinos strömten und vor der Marien-Ikone um weitere Siege beteten, umso rascher würde sich das Ziel verwirklichen lassen, das bisher beschränkte Staatsgebiet auf alle von Griechen bewohnten Gebiete auszudehnen.

In diesem Zusammenhang konnte die griechisch-orthodoxe Kirche ihre schon bisher geforderte Rolle als Staatskirche wieder etablieren. Entsprechend wurde im Artikel 1 der 1827 entstandenen ersten Verfassung eines unabhängigen Griechenland die Funktion der Kirche formuliert: „In Griechenland hat Jedermann freie Religionsausübung und genießt für seinen Gottesdienst gleichen Schutz, doch ist die orthodoxe Lehre der griechischen Kirche Staatsreligion." Und in der 1865 verabschiedeten Verfassung, die bis 1975 unverändert gegolten hat, hieß es im Artikel 1: „Die beherrschende Religion in Griechenland ist die der orientalisch-orthodoxen Kirche. Jede andere bekannte Religion wird geduldet." Ergänzt wurde im Artikel 2: „Die orthodoxe Kirche Griechenlands bleibt [...] hinsichtlich ihrer Lehre mit der Großen Kirche von Konstantinopel vereinigt [...] Die Diener aller geduldeten Religionen unterstehen der nämlichen Aufsicht seitens des Staates".[39] Diese Rolle der Staatskirche ist bis heute erhalten geblieben, alle Reformversuche sozialdemokratischer Politiker sind gescheitert (davon mehr im Abschnitt: *Ein nur scheinbar säkularer Staat).*

Der Unabhängigkeitskrieg gegen die Türken konnte aber für die Griechen zum Sieg nur deshalb führen, weil die Großmächte Russland, England, Frankreich und das österreichische Habsburg die griechische Armee militärisch und finanziell massiv unterstützen. Und die europäischen Großmächte waren es, die nach dem Ende des Krieges 1829 den Rückzug der Türken aus Südgriechenland erzwangen, denn sie waren intensiv am Niedergang des Osmanischen Reiches interessiert. Auch war das Königreich Griechenland, das nun entstand, nur unter dem Einfluss dieser fremden Mächte möglich. Der nun amtierende König war kein Grieche, sondern mit Otto I. ein Spross aus der bayrischen Dynastie der Wittelsbacher. Ihn hatten die verbündeten Großmächte installiert, weil sie keinen „geeigneten Griechen" fanden. So konnten sie nur mit einem Westeuropäer als politischer Marionette eine Kurskorrektur zu ihren Gunsten einleiten. Bedingung war allerdings, dass der aus Bayern stammende Katholik zur griechisch-orthodoxen Religion übertrat und dass er nicht mehr als ein Fremder, sondern als „Grieche" empfunden werden konnte. Damit war ein erster Schritt getan, um Griechenland politisch und kulturell in westliche Richtung zu bewegen. Und diese bayrisch-griechische Dynastie konnte ihre Macht festigen, weil es den Nachfolgern bis zum Beginn des Ersten Weltkriegs gelang, durch weitere militärische Siege die Türken immer mehr aus griechisch besiedelten Gebieten im Norden zu verdrängen.

Aber die kulturelle Bewegung Griechenlands in Richtung „Westen" blieb oberflächlich. Dies lag daran, dass die bayrisch-griechischen Könige schroff absolutistisch regierten und jegliche Reformen nach dem Vorbild einer westeuropäischen Aufklärung ablehnten. Entsprechend blieb ein Großteil der Landbevölkerung weiterhin von jeder Bildung ausgeschlossen und mithin starr in bisherigen Traditionen verhaftet. Entsprechend blieb auch die schmale griechische Bildungsschicht passiv, verbündete sich mit der Monarchie und profitierte davon, dass die Feudalgesellschaft unverändert erhalten blieb. Dies festigte die Macht der griechisch-orthodoxen Kirche, die sowohl eng mit der Monarchie als auch diesem Bürgertum eng verbunden war.

Eine derart traditionalistisch verhärtete Situation änderte sich schrittweise erst zu Beginn des 20. Jahrhunderts. Und zunächst schien es so, als würde sich damit die Struktur der Gesellschaft nachhaltig zum Besseren wenden. Die tief verwurzelte Religiosität, die starr an den Idealen der Vergangenheit orientiert war, führte jedoch in eine neue Krise.

Zurück nach Konstantinopel. Das religiös-politische Traumziel vieler Griechen – und wieder ein Krieg

Istanbul? Warum ich Istanbul sage? Die Stadt heiße Konstantinopel, dies sei ihr eigentlicher Name. Schließlich sei es eine griechische Stadt. Dies antwortete mir ziemlich erregt ein junger Grieche in Saloniki. Damals, 1969, hielt ich mich das erste Mal etliche Wochen in Griechenland auf. Ich war von der Türkei aus eingereist und hatte ihm in einem längeren Gespräch auch von diesem Teil meiner Reise erzählt. Istanbul … Er machte eine verächtliche Handbewegung und redete perfekt Deutsch. Wie das? Er studiere in Deutschland

Medizin, antwortete er, und jetzt sei er auf Besuch bei seinen Eltern in der Heimatstadt Saloniki gekommen.

Seine guten Deutschkenntnisse ließen mich erwarten, ich hätte es mit einem liberal denkenden jungen Mann zu tun. Er äußerte sich zunächst auch sehr anerkennend über die liberale politische Verfassung Deutschlands und distanzierte sich von der Militärdiktatur des Generals Georgios Papadopoulos, der sich 1967 an die Macht geputscht hatte (und bis 1974 regierte). Aber kaum waren wir auf die Türkei zu sprechen gekommen, vertrat er plötzlich Ansichten, die ganz dem radikalen antitürkischen Nationalismus dieses Regimes entsprachen. Er äußerte die Hoffnung, dass bald der Tag kommen werde, an dem die Griechen wieder Konstantinopel und Kleinasien zurückerobern könnten, dies sei schließlich ihr historisches Recht. Er erklärte mir: Konstantinopel sei ein kulturelles und religiöses Zentrum der ganzen Christenheit gewesen, bis diese asiatischen Barbaren gekommen seien und die Kultur der Metropole ruiniert hätten. – Auch unter islamischer Herrschaft, widersprach ich, gebe es in Istanbul sehr viel Kultur. – Istanbul! Wieso ich schon wieder Istanbul sage?! Was diese Stadt noch heute an Kultur besitze, sei das griechische Erbe. Die Türken seien zu keiner Kultur fähig. Es handle sich um ein Steppenvolk aus Asien, das unbeholfen versuche, sich Kultur anzueignen.

Diese Begegnung war ein prägendes Erlebnis meiner ersten längeren Reise durch Griechenland. Dabei bildete das Gespräch einen Kontrast zu vielen anderen Begegnungen, bei denen ich deutliche Bekenntnisse zu Weltoffenheit und Verständigung mit anderen Völkern, gerade auch mit Türken, erlebte. Umso mehr wurde ich angesichts solcher Gegensätze neugierig und wollte die Ursache eines derartigen Affekts verstehen. Wieder war es nötig, etliche Jahrzehnte zurückzugehen: diesmal in die ersten zwei Jahrzehnte des 20. Jahrhunderts.

Anfang des 20. Jahrhunderts hatte der griechische Nationalismus mit stark religiösen Akzenten beträchtlich zugenommen. Zu dieser Zeit war das Schlagwort *Megali Idea,* „Große Idee", überaus populär. Das Schlagwort war allerdings schon Mitte des 19. Jahrhunderts in Umlauf gekommen und vermittelte die Botschaft, Griechenland dürfe sich nicht nur mit einem Bruchteil seiner ursprünglichen Staatsgröße begnügen. Griechische Truppen müssten auch noch Thessalien im Norden und die seit der Antike griechisch besiedelten Gebiete Kleinasiens erobern. Es sollte damit ein großgriechisches Reich entstehen, dessen Hauptstadt nicht mehr Athen sei, sondern wie im Mittelalter Konstantinopel. Und natürlich sollte dann die Hagia Sophia wieder die wichtigste Kirche der griechischen Orthodoxie werden. Aber dieses Schlagwort *Megali Idea* bekam erst seine volle Dynamik, als griechische Truppen 1912 und 1913 im Norden weitere türkisch regierte Gebiete, und hier als wichtigste Stadt Saloniki, eroberten – wiederum mit Hilfe westlicher Mächte. Die Führung übernahm der seit 1910 regierende Ministerpräsident Eleftherios Venizelos. Innenpolitisch war er liberal, ja, er trat so entschieden wie vor ihm kein anderer Politiker dafür ein, Griechenland nach dem Vorbild westlicher Staaten zu demokratisieren und vor allem die sozial Benachteiligten zu fördern. Aber außenpolitisch befürwortete er die radikale Ideologie der *Megali Idea*.

Diese Nationalisten sahen ihre Stunde kommen, als 1918 das Osmanische Reich im Ersten Weltkrieg besiegt wurde. Die bisherigen Strukturen türkischer Provinzen lösten sich auf. Eine derartige Schwäche versuchten die Griechen unter Führung des Ministerpräsidenten Venizelos auszunutzen. Am 15. Mai 1919 landeten griechische Truppen an der türkischen Westküste und stießen bei ihrem überraschenden Angriff weit bis nach Anatolien vor. Die siegreichen Großmächte Frankreich und Großbritannien schritten nicht ein, als die Griechen diesen Angriffskrieg begannen, im Gegenteil, sie sahen es gern, dass die Griechen Teile des türkischen Kernlandes zu unterwerfen versuchten, denn mit einem solchen Sieg wäre die „türkische Gefahr" endgültig gebannt. Die westlichen Siegermächte hatten sich ihrerseits ohnehin schon auf Kosten der Osmanen bereichert: Frankreich hatte sich das bisher osmanische Syrien als Kolonie („Mandat") angeeignet, Großbritannien den Irak und Palästina.

Der griechische Angriffskrieg in Anatolien verlief anfangs erfolgreich. Dies lag vor allem daran, dass die im Westteil Anatoliens ansässigen griechischen Christen die Eroberer als Befreier begrüßten und ihrerseits nun Soldaten stellten. Sie unterschieden sich damit erheblich von früheren Generationen. Denn noch 90 Jahre zuvor, als sich ihre Landsleute in Südgriechenland die Unabhängigkeit erkämpften, hatten sich die griechischen Christen in Anatolien nicht zu einem derartigen Befreiungskrieg entschließen können. Damals hatten sie es vorgezogen, unter der Herrschaft der Sultane zu bleiben, denn im ausgedehnten Osmanischen Reich mit seinen Märkten in Syrien und Ägypten ließ sich gewinnbringend Handel treiben. Ohnehin waren sie mit der islamischen Toleranz zufrieden, die ihnen zwar eine eingeschränkte, jedoch stabile Freiheit gewährte. Aber gegen Ende des 19. Jahrhunderts, als die osmanische Steuerlast immer drückender wurde, hatten sich die Griechen in Anatolien immer mehr von dem religiös-politischen Nationalismus des unabhängig gewordenen Königreichs Griechenland anstecken lassen.

Der drei Jahre dauernde Krieg zwischen Griechen und Türken wurde mit äußerster Grausamkeit geführt. Weder die griechischen noch die türkischen Truppen schreckten davor zurück, auch die Zivilbevölkerung gnadenlos niederzumetzeln.[40] Zu groß war der Hass und entsprechend der Fanatismus auf beiden Seiten. Aber die Griechen verloren diesen Krieg, denn der türkische General Mustafa Kemal, der später den ehrenden Beinamen Atatürk („Vater der Türken") erhalten sollte, besiegte die griechische Armee im Sommer 1922 in einer Schlacht nahe der Stadt Afyon und drängte die Griechen in weiteren Schlachten aus Anatolien zurück. Im Sommer 1923 kam ein Friedensvertrag in Lausanne zustande, durch den die Türkei in ihren heutigen Grenzen entstand.[41] Dieser Erfolg machte Atatürk zum endgültig anerkannten Führer einer Revolutionsbewegung, und am 29. Oktober 1923 konnte er die Republik Türkei begründen, deren Hauptstadt von Istanbul nach Ankara verlegt wurde.

Für die besiegten Griechen hatte diese Entwicklung verheerende Folgen. Denn Bestandteil des Friedensvertrages von Lausanne war,

dass 1,3 Millionen griechischer Christen Anatolien verlassen mussten, wo ihre Vorfahren über zweitausend Jahre gelebt hatten. Und
umgekehrt waren rund 600 000 in Nordgriechenland wohnende
muslimische Türken gezwungen, in die Republik Türkei auszu-
wandern.[42] Es entstand etwas, das wir heute mit dem schrecklichen
Wort „ethnische Säuberung" bezeichnen. Entscheidend aber war,
dass hierbei die religiöse Zugehörigkeit eine entscheidende Rolle
spielte und sich gerade in dieser Hinsicht die Verhältnisse in bisher
unvorstellbarer Weise verschoben. Noch gegen Ende des Osmanischen Reiches war nahezu jeder fünfte Einwohner auf dem Gebiet
der heutigen Türkei Christ oder Jude gewesen, die meisten Christen
mit griechisch-orthodoxer Konfession, aber heute beträgt ihr Anteil nur noch 0,15 Prozent.[43] Und in Istanbul, am einstigen politischen, wirtschaftlichen und kulturellen Zentrum des Osmanischen
Reiches, waren 1914 sogar 44 Prozent der Einwohner Christen gewesen, heute ist es gerade noch ein Prozent.[44]

Dies sind ungeheure Veränderungen innerhalb eines einzigen
Jahrhunderts. Sie haben aber nichts mit einer grundsätzlichen Ab-
neigung von türkischen Muslimen gegen Christen zu tun. Denn
sonst hätte der Anteil der Christen im Osmanischen Reich über viele Jahrhunderte nicht so hoch sein können wie in sonst kaum einer
anderen Region der islamischen Welt. Jetzt aber beträgt der Anteil
der Christen gerade noch ein Prozent! Der Vergleich mit anderen
islamischen Ländern im einstigen osmanischen Machtbereich des
Nahen Ostens muss zu denken geben: In Syrien waren bis vor kur-
zem immer noch 10 Prozent der Bevölkerung Christen, ihre Zahl
hat erst seit dem Bürgerkrieg 2011 durch Flucht ins Ausland stark
abgenommen; in Ägypten sind es immer noch rund 10 Prozent, in
Jordanien rund 5 Prozent. In den hier genannten Staaten ist die im
Koran vorgeschriebene Toleranz christlichen Minderheiten gegenüber also noch eher wirksam. Warum nicht in der Türkei?

Am Beispiel Türkei zeigt sich in brutaler Deutlichkeit, dass die
Toleranz der Muslime rapide abnimmt, sobald der eigene Staat
durch einen christlich regierten Nachbarstaat elementar bedroht

wird. Aber bei näherem Hinsehen wird deutlich: Die Türken lehnen Christen nicht grundsätzlich ab. Ihr tiefes Misstrauen richtet sich bis heute in erster Linie gegen Griechen wie auch gegen Armenier, die den türkischen Staat eine Zeitlang politisch stark bedroht hatten. In diesem Zusammenhang richtet sich der Affekt auch nicht gegen die Kirche sämtlicher christlicher Konfessionen, sondern vor allem gegen die griechisch-orthodoxe Kirche, die im Krieg von 1919 bis 1922 die Feindschaft gegen die muslimischen Türken mit religiös-politischen Parolen angeheizt hatte. Wie traumatisch lebendig bei vielen Türken diese Erinnerung gerade an jenen Krieg bis in die Gegenwart ist, konnte ich im selben Jahr drastisch anschaulich erleben, als ich 1969 von der Türkei aus nach Griechenland weiterreiste. Ich hatte in der türkischen Grenzstadt Edirne einen Spielfilm gesehen, der diesen für die Türkei existenzbedrohenden Krieg zum Thema hatte. Ich saß inmitten eines Publikums, das jubelte und mit den Füßen trampelte, sobald türkische Soldaten ihre griechischen Gegner in die Flucht schlugen, und aggressiv zischte, sobald ein griechischer General in Großaufnahme erschien. Und als gegen Ende des Films eine Landkarte mit Pfeilen auftauchte, die die Marschrichtung türkischer Truppen zur griechischen Grenze zeigte, erhoben sich viele Zuschauer spontan von ihren Sitzen und klatschten Beifall. Welch ein Kontrast zu dem Verhalten der Türken mir gegenüber. Türken sind europäischen Reisenden, die aus dem christlich geprägten Kulturraum vorwiegend katholischer oder protestantischer Konfession kommen, überwiegend freundlich, oft gastfreundlich gesinnt. Wie die Griechen.

Der „Verlust der Mitte". Dieses Trauma, Konstantinopel als den Mittelpunkt ihres einst weit ausgedehnten Kulturraums verloren zu haben, bleibt für viele strenggläubige orthodoxe Christen bestehen. Besonders für die Griechen, für die ja Konstantinopel viele Jahrhunderte lang am intensivsten der Mittelpunkt gewesen ist. Ein vages Gefühl von „Mitte" kann für sie heute nur noch bei dem Gedanken aufkommen, dass auf griechischem Boden wenigstens noch die Mönchsrepublik Athos existiert. „Mitte" bedeutet in dieser Hinsicht: Auf einer Halbinsel südöstlich von Saloniki sind Klöster aus unterschiedlichen Ländern des orthodoxen Kulturraums gebaut worden, und dorthin kommen bis heute Pilger aus allen Teilen der orthodoxen Welt, wie dies einst in Konstantinopel geschehen ist.

Ich habe die Mönchsrepublik Athos 1969 ebenfalls während meiner ersten ausgiebigen Griechenlandreise besucht. Durch etliche Handbücher war ich informiert, dass die Mönchsrepublik im 10. Jahrhundert gegründet worden ist, sie ihre große Blütezeit im Mittelalter hatte, unter islamischer Herrschaft respektiert wurde und es heute noch 20 Großklöster gibt, 17 sind griechisch, eines russisch, eines bulgarisch, eines serbisch. Ich wanderte auf gewundenen Pfaden von Kloster zu Kloster mit Blick auf waldige Hügel und das Meer, damals gab es noch kaum Autostraßen. Für mich war es das Gefühl, in einem anderen Jahrtausend unterwegs zu sein. Ich ließ mich einfangen von der Atmosphäre in den Klöstern, die sich seit Jahrhunderten weder in ihrer Architektur noch in ihren religiösen Ritualen geändert haben – um dann aber irritiert zu sein durch die starren Traditionen, etwa dass die Mönchsrepublik bis heute nicht von Frauen besucht werden darf und auch sonst strikt moderne Einflüsse abgewehrt werden. In Gesprächen mit Mönchen (auf Englisch, teils auf Deutsch) erfuhr ich, dass sie stolz darauf seien, gerade in ihrer Abwehr der Moderne das wahre Christentum zu vertreten. Athos kann also in keiner Weise ein Ersatz für jene „Mitte" sein, die einst Konstantinopel verkörperte.

Die vielen Verwandlungen der Hagia Sophia. Ein immer neuer Konflikt mit der Türkei

Bei den ständigen Spannungen zwischen griechisch-orthodoxen Christen und muslimischen Türken spielt bis heute die Hagia Sophia eine wesentliche Rolle. Für Christen wie für Muslime hat diese Kultstätte schließlich eine zentrale religiöse Bedeutung. Zu einem besonders explosiven Konflikt war es ja nach dem Ende des Ersten

Weltkriegs gekommen, als die Griechen 1919 hofften, sie könnten in einem überraschenden Angriffskrieg auf das ohnehin sehr geschwächte Osmanenreich Istanbul erobern und die Hagia Sophia wieder in die wichtigste Kirche der orthodoxen Christenheit zurückverwandeln. Die verheerende Niederlage 1922 hatte diesen Traum platzen lassen. Und nachdem Atatürk seit 1923 politisch gefestigt die von ihm gegründete Republik Türkei regierte, war es für die Griechen in weite Ferne gerückt, dass sich am Status der Hagia Sophia als Moschee etwas ändern könnte.

Aber ausgerechnet Atatürk änderte diesen Status – jener General, der 1922 die griechische Armee aus Anatolien vertrieben hatte und unter dessen Druck zahlreiche griechische Christen das türkische Staatsgebiet verlassen mussten. Staatspräsident Atatürk verfügte 1934, im elften Jahr seiner Regierung, durch einen Erlass, dass die Hagia Sophia nicht mehr eine Moschee sein solle, sondern in ein Museum umzuwandeln sei. Die Folge war, dass nun wieder die prächtigen byzantinischen Mosaiken mit Bildern von Christus, Maria, Heiligen und Engeln freigelegt wurden und von Besuchern aus aller Welt betrachtet werden konnten. Andererseits blieb der ornamental reich geschmückte Mihrab erhalten, der die Gebetsrichtung nach Mekka anzeigte, ebenso die Koranzitate in arabischer Schrift an den Wänden, ebenso die Namen der vier „rechtgeleiteten" Kalifen Abu Bekr, Omar, Othman und Ali auf kreisrunden Tafeln unmittelbar unter der Kuppel. Atatürk verstand seine Maßnahme als das Signal einer strikt säkular gewordenen Republik Türkei: Muslimische Türken sollten die Hagia Sophia nicht mehr nur als überragendes Symbol der eigenen islamisch-osmanischen Kultur ansehen, sondern auch als ein wertvolles Erbe des griechisch-orthodoxen Christentums respektieren. Die Hagia Sophia sollte damit den Status eines Museums, eines Kulturdenkmals jenseits aller religiös-politischen Besitzansprüche sein. Es gehe bei diesem berühmten Bauwerk um gemeinsame Werte der Zivilisation, nicht um das Trennende unterschiedlicher Religionen.

Der Erlass Atatürks 1934 in Bezug auf die Hagia Sophia fand weltweit Beachtung. Vorbehaltlos stimmten diesem neuen Status viele Beobachter aus westlichen Staaten zu, ebenso die Bildungsschicht säkular orientierter türkischer Muslime, ebenso ein Teil der Bildungsschicht in Griechenland. Auf Widerstand stieß die Maßnahme Atatürks jedoch bei zahlreichen konservativ orientierten Gläubigen sowohl in der Türkei als auch in Griechenland. Viele türkische Muslime sahen es als mangelnden Respekt gegenüber dem Islam an, dass nun in der Hagia Sophia kein Gottesdienst mehr stattfinden konnte. Und viele jener Griechen, denen der byzantinisch-orthodoxe Glaube immer noch ein zentrales Element ihrer Identität ist, halten nach wie vor an der Hagia Sophia als dem überragenden Symbol ihrer Religion fest. Sie haben es nie verwunden, dass in ihrer ehemals heiligsten Kirche keine christlichen Gottesdienste mehr stattfinden können. Die Maßnahme Atatürks löst aus ihrer Sicht nicht das grundsätzliche Problem.

Der Konflikt um den Status der Hagia Sophia verschärfte sich in den 1970er und 1980er Jahren. Damals gewann in der Türkei die islamistisch orientierte „Refah Partisi", „Wohlfahrtspartei", immer stärkeren Einfluss. Und die Krise spitzte sich zu, als ihr Führer Necmettin Erbakan im August 1988 in Istanbul eine Demonstration organisierte, die Hagia Sophia „endlich" wieder in eine Moschee umzuwandeln. Er fand hierbei Zustimmung sogar bei konservativ gläubigen Muslimen, die nicht zu islamistischer Ideologie neigten. Solche Demonstrationen setzten sich in den folgenden Jahren fort, was im griechisch-orthodoxen Griechenland wie auch insgesamt in Westeuropa zu scharfer Kritik führte. Daraufhin gab der türkische Kulturminister 1996 eine öffentliche Erklärung ab, es sei an eine Umwandlung der Hagia Sophia in eine Moschee „aktuell nicht gedacht".[45]

Aber im Juli 2020 war es soweit. In diesem Monat hatte das türkische Verfassungsgericht ein folgenschweres Urteil gefällt: Die Hagia Sophia könne wieder den Status einer Moschee erhalten. Der autokratisch regierende Staatspräsident Recep Tayyip Erdoğan unterschrieb einen Erlass, der den Weg zur politischen Umsetzung freimachte. Freitag, der 24. Juli 2020, war dann jener Tag, auf den türkische Muslime konservativer Prägung viele Jahrzehnte lang gewartet hatten. In dem monumentalen Innenraum der Hagia Sophia hatten sich Tausende Gläubige zum Freitagsgebet versammelt, das ein Imam leitete. Neben ihm kniete Staatspräsident Erdoğan und sang die Fatiha-Sure, das einleitende Kapitel des Koran. Tausende Muslime hatten sich außerdem auf den Vorplatz bis hinein in die weitverzweigten Altstadtgassen versammelt, um über Lautsprecher diesem Ereignis beizuwohnen.[46] Aus der Sicht vieler Westeuropäer erscheint es nur folgerichtig, dass es unter der Regierung des „Islamisten" Erdoğan zu einer derartigen Entwicklung kam. Aber seine eigene religiös-politische Laufbahn ist nicht so eindeutig, dass man ihn als einen fanatischen Islamisten einstufen kann. Er war zwar ursprünglich ein Gefolgsmann Erbakans gewesen, hatte aber schon Ende der 1990er Jahre mit dessen Ideologie gebrochen und Wahlerfolge mit einer eigenen Partei errungen, die einerseits eine pragmatische Wirtschaftspolitik vertrat und andererseits einen sehr gemäßigten Islam verhieß. Erdoğan hatte sich auch von der Forderung Erbakans, die Hagia Sophia wieder in eine Moschee zu verwandeln, distanziert. Erst als die soziale Lage in der Türkei immer schwieriger wurde und er an Popularität gerade auch bei konservativen Muslimen verlor, gab Erdoğan dem Druck des konservativen Flügels in seiner eigenen Partei nach, gerade um die eigene autokratische Macht zu stabilisieren.

Erdoğan ein Islamist mit starkem Vorbehalt gegen Christen? Er ist zwar ein Politiker, der sich von einem halbherzigen Demokraten zu einem Diktator gewandelt hat und sich als Sunnit auch gegen schiitische Muslime sehr abweisend verhält – nicht jedoch gegen christliche Minderheiten. Es gibt einen sehr prominenten griechischen Geistlichen in Istanbul, der es ablehnt, Erdoğan als einen intoleranten Islamisten zu bezeichnen: Bartholomäus I., der Patriarch von Konstantinopel und nominelles Oberhaupt aller orthodoxen Kirchen (Jahrgang 1940, seit 1991 im Amt). Er antwortete auf die

Frage, wie tolerant sich Erdoğan gegen Christen verhalte: Erdoğan gestehe den Christen exakt jene Toleranz zu, die der Koran vorschreibe. Ja, Erdoğan habe mehr als andere führende Politiker in der Türkei den Dialog zwischen Muslimen und Christen gefördert. Mehr noch: Erdoğan habe als erster Politiker veranlasst, dass etliche Kirchen der Armenier, die vom Zerfall bedroht waren, restauriert wurden. Erdoğan werde aber besonders durch türkische Nationalisten daran gehindert, dass er den Armeniern wie auch den Griechen Zugeständnisse auf religiösem Gebiet mache, denn armenische und griechische Christen würden nach nationalistischem Verständnis oft noch immer als potentielle Feinde, als Bedrohung für den Staat Türkei betrachtet. Diese Aussage entnehme ich weder einer Literaturangabe noch dem Internet. Vielmehr hatte ich 2008 die Gelegenheit, mit einer theologischen Studiengruppe eine Audienz beim Patriarchen in Istanbul zu bekommen. Was mir bei den weiteren Aussagen auffiel: Der Patriarch, der auch in Deutschland studiert hatte, äußerte in weiteren Aussagen eine Toleranz und Weltoffenheit, die ich bei Aussagen vieler anderer orthodoxer Patriarchen und Bischöfe (die ich nur aus den Medien kenne) vermisse. Allerdings protestierte derselbe Patriarch Bartholomäus heftig im Jahr 2020, als Erdoğan die Hagia Sophia von einem Museum in eine Moschee verwandeln ließ.[47]

Erdoğan war allerdings taktisch wendig genug, indem er versicherte: Die Hagia Sophia bleibe außerhalb der Gebetszeiten weiterhin ein Museum für Touristen. Es würden nur während der islamischen Gottesdienste die Mosaikbilder der Maria mit dem Jesuskind sowie die des Erzengels Gabriel mit Tüchern verhängt, denn die Apsis befinde sich in Richtung Mekka, und dorthin würden sich die Muslime beim Gebet verneigen.[48] Es ist ein bemerkenswerter Kompromiss, der jedoch viele der strenggläubigen griechisch-orthodoxen Christen nicht befriedigen kann. Für diese Christen bedeutet Erdoğans Maßnahme eine eindeutige Rückkehr in die osmanische Zeit. Entsprechend bleibt gerade auch die Hagia Sophia ein Symbol dafür, dass der Konflikt zwischen griechischen Christen und türkischen Muslimen weiter existiert. Ändern kann sich das erst, wenn beide Seiten bereit sind, sich einem säkularen Denken zu öffnen, das einen Dialog unterschiedlicher Religionen auf Augenhöhe möglich macht.

Griechische Passion und der wieder gekreuzigte Christus. Der religiöse Kritiker Nikos Kazantzakis

„Ich erhoffe nichts. Ich fürchte nichts. Ich bin frei." Der griechische Schriftsteller Nikos Kazantzakis hatte diese Inschrift für sein Grab gewählt, nachdem ihn die griechisch-orthodoxe Kirche exkommuniziert hatte und ihm damit nach einheimischem Recht ein Friedhof verwehrt blieb. Das Grab befindet sich seit 1957 an der Stadtmauer seiner kretischen Heimatstadt Heraklion.

Kazantzakis, der zu den bedeutendsten griechischen Schriftstellern des 20. Jahrhunderts zählt, ist weltweit vor allem durch seinen Roman *Alexis Sorbas* bekannt geworden, aber nicht weniger bedeutend sind seine religionskritischen Romane *Griechische Passion* und *Die letzte Versuchung*. Im Folgenden möchte ich auf den ersten der beiden Romane mit religiöser Thematik näher eingehen. *Griechische Passion* wird in der internationalen Literaturkritik als Meisterwerk gefeiert, aber in Griechenland von einem Großteil der Gläubigen und erst recht von der Kirche vehement als ein für das Christentum gefährliches Werk abgelehnt. Dabei hat sich Kazantzakis selbst als Christen verstanden, der allerdings den kirchlichen Machthabern und vielen Geistlichen vorwarf, die christlichen Ideale der Nächstenliebe und der Bergpredigt Jesu zu missachten. Mit dieser kirchenkritischen Haltung nimmt der orthodoxe Christ Kazantzakis für Griechenland eine ähnlich wichtige Position ein wie Dostojewski und Tolstoi für Russland.

Zunächst ein Blick auf die Biographie des Autors. Nikos Kazantzakis wurde 1883 als Sohn eines reichen Kaufmanns in Heraklion, der Hautstadt Kretas geboren. Damals befand sich die Insel noch unter türkischer Herrschaft. Er studierte von 1902 bis 1906 Rechtswissenschaft in Athen. Dort begann er bereits Romane zu schreiben. Er reiste viel und lernte neben Griechenland zahlreiche Länder in Westeuropa kennen, schließlich auch im Vorderen Orient sowie in Ostasien. Er gehörte zu jener schmalen privilegierten Bildungsschicht, die finanziell zu solchen Reisen die Möglichkeit hatte, aber zugleich neugierig war, über die geistig eng gezogenen Grenzen der eigenen, stark kirchlich geprägten Kultur hinauszuschauen. Von 1907 bis 1909 studierte er in Paris am Collège de France Staatswissenschaften bei dem Philosophen Henri Bergson, der mit seiner Lehre erheblichen Einfluss auf den französischen Existentialismus ausübte. Kazantzakis schloss sein Studium mit der Dissertation über Friedrich Nietzsche ab. Dass er, der religiös orientierte Grieche, ausgerechnet Nietzsche zum Thema seiner Dissertation wählte, zeigte die eigene Glaubenskrise. Schließlich war Nietzsche der Sohn eines evangelischen Pfarrers, der sich vom Christen in einen radikalen Atheisten verwandelt hatte. Zurück in Griechenland geriet Kazantzakis in einen immer stärkeren Konflikt mit der griechisch-orthodoxen Kirche, deren starren Traditionalismus er für unvereinbar mit seiner Vorstellung von Christentum hielt.

Unter solchen geistigen Spannungen schrieb er 1948 seinen Roman *Griechische Passion,* dem er ursprünglich den Titel „Der wieder gekreuzigte Christus" geben wollte. Der Inhalt ist entsprechend provokativ. Schauplatz ist Anatolien im Jahr 1922 zur Zeit des verheerenden Krieges zwischen Griechenland und der Türkei. Die Handlung spielt in dem fiktiven Dorf Likovrisi, das zunächst von den Kriegswirren verschont bleibt. In der friedlichen Atmosphäre können die tief im orthodoxen Glauben verwurzelten Dorfbewohner sich auf das Osterfest vorbereiten und einen alten Brauch pflegen: Für ein Mysterienspiel, das alle sieben Jahre in der Karwoche stattfindet und die Leidensgeschichte Christi darbietet, werden vom Priester Darsteller aus den Dorfbewohnern ausgewählt. Aber die feierlichen Vorbereitungen werden jäh unterbrochen, als eine große Menschenmenge das Dorf erreicht, an ihrer Spitze ein Priester. Es sind Griechen, deren Dorf durch die türkische Armee zerstört wurde und die nun in Likovrisi mit seinen überwiegend wohlhabenden Bewohnern Schutz und Unterkunft suchen. Der Priester der Flüchtlinge versucht ein Gespräch mit dem Priester der Einheimischen, doch dieser weist ihn zurück. Auch viele Einheimische verhalten sich abweisend. Sie fürchten, dass Unruhe in ihrem Dorf entstehen könnte. Der einheimische Priester erklärt, es sei eine Strafe Gottes, dass die Schutzsuchenden ihr Dorf verloren hätten, wahrscheinlich hätten sie eine schwere Sünde begangen, sie sollten sich daher anderswo eine Bleibe suchen. Die Flüchtlinge aber lassen sich in der Nähe des Dorfes nieder, zu erschöpft, um weiterzuziehen. Und aus dieser Konstellation entwickelt sich eine Tragödie.

Unter den Einheimischen entsteht ein Konflikt, weil etliche beginnen, die Flüchtlinge mit Essen, Kleidung und Geld zu versorgen. Andere dagegen fürchten, ihr Dorf würde beträchtlich an Wohlstand verlieren, wenn die ungebetenen Nachbarn auf Dauer hier bleiben und ein eigenes Dorf erbauen wollten. Die Helfenden werden angeführt von einem Hirten, den der einheimische Priester als Darsteller des Christus im Mysterienspiel ausgewählt hat. Diesem Christus-Darsteller folgen andere, die die Apostel Petrus, Jakobus und Johannes spielen sollen. Jene Einheimischen aber, die die Flüchtlinge vertreiben wollen, werden angeführt von ausgewählten Darstellern der Pharisäer und des Pontius Pilatus, vor allem aber von dem einheimischen Dorfpriester selbst. Der Konflikt entlädt sich schließlich in Gewaltakten, je mehr die Flüchtlinge vom Hungertod bedroht sind und umso „aufdringlicher" sie Hilfe fordern. Hier sehen der Dorfpriester und die mit ihm Verbündeten nur einen Ausweg: Man müsse den Anführer der Rebellen, den Darsteller des Christus, zu einem gefährlichen Unruhestifter erklären, der den Tod verdient habe. Es gelingt ihnen, diesen Christus gefangen zu nehmen. Er wird in die Kirche gebracht, wo der Dorfpriester und die vermögenden Bewohner sich zu einem Gericht versammeln. Der Priester bittet die Kirchenbesucher, zum Gebet niederzuknien, und dann Gott, ein gerechtes Urteil über jenen Frevler zu fällen, der

„Zwietracht im Volke gesät" und ein „Lumpengesindel" zur Rebellion aufgerufen habe. „Solange er lebt, o Herr, sind die Religion und die Ehre in Gefahr, solange er lebt, sind die Christenheit und die griechische Welt – die beiden großen Leitsterne der Hoffnung auf Erden – in Gefahr. [...] Wir haben uns in diesem Haus versammelt, o Herr, um ihn zu richten". Die Versammelten verurteilen ihn zum Tod und durchstoßen ihn mit Dolchen. Der sterbende Darsteller des Christus liegt vor dem Altar „bebend und mit ausgebreiteten Armen, als ob er gekreuzigt wäre."[49] Der Roman endet damit, dass die Flüchtlinge weiterziehen müssen. Ihr Priester kommentiert resignierend mit einem letzten Blick zurück: „ Vergebens, Christus, vergebens ... [...] Nun sind fast zweitausend Jahre vergangen, und immer noch ... immer noch kreuzigen sie Dich. Wann wirst Du geboren werden, Christus, um nicht mehr gekreuzigt zu werden, um ewig unter uns zu leben?"[50]

Kazantzakis hatte den Roman 1948 zu Ende geschrieben, aber *Griechische Passion* konnte in einer Erstausgabe erst 1954 in Griechenland erscheinen.[51] Zu groß war damals noch der Einfluss der Kirche mit ihren rigiden Dogmen. Dass der Roman in Griechenland überhaupt schon 1954 veröffentlicht werden konnte, war den Parteien einer bürgerlichen Mitte zu verdanken, die Anfang der 1950er Jahre im Parlament eine Mehrheit besaßen. Einen großen Zuspruch fand der kirchenkritische Roman bei der Mehrheit der Griechen jedoch auch in späteren Jahrzehnten nicht. Ganz anders das Verhalten der Leser in westeuropäischen Staaten. 1951 war *Griechische Passion* in Deutschland erschienen, wenig später in Frankreich und anderen Staaten. Der Roman wurde in zahlreiche Sprachen übersetzt. In Griechenland ist bis heute eine freie Diskussion über religionskritische Themen nur eingeschränkt möglich. Aber dem Autor Nikos Kazantzakis wird in seiner Heimat inzwischen genügend Ehre erwiesen. Der größte Flughafen in der Hauptstadt Heraklion ist nach ihm benannt: englisch „Heraklion International Airport Nikos Kazantzakis". Im Historischen Museum von Heraklion sind zudem mehrere Säle dem Autor gewidmet, dort befinden sich unter anderem seine Bibliothek, Manuskripte, Fotografien und Ausgaben seiner Werke in mehr als 30 Sprachen.[52]

Ein nur scheinbar säkularer Staat. Ungelöste Probleme bis heute

Griechenland habe ich das erste Mal ausgiebig bereist, als eine Militärdiktatur an der Macht war. Ihr System konnte sich von 1967 bis 1974 behaupten. Dann kehrte Griechenland zur Demokratie zurück – und diese Demokratie ist liberaler als jene, die vor Beginn der Militärherrschaft bestanden hatte. Denn 1974 wurde mit dem Diktator auch der extrem konservative König zur Abdankung gezwungen. Griechenland ist seither Republik. Und seither kommt durch Wahlen in ständigem Wechsel eine konservativ oder eine sozialdemokratisch orientierte Partei an die Macht. In dieser Zeit war ich immer wieder in Griechenland unterwegs und stellte mir angesichts des Wandels die Frage: Inwieweit hat sich der Einfluss der griechisch-orthodoxen Kirche auf die Politik verringert? Und inwieweit hat sich die Kirche in ihrer starren Dogmatik und ihrem Machtanspruch geändert?

Am 1. Januar 1981 war Griechenland Mitglied der Europäischen Union (EU) geworden, was bedeutete, dass sich der Staat nun an die Normen dieser Gemeinschaft zu halten hatte. Damit waren bereits die Konflikte vorprogrammiert. In dieser veränderten politischen Situation war im selben Jahr durch demokratische Wahlen mit Andreas Papandreou erstmals ein sozialistischer Politiker Ministerpräsident geworden, und er führte Reformen durch, die den Maßstäben westeuropäischer säkularer Demokratien entsprechen. Zu einem ersten heftigen Konflikt mit der Kirche kam es, als Papandreou bereits 1982, im zweiten Amtsjahr, eine grundsätzliche Änderung des Familienrechts durchsetzte. Eine Zivilehe war erst seit diesem Zeitpunkt möglich. Bis zum Jahr 1982 waren in Griechenland Eheschließungen ohne den amtlichen Segen der orthodoxen Kirche (oder einer anderen Kirche) juristisch nicht gültig.[53] Auf diese Weise waren alle Einwohner Griechenlands gezwungen gewesen, sich offiziell bei einer Religionsgemeinschaft als Mitglied registrieren zu lassen, auch wenn sie religiös gleichgültig oder atheistisch waren.

Die griechisch-orthodoxe Kirche kritisierte diese Reform als ein Werk von „Ungläubigen". Aber sie konnte das vom Parlament mehrheitlich beschlossene Gesetz nicht mehr verhindern. Ihre Bischöfe versuchten jedoch, alle weiteren säkular orientierten Gesetzesvorhaben zu blockieren. Diese Erfahrung musste der Nachfolger Papandreous, der sozialistische Ministerpräsident Kostas Simitis, machen. Er brachte ein Gesetz zur Abstimmung, dass im Personalausweis und in Reisepässen die Angabe der Religionszugehörigkeit zu streichen sei. Damit sollte verhindert werden, dass weiterhin die Zugehörigkeit zur „richtigen" Religion, nämlich zum griechisch-orthodoxen Bekenntnis, einen Vorteil für das Berufsleben gegenüber Andersgläubigen bedeuten könne.

Die griechisch-orthodoxe Kirche reagierte heftig. Ihr Wortführer wurde der Erzbischof von Athen, Christodoulos I., der von 1998 bis zu seinem Tod 2008 Oberhaupt der Kirche war. Er brachte in Athen nahezu drei Millionen Demonstranten auf die Straße, um die Regierung zu einer Rücknahme der Reform zu zwingen. Jeder Grieche, so argumentierte Christodoulos, sollte in seinen Personaldokumenten weiterhin als Anhänger der einzig wahren christlichen Lehre erkennbar sein. Wer dies ablehne, sei ein Ungläubiger und müsse entsprechende Folgen tragen.[54] Der Streit um den Vermerk im Personalausweis und im Reisepass dauerte fast sieben Jahre, ohne dass die kirchlichen Machthaber nachgaben. Erst 2007 konnte der Konflikt zugunsten der Reformer entschieden werden, als der Oberste Gerichtshof in einem Urteil zugunsten des säkularen Gesetzes entschied. Christodoulos strengte in seiner Eigenschaft als Erzbischof von Athen weitere Gerichtsverfahren gegen die Reformvorhaben der Regierung an. So konnte er erreichen, dass die Kirche weiterhin eine strenge Kontrolle über den weltanschaulichen Inhalt der Schulbücher ausübt. Er warf etlichen Autoren vor, dass sie „säkular" denken würden, also zu weltlich seien und die religiös geprägten nationalen Werte Griechenlands verrieten.[55] Ebenso ist das Gesetz erhalten geblieben, dass der Religionsunterricht für Schüler griechisch-orthodoxer Konfession Pflichtfach bis zur zehnten Klasse ist. Christodoulos hat mit solchen Aktionen einen breiten Rückhalt in der Bevölkerung gefunden. Als er 2008 starb und in Athens größter Kirche aufgebahrt wurde, zogen an seinem Sarg mehr als 300 000 Menschen vorbei und erwiesen ihm die letzte Ehre, darunter viele Jugendliche.[56]

Die Popularität dieses Erzbischofs ist schon deshalb bedenklich, weil sie zeigt, wie weit verbreitet unter der Bevölkerung Griechenlands noch die Vorstellung ist, dass es eine untrennbare Verbindung von orthodoxer Kirche und Staat zu geben habe. Bedenklich ist unter anderem, dass viele keinen Anstoß daran nahmen, wie sehr Erzbischof Christodoulos mit der Militärdiktatur sympathisiert hatte. Er war noch wenige Tage vor dem Sturz des Regimes 1974 zum Bischof ernannt worden. Aber seine Beziehungen zu rechtsextremen Kreisen hörten damit nicht auf. Er schrieb Artikel in rechtsextremen Zeitungen, und ein Jahr vor seiner Wahl zum Erzbischof von Athen nahm er mit 45 weiteren Bischöfen an einer Konferenz einer rechtsradikalen Organisation teil. Dort beendete er seinen Vortrag mit dem Plädoyer, dass es „Widerstand gegen alles Böse braucht, gegen alles, was nicht christlich, orthodox und griechisch" ist. In diesem Zusammenhang wird Christodoulos von Kritikern als eine der „Schlüsselfiguren im Feld der extremen Rechten" bezeichnet. Ich beziehe mich hier auf die Ausführungen eines seiner fundierten Kritiker: Alexandros Sakellariou, der an der Panteion-Universität Athen in Soziologie „zum Verhältnis von Staat und Kirche während der griechischen Militärdiktatur im 20. Jahrhundert" promovierte. Sein Aufsatz „Autoritarismus und die orthodoxe Kirche von Griechenland", im September 2019 online veröffentlicht, liefert hier wichtige Informationen. Der griechische Religionssoziologe Sakellariou kommt zu dem Fazit, dass die griechisch-orthodoxe Kirche „tendenziell konservativen, rechten, rechtsextremen und autoritären

Ideologen und Praxen" nahesteht. Als 1974 in Griechenland nach dem Sturz der Militärdiktatur die Demokratie wiederhergestellt wurde, sei die Kirche „die einzige Institution" geblieben, die ihre Arbeit fortsetzen konnte, ohne demokratisiert […] zu werden". Vor allem betreffe dies die Machthaber des hohen Klerus, die politisch die Leitlinien bestimmen, dagegen würden sich im niederen Klerus auch „zahlreiche Anhänger liberaler, demokratischer oder auch linker Ansichten finden."[57]

Am 5. Dezember 2019 kam es im griechischen Parlament zu einer Abstimmung über die Frage, ob in der Verfassung der Passus in Artikel 3 – die enge Verbindung von Kirche und Staat – gestrichen werden soll. Der Antrag, der die religiöse Neutralität des Staates hätte stärken sollen, wurde abgelehnt. Der Antrag war noch von der Regierung des linksgerichteten Ministerpräsidenten Alexis Tsipras gestellt worden und hatte eine knappe Mehrheit gefunden. Aber seine Regierung hatte im Juli 2019 die Wahlen verloren. Unter der neuen Regierung mit der konservativen Mehrheit unter Ministerpräsident Kyriakos Mitsotakis musste über den Antrag endgültig abgestimmt werden, und nun war die anfangs knappe Mehrheit verloren. Ein Abgeordneter der konservativen Partei kommentierte in einer Parlamentsdebatte die Situation folgendermaßen: „Religiöse Gefühle sind für das griechische Volk aus historischen Gründen eines der Merkmale, die fest in seiner nationalen Identität verwurzelt sind". Der Artikel 3 in der Verfassung sei ein „Erbstück des historischen Verlaufs des modernen griechischen Staats."[58]

Solche Entwicklungen muten aus der heutigen westeuropäischen Sicht seltsam antiquiert an. Sie sind aber bestürzend aktuell. Ein Blick in andere Staaten mit vorherrschend orthodoxer Konfession zeigt ähnliche Tendenzen. Überall ist noch die Haltung weit verbreitet, die Regeln einer säkularen Demokratie nicht zu akzeptieren.

Der Umbruch durch den Zerfall Jugoslawiens. Explosiver religiöser Nationalismus

Die Schlacht auf dem Amselfeld vor 600 Jahren. Ein nationaler Mythos mit verheerenden Folgen

Das Jahr 1989 markierte einen jähen Umbruch, mit dem kaum jemand in einer solchen Dimension gerechnet hatte. Innerhalb weniger Monate lösten sich die Machtsysteme der kommunistischen Staaten in Osteuropa auf und es folgten Jahre einer unruhigen weltanschaulichen Neuorientierung.

Alarmsignale einer schweren Krise gingen zuallererst vom zerfallenden kommunistischen Staat Jugoslawien aus. Dort tobten in den 1990er Jahren verschiedene Kriege zwischen den Teilstaaten, und diese Kriege erinnerten in ihrem Erscheinungsbild an jenes des Zweiten Weltkriegs: zahlreiche zerbombte Städte, unübersehbare Flüchtlingsströme, Massenmorde selbst an der Zivilbevölkerung. Es waren Kriege, die unmittelbar vor den Grenzen westeuropäischer Staaten stattfanden und welche die Hoffnung zerrinnen ließen, dass es nach den monströsen Grausamkeiten des Zweiten Weltkriegs zumindest in Europa keine derartige Entwicklung mehr geben könne. Aber dies war erst der Anfang einer tiefgehenden Verunsicherung. Kaum jemand konnte sich in den 1990er Jahren vorstellen, dass drei Jahrzehnte später ein zweiter kriegerischer Konflikt weit über Europa hinaus eine noch viel stärkere Unruhe auslösen würde: der russische Angriffskrieg auf die Ukraine, der am 24. Februar 2022 begann. In Jugoslawien war die treibende politische Kraft zur Verschärfung bestehender Konflikte Slobodan Milošević gewesen, in Russland ist es Wladimir Putin. Beide Politiker glaubten, allein mit den Machtmitteln eines Krieges ließe sich eine von ihnen gewünschte weltanschauliche und politische Neuorientierung zustande bringen. Eine solche Entwicklung müsste also allen Andersdenkenden mit Waffengewalt aufgezwungen werden. Und beiden Politikern ist darüber hinaus gemeinsam, dass sie ihre Karriere als linientreue Kommunisten begannen, dann aber angesichts der labilen Strukturen ihrer Staaten zu fanatischen Nationalisten wurden. Beide Politiker wurden hierbei in ihren Zielsetzungen intensiv von religiös Gläubigen unterstützt, intensiv auch von kirchlichen Würdenträgern: Milošević von der serbisch-orthodoxen Kirche, Putin von der russisch-orthodoxen Kirche. Beide Politiker verloren zunehmend die Kontrolle über die von ihnen ausgelösten Aktionen.

Bleiben wir zunächst bei der Krise im zerfallenden kommunistischen Jugoslawien. Und bleiben wir bei Slobodan Milošević. Dieser serbische Politiker ist am 15. Juli 1989 erstmals ins Bewusstsein der Weltöffentlichkeit gerückt. Dies geschah neun Jahre nach dem Tod von Marschall Tito, der Jugoslawien zu einem kommunistischen Staat gemacht hat und von 1945 bis 1980 unangefochten als Diktator regierte.

Der 15. Juli ist für die Serben ein nationaler Gedenktag von besonderer Bedeutung. An diesem Tag hatte im Jahr 1389, also vor nahezu 600 Jahren, die Schlacht auf dem Amselfeld stattgefunden. Jedes serbische Schulkind kennt den Namen Amselfeld, serbisch: Kosovo Polje. Es handelt sich um eine 84 Kilometer lange Talsenke, von bewaldeten Bergen umsäumt. Größte Stadt dieser Talsenke, in der heute mehr als eine Million Menschen leben, ist Pristina, die Hauptstadt des Kosovo. Der Name Kosovo ist zugleich der Name für das Schlachtfeld wie für die ganze serbische Provinz, was zeigt, wie emotional aufgeladen für viele Serben die Erinnerung an die Schlacht ist. In dieser Schlacht des Jahres 1389 hatte das Heer der osmanischen Türken das Heer des Königreichs Serbien besiegt und damit die Voraussetzung geschaffen, große Teile des Balkan zu erobern. Es war eine Niederlage gewesen, aber in der historischen Erinnerung ist dieses Ereignis lebendig geblieben – mit dem Bedürfnis, sich aus der Oberhoheit der Muslime zu befreien und wieder in einem unabhängigen Staat der serbisch-orthodoxen Kultur zu leben. Ministerpräsident Milošević kam am 15. Juli 1989 auf das Gelände des Amselfelds, wo die Schlacht stattgefunden hat. Dies war exakt 600 Jahre nach dem denkwürdigen Gemetzel, bei dem sich tausende Menschen gegenseitig umgebracht haben. Milošević hatte mit Gespür für die ohnehin schon politisch aufgeheizte Stimmung exakt den 600. Jahrestag für eine Gedenkrede gewählt, um die Zuhörer zu mobilisieren. Er sprach über Lautsprecher zu einer Menschenmenge, die, so die Presseberichte, über eine Million angereister Serben zählte. Diese Rede kann als der ideologische Auftakt für die verheerenden Bürgerkriege gelten, die innerhalb weniger Jahre den Staatenbund Jugoslawien zertrümmerten.

Die politische Biographie von Milošević ist von starken Widersprüchen geprägt. Milošević wurde 1941 als Sohn eines serbisch-orthodoxen Geistlichen geboren, aber er neigte nicht zu einer religiös bestimmten Weltanschauung. Der Vater verließ die Familie, als Milošević fünf Jahre alt war, und beging 1962 Selbstmord. Der Sohn dagegen trat im Alter von 17 Jahren in die kommunistische Partei Jugoslawiens ein, schloss 1964 in Belgrad ein Studium der Rechtswissenschaften ab, war von 1978 bis 1983 Direktor einer Belgrader Bank, wurde 1984 Leiter der kommunistischen Partei Belgrads, 1986 Vorsitzender der kommunistischen Partei Serbiens, 1987 schließlich der kommunistische Ministerpräsident Serbiens. Zwei Jahre später hielt er seine Rede auf dem Schlachtfeld von Kosovo Polje, dem Amselfeld. Er kam offiziell als Kommunist, aber in deutlicher Distanz zu dem, was Tito unter einer kommunistischen Ideologie verstand. Tito hatte durch seine Staatsverfassung jede nationale Sonderentwicklung der jugoslawischen Teilstaaten abgelehnt. Milošević aber bekannte sich in seiner Rede gerade dazu. Tito hatte vor allem den lange schwelenden Konflikt zwischen den Teilstaat Serbien und seiner Provinz Kosovo dadurch abzuschwächen versucht, indem er für den Kosovo innerhalb Serbiens eine kulturelle Autonomie erzwungen hatte. Gerade diese Autonomie stellte Milošević nun in Frage. Mehr noch: Er hatte bewirkt, dass im März 1989 die serbische Verfassung entscheidend geändert wurde: Der Autonomie-Status der Provinz Kosovo wurde aufgehoben und war wieder völlig dem Diktat der serbischen Regierung in Belgrad untergeordnet.[59] Diese politische Botschaft präsentierte Milošević mit seiner Gedenkrede auf dem Amselfeld – zur Begeisterung vieler Serben, zum Schock für viele Einwohner des Kosovo.

Explosiv an diesem 1989 beginnenden Konflikt war: In nahezu allen serbischen Provinzen lebten Menschen, die entweder atheistisch kommunistisch waren oder sich als Christen zur serbisch-orthodoxen Kirche bekennen – nicht aber die Bewohner des Kosovo. Dort bildeten Albaner, die sich zum Islam bekannten, die Mehrheit. Die Albaner sind Muslime, seit die Türken im 14. Jahrhundert Serbien eroberten. Die Albanischen Christen haben damals die Religion gewechselt, weil sie von der islamischen Herrschaft weniger drückende Bedingungen erwarteten als vom christlich-serbischen Feudalsystem. Serbiens Ministerpräsident wies in seiner Gedenkrede zum 600. Geburtstag der Schlacht auf dem Amselfeld darauf hin, dass der Kosovo eigentlich serbisches Gebiet sei, die Albaner aber keine Serben seien, weder ethnisch noch religiös. Milošević setzte hier „serbisch" mit „serbisch-orthodox" gleich, obwohl er selber offiziell noch atheistischer Kommunist war. Es ist bis heute nicht geklärt, ob Milošević tatsächlich zum serbisch-orthodoxen Christentum konvertiert ist oder ob er das Christentum nur aus strategischem Kalkül für seine Zwecke benutzt hat. Eindeutig ist nur, dass er sich zu einem fanatischen serbischen Nationalisten wandelte. Eindeutig ist auch, dass er auf die Hilfe ranghoher kirchlicher Würdenträger und den Beifall der serbisch-orthodoxen Christen angewiesen war, um seine nationalistischen Ziele durchzusetzen. Milošević hatte sehr früh festgestellt, dass bei vielen Serben die Bindung an eine atheistisch kommunistische Ideologie sehr vage war und sie sich mehr oder weniger immer noch an ihre Kirche gebunden fühlten – was auch für die Bewohner in anderen Teilstaaten Jugoslawiens zutraf, ob sie nun orthodox oder katholisch sind.

Für die Situation der serbischen Provinz Kosovo war und ist folgender Tatbestand besonders brisant: Zahlreiche Serben betrachten gerade den Kosovo als das Ursprungsland ihrer Kultur und damit auch als das „Herzstück" ihrer Religion. Das Gebiet des Kosovo war im Mittelalter kulturell und politisch das Zentrum eines serbischen Königreichs gewesen. Wenn heute bei Serben von „Altserbien" anstelle von Kosovo die Rede ist, dann wird dadurch ein Besitzanspruch zum Ausdruck gebracht, so schreibt der Journalist Volker Wagener in einem Online-Kommentar. Die Bedeutung des serbisch-mittelalterlichen Reichs werde durch ein einziges Datum überhöht, den 28. Juli 1389, der Schlacht auf dem Amselfeld. Obwohl nur durch Legenden und Sagen gespeist, werde von Serben der Kosovo als „serbisches Jerusalem" stilisiert, und dieses Verhalten diene seither als zentrales Element ihrer Nationalideologie. Der Kosovo-Kult habe sich umso mehr gesteigert, als sich das serbische Siedlungsgebiet in der frühen Neuzeit weg vom Kosovo, dem Kernland, nach Norden verlagert habe. Im Jahr 1878 sei zwar ein Großteil Serbiens durch den Druck westlicher Großmächte von türkischer Herrschaft befreit worden, aber der Kosovo sei weiter türkisch geblieben. Erst im Balkankrieg 1912 habe es den Serben gelingen können, den Kosovo zu erobern und nach 500 Jahren wieder unter serbische Kontrolle zu bringen. Im Jugoslawien der Tito-Ära sei der Kosovo-Mythos offiziell tabu gewesen. Aber parallel dazu habe es im Teilstaat Serbien schon Versuche gegeben, den Kosovo zu „serbisieren".[60]

In welchem Maß der Konflikt aufgeladen ist, zeigt sich auch darin, wie die Serben mit dem historischen Gedenken an den serbischen Führer der Schlacht auf dem Amselfeld umgehen. Der Fürst Lazar (Lazarus), der in der Schlacht das Heer anführte und im Kampf starb, wurde von der serbisch-orthodoxen Kirche heiliggesprochen. Seine Gebeine wurden im Laufe der Jahrhunderte in verschiedenen Klöstern aufbewahrt und fanden 1988, ein Jahr vor der Gedenkrede von Ministerpräsident Milošević, die letzte Ruhestätte im traditionsreichen, seit dem 13. Jahrhundert bestehenden Kloster Garania, nahe dem Ort, auf dem der Fürst 1389 in der Schlacht gefallen war. Jedes Jahr am 15. Juni, dem Datum der Schlacht, ist die Halle mit dem Sarkophag für die Öffentlichkeit zugänglich.[61] Ähnlich religiös verehrt wird Miloš Obilić, jener serbische Ritter, der den Osmanen-Sultan Murad am Tag der Schlacht tötete. Er ist zwar nicht heiliggesprochen worden, aber sein Fresko findet sich seit Ende des 17. Jahrhunderts im serbisch-orthodoxen Kloster Hilandar auf dem Berg Athos.[62] Die serbisch-orthodoxe Kirche hat viele Jahrhunderte wesentlich dazu beigetragen, diese beiden serbischen Nationalhelden in religiöse Zusammenhänge zu rücken. Denn auf diese Weise konnte unter muslimischer Fremdherrschaft das serbische Erbe umso intensiver bewahrt werden. Und dies ist auch ein Grund dafür, dass der Politiker Milošević dringend die Kirche als Bündnispartner für seine Ziele benötigte.

Die Gedenkrede von Milošević auf dem Amselfeld am 15. Juli 1989 muss man aber in größerem Zusammenhang sehen. In jenem Jahr 1989 war nicht nur das kommunistische Jugoslawien durch starke Umbrüche erschüttert worden, sondern das ganze kommunistische Osteuropa. Überall waren die bisherigen Machtstrukturen einer starken Zerreißprobe ausgesetzt, überall deutete sich mehr oder weniger ein Zusammenbruch des bisherigen Systems an. Milošević profitierte von dieser Situation eines internationalen Umbruchs und konnte es im politisch stark geschwächten Jugoslawien wagen, eigene nationalistische Ziele mehr als bisher durchzusetzen. Aber sein Problem war: Im multi-kulturellen und multi-religiösen Jugoslawien dachten unter den führenden Politikern nicht nur er und viele Serben kompromisslos aus einer national-religiösen Perspektive heraus, sondern ähnlich auch Politiker in anderen Teilstaaten, wo nicht das serbisch-orthodoxe Bekenntnis dominierte, sondern das katholische oder islamische.

Als die kommunistische Diktatur 1989 in Jugoslawien zusammenbrach und durch eine (wenn auch labile) Demokratie ein Mehrparteiensystem entstand, wurde Milošević demokratisch zum Ministerpräsidenten Serbiens gewählt. Aber im Teilstaat Kroatien, mehrheitlich von Katholiken bewohnt, kam der Katholik Franjo Tuđman demokratisch an die Macht. Und im Freistaat Bosnien-Herzegowina mit einer Mehrheit von Muslimen gewann der Muslim Alija Izetbegović die Wahlen. Diese beiden Politiker, Führer von strikt antikommunistischen Parteien, wurden zu den gefährlichsten Rivalen Miloševićs. Aus sehr unterschiedlichen politischen Zielsetzungen entwickelte sich 1991 schließlich der erste jugoslawische Bürgerkrieg.

Franjo Tuđman trat als erster der beiden Gegner von Milošević auffällig in Erscheinung. Der katholische Kroate, 1922 geboren, war allerdings im Zweiten Weltkrieg ein Tito-Partisan und später im kommunistischen Jugoslawien ein General der Volksarmee. Aber als er 1960 die Regierung Tito kritisierte, verbrachte er etliche Jahre im Gefängnis und lebte anschließend politisch entmachtet in Kroatien. Dort gründete er 1989 die antikommunistische Partei „Kroatische Union" und wurde ihr Führer. Am 25. Juni 1991 erklärte er als demokratisch gewählter Präsident die staatliche Unabhängigkeit Kroatiens, am selben Tag folgte ihm der benachbarte, ebenfalls katholisch dominierte Teilstaat Slowenien. Beide Staaten sahen sich bedroht durch die aggressive Politik, mit der Milošević gegen den Kosovo vorging. Sie wollten aus einem Staatenbund austreten, in dem die Serben politisch die Führung anstrebten. Hierbei kam wieder das religiöse Misstrauen zum Tragen, das zwischen den katholischen und serbisch-orthodoxen Einwohnern Jugoslawiens nach wie vor herrschte. Milošević drohte mit Krieg, falls die beiden katholisch geprägten Staaten unabhängig werden wollten, und der Krieg begann, als Slowenien und Kroatien ihre Ankündigung wahr machten.

Am 15. Oktober 1991 erklärte auch der multireligiöse Staat Bosnien-Herzegowina seine Unabhängigkeit mit ähnlichen Bedenken gegen eine Dominanz der Serben. Damit weitete sich der bisherige Krieg zusätzlich zu einem äußerst blutigen Bosnien-Herzegowina-Krieg aus. In diesem Zusammenhang trat als weiterer führender Rivale der Muslim Alija Izetbegović auf. Izetbegović, 1925 in Bosnien geboren, war als Politiker seines Heimatstaates Jahre zuvor ebenfalls schon in Konflikt mit der Regierung Tito geraten. Er hatte 1980 ein Buch mit dem Titel *Islamisierung der Muslime* veröffentlicht, in dem er forderte, in Bosnien-Herzegowina müsste die kommunistisch verordnete Trennung von Staat und Religion aufgehoben werden. Die Regierung müsste „islamisch" sein, denn die Mehrheit der Bevölkerung sei islamisch. Das Buch wurde sofort verboten, und nach langem Hin und Her wurde der Autor 1984 zu 14 Jahren Gefängnis verurteilt. Izetbegović wurde aber schon 1988 wieder freigelassen, weil die kommunistische Regierung ihn als Vermittler zwischen den verfeindeten orthodoxen Serben und den muslimischen Albanern im Kosovo benötigte.[63] Zwei Jahre später, 1990, wurde Izetbegović durch Wahlen im krisengeschüttelten Bosnien-Herzegowina Präsident.

Der nun beginnende Krieg, in dem Serbisch-Orthodoxe, Katholiken und Muslime gegeneinander kämpften, dauerte bis 1995. Aber es war nicht der letzte Krieg.

Die schwer lösbaren Konflikte. Weit zurückliegende Ursachen

Über viele Jahrhunderte war es den meisten Völkern des Balkan nicht vergönnt gewesen, sich selbst zu regieren. Sie lebten in Provinzen, in denen fremde Großmächte die Herrschaft ausübten. Zuletzt waren es die Türken. Ein erstes Anzeichen für Veränderung gab es 1829. Damals konnten die Griechen im Kampf gegen die Türken einen Teil des griechischen besiedelten Gebiets zu einem eigenen Staat machen. Dies geschah mit Hilfe westlicher Großmächte, vor allem England und Frankreich. Aber den Westeuropäern ging es nicht in erster Linie darum, dass ein Volk des Balkan einen eigenen Staat bekam. Ihr vorrangiges Interesse war, die Großmacht der Osmanen zu schwächen – und selber maßgebenden Einfluss auf den Balkan zu gewinnen. Damit ergaben sich Ursachen für weitere Konflikte, die nur schwer zu lösen waren.

Dies zeigte sich besonders auffällig in den 1870er Jahren. Nun war eine dritte Großmacht hinzugekommen, die anstelle eines politisch ohnehin schon geschwächten Osmanischen Reiches maßgeblichen Einfluss auf den Balkan ausüben wollte: das Russische Reich.

Die Zaren waren von der Ideologie des Panslawismus bestimmt (siehe auch den Abschnitt *Moskau und Sankt Petersburg),* entsprechend strebten sie danach, alle slawisch sprechenden Völker des Balkan unter russischer Führung zu vereinen. Die Situation erschien günstig, als in den 1870er Jahren immer mehr Aufstände im Balkan gegen die türkische Fremdherrschaft ausbrachen. 1877 erklärte Russland den Türken wieder den Krieg mit der Begründung, die unterdrückten Völker aus der Knechtschaft zu befreien. Die russischen Truppen drangen bis Istanbul vor. Aber einen derartigen Erfolg wollten die westlichen Großmächte auch diesmal nicht dulden. Es ergab sich eine ähnliche Situation wie im Krimkrieg 1853 bis 1856. Diesmal erhoben England, Frankreich und das österreichisch-habsburgische Kaiserreich Einspruch und drohten mit einem Krieg größeren Ausmaßes. Der deutsche Reichskanzler Otto von Bismarck griff vermittelnd ein. So kam es 1878 auf dem Berliner Kongress zu einer Neuordnung des Balkan: Rumänien, Serbien und Montenegro wurden selbstständige Staaten, Bulgarien erlangte halbwegs Autonomie, blieb aber dem Osmanischen Reich tributpflichtig; Russland bekam verstärkten Einfluss auf die Ostküste des Balkan; Österreich erhielt die Provinz Bosnien-Herzegowina.

Wieder war eine Veränderung zustandegekommen, die in erster Linie fremde Großmächte im Kampf um eigenen Einfluss bestimmten. Für die folgenden Jahrzehnte bahnten sich besonders in jenem Raum neue Konflikte an, den man später als „Jugoslawien" bezeichnete. Dieser Raum war durch zwei Einflusssphären gespalten: auf der einen Seite das österreichische Kaiserreich, auf der anderen Seite das russische Zarenreich. Die Zaren knüpften eine enge Beziehung zu dem unabhängig gewordenen Staat Serbien, in dem die meisten Einwohner ebenso wie die Russen christlich-orthodox waren. Die Russen unterstützen nun die Serben bei dem Ziel, alle orthodox glaubenden Slawen ihrer Herrschaft zu unterwerfen. Dies galt vor allem in Hinblick auf die Einwohner der österreichisch besetzten Provinz Bosnien-Herzegowina und ihrer Hauptstadt Sarajevo. Die Situation war entsprechend explosiv. Nicht nur in Serbien entstanden extrem nationalistische Bewegungen, sondern auch in Bosnien-Herzegowina. Dort lebende Serben gründeten 1911 in der Stadt Mostar eine Vereinigung unter dem Namen „Mlada Bosna", „Junges Bosnien". Sie wollten sich von der habsburgischen Herrschaft befreien und strebten eine Vereinigung mit dem Königreich Serbien an. Aus dieser Gruppe kam Gavrilo Princip, der 1914 in Sarajevo den habsburgischen Thronfolger Franz Ferdinand ermordete und den Anlass für den Ersten Weltkrieg bot. Die Gruppe Mlada Bosna war extrem nationalistisch und schreckte vor Terrorakten nicht zurück, um ihr Ziel zu erreichen (was das Attentat auf den österreichischen Thronfolger in Sarajevo klar zeigte). Aber sie war zugleich auch extrem antiklerikal. Für die Mitglieder der Mlada Bosna schien es unvorstellbar, sich mit der serbisch-orthodoxen Kirche zu verbünden, weil ihnen kirchliche Praxis als „reaktionär" erschien. Damit unterschieden sie sich von jenen Nationalisten, die religiös orientiert waren. Und ein religiös orientierter Nationalismus sollte in den Jahren nach dem Ersten Weltkrieg den stärksten Zulauf bekommen. Dies galt nicht nur für Serben mit orthodoxer Konfession, sondern ebenso für Kroaten mit katholischer Konfession. Aber diese Verbindung von Politik und Religion war nicht neu, im Gegenteil, sie beruhte auf einer Tradition, die von vornherein einen viel stärkeren Rückhalt bei der Bevölkerung hatte als jede säkulare Ideologie.

Nach dem Ende des Ersten Weltkriegs kamen auch bosnische und kroatische Nationalisten ihrem Ziel einen Schritt näher, ihre Unabhängigkeit zu erkämpfen. Auch ihre Provinzen oder nominellen Teilstaaten waren 1918 von der Fremdherrschaft befreit. Aber inwieweit konnten sich daraus unabhängige Staaten entwickeln? Viele Nationalisten waren im Bewusstsein ihrer politischen Schwäche bereit, ihre Machtbereiche mit Serbien und anderen Provinzen orthodoxer Religion zu einem Bund gleichberechtigter Staaten zusammenzuschließen. Für diesen Staatenbund entstand ein Name, der bis in das Jahr 1991 Gültigkeit hatte: Jugoslawien. Wörtlich übersetzt bedeutet der Name „Südslawien". Gemeint ist damit die Abgrenzung zu slawischen Völkern im Norden: den Tschechen, Slowaken und Polen. 1929 wurde der Name Jugoslawien von dem nun entstandenen Königreich übernommen.

In den 1930er Jahren gewannen aber, wie schon angedeutet, neben den säkular und antiklerikal gesinnten Nationalisten immer mehr die religiös gesinnten Nationalisten die dominierende Stärke. Dabei schoben sich zwei konträre Bewegungen in den Vordergrund: auf der einen Seite Serben mit starker Bindung an die serbisch-orthodoxe Kirche, auf der anderen Seite Kroaten mit intensiver Bindung an die katholische Kirche. Sie grenzten sich entschieden, ja feindselig gegeneinander ab. Einen beklemmenden Ruhm erreichte in diesem Zusammenhang auf Seiten der Kroaten der Geheimbund Ustascha, „Aufständische". Er war 1930 im weitgehend katholischen Bundesstaat Kroatien gegründet worden. Sein erklärtes Ziel war: Kroatien sollte sich aus dem Staatenbund Jugoslawien lösen und unabhängig werden. Die Anhänger der Ustascha vertraten besonders radikal, was viele Kroaten mehr oder weniger deutlich wünschten. Sie wollten nicht in einem Königreich leben, in dem Völker mit verschiedener Kultur und vor allem mit verschiedenen Religionen leben. Ihnen war es wichtig, sich gegen alle Slawen mit orthodoxer Konfession abzugrenzen, sie wollten in einem strikt katholischen Staat leben. Sie äußerten die Befürchtung, dass das Königreich Serbien als der mächtigste Staat zunächst alle anderen Bundesstaaten orthodoxer Konfession bedingungslos seiner Herrschaft unterwerfen wolle, letztendlich aber auch den Katholizismus in Kroatien massiv bekämpfen würde.

In einer solchen Abgrenzung zeigte sich bei den Katholiken das nie erloschene Misstrauen gegen die orthodox gläubigen Christen als der „ketzerischen" Konfession, die sich im 11. Jahrhundert von der einzig wahren katholischen Kirche abgespalten hatte. Und dieses Misstrauen beantworteten die Anhänger der orthodoxen Konfession mit derselben Schärfe, allen voran die Serben. Es kam zu immer stärkeren Spannungen. Die Spannungen entluden sich in zahlreichen Gewalttaten während des Zweiten Weltkriegs. Als Hitlers Truppen in Jugoslawien einmarschierten, verbündeten sich

Bataillone der Ustascha mit den deutschen Faschisten und begingen in den Jahren 1941 bis 1945 Massenmorde an Serben, Juden und Roma. Die Ustascha hat sich spätestens in diesen Jahren zu einer faschistischen Bewegung entwickelt, mit der viele katholische Geistliche bis hin zu höchsten Würdenträgern sympathisierten. Ja, nationalistisch eingestellte Kleriker arbeiteten teilweise eng mit der Ustascha zusammen, und nur wenige Geistliche protestierten gegen die offensichtlich begangenen Verbrechen.[64] Weil der katholische Klerus zudem teilweise aktiv an Aufbau, Organisation und Führung der faschistischen Ustascha beteiligt war, wird die Ustascha-Diktatur dem Klerikal-Faschismus zugeordnet.[65] Zwar wurde 1945 die Macht der Ustascha durch die Niederlage im Zweiten Weltkrieg gebrochen, aber im Jahr 1991, als Jugoslawien zerfiel, erlebte die klerikal-faschistische Bewegung eine Renaissance. Und die Ustascha fand eine Gegenreaktion im ebenso unerbittlichen politisch-religiösen Hass der orthodoxen Serben unter Slobodan Milošević und Radovan Karadžić. Und eine solche Konstellation ließ ahnen, wie erbittert und wie fanatisch ein Bürgerkrieg werden könnte – falls ein Krieg jemals ausbrechen würde.

Sarajevo, das „Jerusalem des Balkan". Eine trügerische Harmonie im noch kommunistischen Jugoslawien

In den 1970er Jahren äußerte noch kaum jemand die Prognose, dass in Jugoslawien die untergründigen Spannungen zu einem oder gar mehreren Bürgerkriegen mit fatalen Konsequenzen führen könnten. So kam auch ich zu falschen Schlussfolgerungen, als ich mit meiner Frau 1975 Jugoslawien bereiste. Das war fünf Jahre bevor Marschall Tito starb. Der Politiker Josip Broz, der während des Zweiten Weltkriegs im Kampf gegen den Hitler-Faschismus den Decknamen Tito angenommen hatte, vermochte es, unter seiner Diktatur von 1945 bis 1980 die Konflikte vorübergehend einzudämmen.

Wie ein Eindruck von relativ gutem Zusammenleben im damaligen Jugoslawien entstehen konnte, möchte ich am Beispiel von Sarajevo, der Hauptstadt von Bosnien-Herzegowina, schildern. Diese Stadt hat mich besonders beeindruckt, weil sich dort mehr als in vielen anderen Städten des Balkan eine kulturelle und auch religiöse Vielfalt spiegelte – stabil seit vielen Jahrhunderten und auch lebendig unter kommunistischer Herrschaft. In der historisch geprägten Altstadt mit ihren verwinkelten Gassen waren noch sehr viele Gebäude aus türkisch-osmanischer Zeit erhalten, ebenso in den Wohnvierteln an den waldigen Hängen, dazu Häuser aus der Zeit der österreichischen Herrschaft des 19. Jahrhunderts. Vor allem aber der Kontrast der unterschiedlichen Glaubensgemeinschaften. Eine Kathedrale der orthodoxen Christen stand nur wenige Meter von einer Kirche der Katholiken entfernt. Es waren nur wenige weitere Meter, bis man auf eine Moschee traf, und noch einige Schritte, um eine Synagoge zu erreichen. Ein derartiges religiöses Nebeneinander, das mit einem Blick erfasst werden kann, ist in unserer Wahrnehmung am ehesten zutreffend für Jerusalem. Es passte aber ebenso zu Sarajevo. Es ist daher nur folgerichtig, dass Sarajevo schon vor Jahrhunderten den Beinamen „Jerusalem des Balkan" bekommen hat.

Wie ist es zu dem ehrenwerten Beinamen „Jerusalem des Balkan" gekommen? Die Stadt war 1463 von den Türken erobert und Ende des 15. Jahrhunderts zur Hauptstadt der Provinz gemacht worden. Ihr osmanischer Name leitet sich von dem türkischen Wort *saraj*, „Palast", ab. Die Hauptstadt wurde aber nicht nur durch ihre zahlreichen Moscheen, Koranschulen und islamischen Akademien zu einem geistigen Zentrum islamischer Kultur. Dort blieben auch unter osmanischer Herrschaft sakrale Bauten anderer Religionen, so des orthodoxen wie des katholischen Christentums ebenso wie des Judentums erhalten. Die Türken folgten hier einer Gepflogenheit, wie sie muslimische Eroberer überall pflegten, wo sie auf eine reiche Kultur anderer monotheistischer Religionen trafen: Die sakralen Bauten wurden geschätzt als Kultur einer geistesverwandten, wenn auch hierarchisch untergeordneten Religion. So befand sich im Zentrum von Sarajevo neben dem Amtssitz des Großmufti, eines höchsten geistigen Würdenträgers sunnitischer Muslime, der Amtssitz des Metropoliten der serbisch-orthodoxen Kirche sowie des Erzbischofs der katholischen Kirche. An dieser Situation änderte sich auch nichts grundsätzlich, als Sarajevo 1878 an das österreichische Habsburg kam. Die neuen Machthaber beuteten das Land zwar ebenso rücksichtslos aus wie der türkische Machthaber in den letzten Jahrzehnten seiner Herrschaft, aber sie respektierten das bisher sorgfältig ausbalancierte Gleichgewicht der Religionen. Dies gebot der politische Verstand. An dieser Situation änderten auch die kommunistischen Machthaber seit 1945 nichts grundlegend, weil es dem friedlichen Zusammenleben geschadet hätte.

1975 galt Sarajevo meine Neugier nicht in erster Linie wegen der serbisch-orthodoxen Religion, sondern wegen der multireligiösen Atmosphäre insgesamt. Denn nirgendwo im damaligen Staatenbund Jugoslawien lebten orthodoxe und katholische Christen mit Muslimen derart zahlreich auf engstem Raum zusammen. Meine Frau und ich wohnten bei einer muslimischen Familie in der Altstadt von Sarajevo. Wir übernachteten im Wohnzimmer, wo das Sofa zu einem Bett umfunktioniert war. Über dem Sofa prangte ein Wandbehang, auf dem die heilige Kaaba von Mekka abgebildet war. Der Blick aus dem Fenster ging auf das Minarett einer Moschee, wo der Muezzin fünf Mal am Tag zum Gebet rief, dies ohne Lautsprecher, was schon in den 1970er Jahren in einem islamischen Land eine Seltenheit war. Ein solcher Eindruck erschien mir als Anzeichen dafür, dass der Islam in einem kommunistischen Staat nicht allzu auffällig an die Öffentlichkeit treten durfte. Aber auffällig bekannte sich die Familie zum Islam. Dies zeigt sich nicht nur an dem Wandbehang, sondern auch daran, dass der Familienvater jedes Mal einen Fez aufsetzte, wenn er das Haus verließ, und sich damit für jeden Passanten als Muslim eindeutig zu erkennen gab.

Die kommunistische Republik Jugoslawien erschien mit ihren Einwohnern so multireligiös, wie dies zuvor das antikommunistische Königreich Jugoslawien gewesen war. Allerdings besaßen unter der Herrschaft Titos die einzelnen Religionen nicht mehr denselben Verbreitungsgrad wie zuvor. Nach einer Volkszählung von 1953 – also nach sieben Jahren kommunistischer Herrschaft – gaben rund 41 Prozent der Einwohner Jugoslawiens an, orthodoxe Christen zu sein (die meisten in Serbien, Montenegro und Mazedonien), rund 42 Prozent Katholiken (die meisten in Kroatien und Slowenien), rund 12 Prozent Muslime (die meisten in Bosnien-Herzegowina und im Kosovo). Rund 12 Prozent deklarierten sich als Atheisten.[66] Aber Anfang der 1980er Jahre belegten religionssoziologische Studien, dass nur noch die Hälfte der Bevölkerung Jugoslawiens an Gott glaubte und regelmäßig religiöse Praktiken ausübe.[67]

Aufschlussreich in diesem Zusammenhang ist eine Erklärung, wie sie der bosnische Muslim und Koranwissenschaftler Smail Balić 1987 über jugoslawische Muslime schrieb: „Die Mischehen kommen im verstärkten Maß vor. Der Alkoholgenuss hat in dem muslimischen Haus Eingang gefunden. Die Führung der Religionsgemeinschaft hat vor allem deshalb Grund, um die Zukunft zu bangen, weil die religiöse Unterweisung der Jugend nur in einem sehr unzureichenden Umfang und bei geringer Beteiligung der Schüler gewährleistet werden kann. […] Heute sind die Muslime im öffentlichen Leben überwiegend durch Atheisten vertreten. Der Name *Muslim,* der durch seine Verlagerung auf das rein weltliche, nationalpolitische Gebiet auch von Atheisten geführt werden kann, hat seine eigentliche Bedeutung verloren, und wirkt vielfach verwirrend."[68] Genau diese Entwicklung war aber ganz im Sinn der kommunistischen Regierung Tito, und eine solche Politik sollte das Christentum in seiner Substanz erheblich schwächen. Dies hieß: Religionen weitgehend zu dulden, solange sie nicht den Machterhalt der kommunistischen Partei gefährdeten, aber es sei ohnehin mit einem natürlichen Absterben der Glaubensinhalte durch eine fortschrittliche Sozialpolitik zu rechnen. Die kommunistische Diktatur von Tito ging mit Religionen trotzdem wesentlich toleranter um als viele andere Kommunistische Regierungen in Süd- und Osteuropa.

1980 starb Tito. Damit ging die charismatische Führungsgestalt verloren, die das an sozialen und kulturellen Krisen leidende Jugoslawien zusammenhalten konnte. Es dauerte nur noch 11 Jahre, bis die Republik Jugoslawien an ihren Widersprüchen zerbrach und die einzelnen Bundesstaaten sich in mörderischen Bürgerkriegen gegenseitig bekämpften. Durch diese Umwälzung sollte sich auch die Situation in Sarajevo nachhaltig ändern.

Erster religiös-politischer Bürgerkrieg. Schwerpunkt Bosnien-Herzegowina

Es würde zu weit führen, im Detail auf den Verlauf der Bürgerkriege einzugehen, die 1991 begannen und in wechselnden Konfrontationen fast ein Jahrzehnt dauerten. Im ersten dieser Bürgerkriege kämpfte Serbien gegen Kroatien, Slowenien und Bosnien-Herzegowina. Aber es war kein Zufall, dass der hauptsächliche Schauplatz dieser Kämpfe Bosnien-Herzegowina war, denn dies war der einzige Teilstaat, in dem orthodox Gläubige und Katholiken sowie Muslime in großer Zahl zusammen (oder in unmittelbarer Nachbarschaft) lebten. Es genügt allerdings, spezifische Merkmale hervorzuheben, woran sich zeigt, dass sich bei allen kämpfenden Parteien extrem nationalistische und extrem religiöse Positionen vermischten – und dass sich alle Parteien äußerst fanatisch zu immer größeren Grausamkeiten im Namen einer homogenen Nation und einer alleingültigen Religion anstacheln ließen.

Der katholische Theologe Stefan Kube beschreibt 2005 präzis analytisch in der Zeitschrift *OST-WEST. Europäische Perspektiven,* dass während der Kriege das Religiöse immer stärker betont worden sei. Es sei nicht nur zu häufigen und gemeinsamen Auftritten von politischen und religiösen Repräsentanten gekommen, sondern es hätte auch religiöse Symbolik augenfällig das äußere Erscheinungsbild bestimmt. „Christliche Soldaten trugen an ihren Uniformen die Embleme von Kreuzen und Rosenkränzen, während sich muslimische Soldaten grüne Stirnbänder mit arabischen Inschriften um den Kopf banden. [...] [D]er Gebrauch dieser Symbole [diente] vor allem dem psychologischen Zweck, den Einsatz des eigenen Lebens für die nationale bzw. religiöse Gemeinschaft durch Verweise auf jenseitige Belohnung erträglicher zu gestalten."[69]

Die extremste Konsequenz eines derart religiös aufgeladenen Nationalismus bildet zweifellos das Massaker von Srebrenica. Das Massaker hatte nach drei Jahren Bürgerkrieg am 11. Juli 1995 begonnen und erst acht Tage später, am 19. Juli, geendet. Srebrenica ist eine Kleinstadt in Ostbosnien nahe der Grenzen zu Serbien. Ihr Gemeindekreis hatte 1991, so die damalige Volkszählung, 36 000 Einwohner gezählt, davon 64 Prozent muslimische Bosniaken und 28 Prozent orthodoxe Serben. Der Bezirk wurde seit Beginn des Bosnienkrieges heftig umkämpft, 1992 für kurze Zeit von den Serben erobert, dann von den Bosniern wieder zurückgewonnen, bis am 11. Juli 1995 die serbische Armee unter Führung des Generals Ratko Mladić endgültig in die Stadt einmarschieren konnte. Noch am selben Tag begannen die serbischen Soldaten die muslimischen Männer von den Frauen und Kindern zu trennen, in gesonderten Gruppen abzutransportieren und in nahegelegenen Wäldern zu erschießen. Die Massenhinrichtung dauerte nahezu eine Woche; ermordet wurden 8000 Muslime im Alter von 13 bis 78 Jahren. Das Massaker gilt als das schwerste Kriegsverbrechen in Europa seit 1945.

Verantwortlich für den Massenmord waren einerseits General Ratko Mladić als der „Mann fürs Grobe", andererseits Radovan Karadžić, der Präsident des überwiegend serbisch besiedelten Teils von Bosnien-Herzegowina. Karadžić, ursprünglich Arzt, literarisch interessiert und Gedichte schreibend, hatte das Massaker angeordnet. Beide, der General und der Präsident, handelten in dem Bewusstsein, aus religiös-politischer Notwendigkeit heraus solche Maßnahmen durchführen zu müssen. Ihre offizielle Begründung lautete später, sie hätten ihre eigene Religion und Gesellschaftsordnung gegen fundamentalistische Muslime schützen müssen, die einen islamischen Gottesstaat errichten wollten. Ein solches Argument hatte allerdings wenig mit der Wirklichkeit zu tun, denn unter den Glaubensgemeinschaften Jugoslawiens waren die bosnischen Muslime diejenigen, die wegen ihrer militärischen Schwäche am ehesten dazu neigten, kompromissbereit mit Andersgläubigen zu leben.

Die beiden Hauptverantwortlichen für dieses Verbrechen zeigten auch dann keinerlei Reue, als sie nach dem verlorenen Krieg in den 2010er Jahren im Prozess des Internationalen Gerichtshofs von Den Haag als Kriegsverbrecher zu lebenslanger Haft verurteilt wurden. Radovan Karadžić hat sich sogar noch am 28. Juli 2008 in seiner Gefängniszelle von dem ranghöchsten Bischof Montenegros die heilige Kommunion geben lassen. Und er hatte, so der Bericht der serbisch-orthodoxen Kirche, in der Beichte betont: Er habe sein persönliches und professionelles Leben nahezu 30 Jahre lang nach den „Geboten von Jesus Christus" geführt.[70] Dies sagte jener Politiker, der nicht nur für die Massaker in Srebrenica hauptverantwortlich war, sondern ebenso für die Belagerung von Sarajevo durch serbische Truppen, wobei mehr als 10 000 Zivilisten unter dem Beschuss der Artillerie starben.

Das Massaker von Srebrenica hat in vielen Teilen der Welt einen Schock ausgelöst – allerdings nicht in jenen Staaten, die den Serben durch dieselbe orthodoxe Konfession verbunden sind. In gleicher Weise, was nur wenig zu überraschen vermag, trifft dies auch auf Russland zu, das sich schon zur Zeit der Zaren als Schutzmacht aller orthodox gläubigen Balkanländer verstanden hat. Die russische Regierung sowie die russisch-orthodoxe Kirche weigerten sich von Anfang an, die Ereignisse als „Kriegsverbrechen" zu bezeichnen. Ihres Erachtens seien die Zahlenangaben der Toten von westlichen Medien stark übertrieben. Als Wladimir Putin im engen Bündnis mit der Kirche regierte, hatte er immer wieder betont, dass die Serben ihren Glauben und ihre Kultur gegen einen radikalen Islam hätten verteidigen müssen. Und so überraschte es nicht, dass die russische Regierung unter Putin 2015 eine Resolution des Sicherheitsrates der Vereinten Nationen blockierte, das Massaker von Srebrenica als „Völkermord" zu bezeichnen.[71]

Überraschen muss aber, dass das demokratisch regierte und westlich ausgerichtete Griechenland nicht viel anders als Russland reagierte. Mehr noch: Die Verflechtung Griechenlands mit dem Massaker ist sogar intensiv. Als die Stadt Srebrenica am 11. Juli 1995 von serbischen Truppen erobert wurde, befand sich in ihrem Gefolge eine eigene Abteilung griechischer Söldner, sogenannte „Freiwillige" im Kampf gegen einen radikalen Islam. Die griechischen Söldner forderten, es müsse nach dem siegreichen Einmarsch die griechische Flagge neben der serbischen gehisst werden. Ihr Wunsch wurde erfüllt. Aber mehr noch: Über dieses Ereignis wurde von der Athener Tageszeitung *Ethos* mit folgendem Kommentar berichtet: Dass in Srebrenica die griechische und serbische Flagge Seite an Seite gehisst worden seien, gelte als ein Beweis „der Liebe und der Solidarität der beiden Völker und der Dankbarkeit, die die serbischen Soldaten für die griechischen Freiwilligen empfinden, die an ihrer Seite kämpften." Eine solche Art der Berichterstattung über das größte Kriegsverbrechen auf europäischem Boden seit 1945 sei in Griechenland jedoch nicht eine Ausnahme, sondern die Regel gewesen, so urteilte der Journalist Michael Mertens als Korrespondent aus Athen.[72]

Aber orthodoxe Serben und katholische Kroaten waren keineswegs gegen „radikale" Muslime in einer gemeinsamen Front vereint. Im Gegenteil. Im zerfallenden Staatenbund Jugoslawien bekämpften sich orthodoxe und katholische Christen ebenso fanatisch, wie dies Katholiken und Protestanten drei Jahrhunderte früher im Dreißigjährigen Krieg getan hatten. Ein besonders verhängnisvolles Signal sandte 1991 auf katholischer Seite der kroatische Präsident Franjo Tuđman aus: Er lobte mehrmals in Reden die Ustascha-Bewegung, die, 1930 gegründet, eine klerikal-faschistische Ideologie entwickelt und im Zweiten Weltkrieg zahlreiche organisierte Massenmorde an Serben mit orthodoxer Konfession begangen hatte. Franjo Tuđman lobte ihre „Vaterlandsliebe" und förderte ihre neue Aktivität auch im jetzigen Krieg.[73]

Allerdings wurden auch die Truppen der muslimischen Bosnia-ken immer radikaler. Die Ursachen waren nicht nur traumatische Ereignisse wie jene des Massakers von Srebrenica. Hinzu kam, dass Muslime aus dem Nahen Osten und Nordafrika nach Bosnien-Herzegowina strömten. Sie gliederten sich in die Armee muslimischer Bosniaken ein, um als „Glaubenskämpfer" den bedrängten „Brüdern" im Kampf gegen die „Ungläubigen" zu helfen. Es waren Muslime vorwiegend aus Staaten mit hoher Arbeitslosigkeit, wo sich viele der Einwohner sozial ausgegrenzt und von der Regierung im Stich gelassen fühlten. Nicht wenige von ihnen verfügten bereits über ausreichende Kriegserfahrung, denn sie hatten in islamischen Terrororganisationen wie der al-Qaida gegen „Ungläubige" in Afghanistan, im Irak und Libanon gekämpft. Viele von ihnen hatten eine neue Aufgabe darin gefunden, als Dschihadisten, Kämpfer des Heiligen Krieges, notfalls zu sterben, was ihnen sinnvoller erschien, als im Heimatstaat sozial nutzlos zu leben. Denn jeder Gefallene in einem solchen Krieg gelangte, so war ihre Überzeugung, sofort ins Paradies. Die Muslime in Bosnien-Herzegowina bekamen durch den Fanatismus und die Todesbereitschaft solcher Kämpfer eine wertvolle Hilfe. Allerdings hatte ein solches Bündnis einen hohen Preis. Diese muslimischen „Glaubenskämpfer" brachten großteils den fanatischen wahhabitischen Islam mit, wie er in Saudi-Arabien heimisch ist und von vielen Ideologen islamistischer Terrororganisationen übernommen wurde. Entsprechend feindselig verhielten sie sich nicht nur gegen Christen als den „Ungläubigen" – sondern auch gegen jene bosnischen Muslime, die sie durch westliche Einflüsse als „verdorben" einschätzten. Diese „dekadenten" Muslime galt es im Sinn eines radikalen wahhabitischen Islam zu missionieren. Mehr noch: Bosnien-Herzegowina sollte nach dem Sieg der Muslime in einen Staat nach dem Vorbild der Wahhabiten verwandelt werden.[74]

Der Krieg besonders im zerfallenden Bundesstaat Jugoslawien drohte immer weiter zu eskalieren. Und da dieser Krieg unmittelbar vor den Grenzen westeuropäischer Staaten stattfand, sahen sich westeuropäische Staaten durch ständig wachsende Flüchtlingsströme wie auch durch wirtschaftliche Folgen in ihrer eigenen Sicherheit gefährdet. Es war eine Situation wie zweieinhalb Jahrzehnte später durch Putins Angriffskrieg auf die Ukraine. Angesichts dieses zugespitzten Konflikts drängten westliche Staaten auf Friedensverhandlungen. Am 21. November 1995 wurden im Friedensvertrag von Dayton (im US-amerikanischen Bundesstaat Ohio) die Richtlinien unter Führung von US-Präsident Bill Clinton mit Beteiligung der EU vereinbart. Am 14. Dezember wurde der Vertrag in Paris von den Führern der kriegsführenden Parteien unterzeichnet: Slobodan Milošević, Franjo Tuđman, und Alija Izetbegović. Das Ergebnis war: Die Unabhängigkeit von Bosnien-Herzegowina wurde von allen anerkannt, aber der Staat war aufgeteilt in einen von Katholiken und Muslimen dominierten Teil und einen serbischen mit der Republik Srpska. Im Vertrag wurde allerdings das unerledigte Problem Kosovo ausgeklammert. Denn die schwierigen Verhandlungen hätten am Widerstand von Milošević scheitern können. Kosovo blieb also weiterhin eine Provinz Serbiens mit einer äußerst labilen Autonomie.

Zweiter religiös-politischer Bürgerkrieg.
Die Kosovo-Krise und andere weiter schwelende Konflikte

Das unerledigte Problem Kosovo führte drei Jahre später zum nächsten Krieg, dem sogenannten Kosovo-Krieg. Und wieder war Slobodan Milošević der Urheber. Sein Fernziel war ohnehin, diese Provinz vollständig dem Staat Serbien anzugliedern und die muslimischen Albaner weitgehend zurückzudrängen. So machte seine Regierung den Albanern möglichst das Leben schwer, um den serbischen Anspruch zu demonstrieren. Die Folge war, dass die Albaner gegen die immer schlimmere Diskriminierung protestierten und 1998 als Mehrheit der Bevölkerung die Unabhängigkeit des Kosovo ausriefen. Dieser Widerstand lieferte Milošević den Vorwand, die Armee einmarschieren zu lassen. Und so kam es zu einem weiteren Krieg, der die ganze Balkanregion und die Nachbarstaaten zu destabilisieren drohte. Und wieder vermischten sich in einem äußerst blutigen Krieg extrem nationalistische und radikal religiöse Positionen, einerseits der orthodoxen Serben, andererseits der muslimischen Kosovaren. Erst durch das Eingreifen von Nato-Truppen konnte dieser Krieg im Juni 1999 beendet werden. Es dauerte allerdings noch bis zum Februar 2008, bis der Kosovo ein unabhängiger Staat wurde. Die Republik Kosovo wurde von 115 der 193 Mitgliedstaaten der Vereinten Nationen anerkannt. Aber Serbien lehnt bis heute die Eigenstaatlichkeit ab. Slobodan Milošević hatte also das Gegenteil seines ursprünglichen Ziels erreicht: Es existierte nicht ein Nationalstaat Jugoslawien unter eindeutiger serbischer Führung, sondern es gab nun eine Vielzahl politisch und religiös zersplitterter eigenständiger Balkanstaaten. Für ihn selber bedeutete dies einen starken Verlust an Prestige und schließlich auch den Verlust der Macht.

Die Unabhängigkeit der Republik Kosovo 2008 erlebte Milošević nicht mehr. Er starb zwei Jahre zuvor – im Gefängnis von Den Haag als ein vom Internationalen Gerichtshof verurteilter Kriegsverbrecher. Nach dem Ende des Kosovokrieges 1999 war es schnell mit dem politischen Abstieg gegangen. Milošević musste sich am 24. September 2000 Präsidentschaftswahlen stellen, die er nur noch knapp gewann. Hierbei führte der Vorwurf von Wahlfälschung zu Volksunruhen, so dass er am 5. Oktober zurücktreten musste. Jugoslawien war zu dieser Zeit auf Grund der Kriege wirtschaftlich schwer geschädigt, außerdem hatte der Staat international durch die Kriegsgreuel stark an Ansehen verloren. Hinzu kam, dass Milošević bei einer Reihe serbisch-orthodoxer Geistlicher nicht mehr dasselbe Ansehen wie noch wenige Jahre zuvor genoss. Eine internationale Geberkonferenz war zwar bereit, Serbien eine Euro-Milliardenhilfe für den wirtschaftlichen Aufschwung zu gewähren, aber die Bedingung war, dass der ehemalige Präsident an den Internationalen Gerichtshof von Den Haag ausgeliefert werde. Der neue serbische Ministerpräsident Zoran Đinđić erfüllte diese Bedingung am 1. April 2001. Diesen „Verrat" an dem einst umjubelten und teilweise immer noch verehrten Kriegstreiber bezahlte Đinđić allerdings mit dem Leben. Er wurde 2003 in Belgrad auf offener Straße erschossen. Serbien hat sich bis heute weder wirtschaftlich erholt, noch hat es politisch zu einer Demokratie im westeuropäischen Sinn gefunden.

In Kroatien verlief die Entwicklung anders. Franjo Tuđman, der sein Land autoritär regiert und mit Hilfe der Ustascha seine Macht stabilisiert hatte, starb 1999. Nach dem Ende seiner Ära begann sich Kroatien schrittweise zu demokratisieren und näherte sich auf diese Weise westlichen Staaten an. Allerdings wird Franjo Tuđman von vielen Einwohnern bis heute als Vater der modernen Nation Kroatien verehrt. Und mehr noch: Eine Umfrage am 13. September 2019 ergab, dass nahezu 45 Prozent der Bevölkerung bis heute den faschistischen Ustascha-Gruß „Za dom – spremni!", („Für die Heimat – bereit!") akzeptiert. Nur 30 Prozent sprach sich für ein Verbot aus. Weitere knapp 15 Prozent würden zwar den Gruß verbieten, jedoch nicht die paramilitärische Gruppe selbst, die bis heute in Kroatien existiert.[75]

Wieder anders in Bosnien-Herzegowina: Der dortige Machthaber Alija Izetbegović starb 2003, aber die Nachfolger konnten die in mehrere Ethnien und religiöse Gemeinschaften aufgespaltene Republik politisch nicht beruhigen. Bosnien-Herzegowina spiegelt bis heute noch am auffälligsten die tiefen emotionalen Gräben, welche die von 1992 bis 2003 dauernden Kriege hinterlassen haben.

Zerstörungswut und Triumph.
Gravierende Nachwirkungen der Bürgerkriege

Dass die Bürgerkriege im zerfallenden Jugoslawien nicht nur mit nationalistischem, sondern auch mit religiösem Fanatismus aufgeladen waren, beweist nicht zuletzt auch folgende Tatsache: Die Soldaten zerstörten in den eroberten Städten und Dörfern weitgehend die sakralen Bauten Andersgläubiger, einerseits Kirchen der katholischen oder der orthodoxen Konfession, andererseits Moscheen. Für die Weltöffentlichkeit besonders eingeprägt hat sich hierbei das Verhalten der Serben. Noch bevor die Serben 1995 in Srebrenica den Massenmord an nahezu 8000 Muslimen begingen, waren sie in anderen Landesteilen brutal gegen islamische Bauwerke, vor allem gegen Moscheen, vorgegangen.

1993 war es serbischen Truppen gelungen, die Stadt Banja Luka zu erobern, eine Stadt, die damals neben Sarajevo in Bosnien-Herzegowina die prächtigsten Moscheen und Koranschulen im traditionell osmanischen Stil aufzuweisen hatte. Die Serben zerstörten in dieser Stadt 16 Moscheen. Am meisten schockierte die Muslime der Verlust der Ferhadija-Moschee im Zentrum der Stadt. Diese Moschee mit den umgebenden Bauten von Koranschulen, Bibliotheken und lauschigen Höfen galt als eines der schönsten Beispiele osmanischer Architektur in ganz Jugoslawien. Die Serben benutzten nach dem Abriss der Bauwerke die Steine mit künstlerisch wertvollen Ornamenten für andere Bauwerke oder transportierten sie als Schutt auf Müllkippen. Und sie nutzten die eingeebnete Fläche als Parkplatz für Autos. Dies alles geschah mit ausdrücklicher Bewilligung der serbischen Machthaber.[76]

Nicht anders handelten die Katholiken, die von Kroatien aus Krieg führten und von denen eine Minderheit auch in Bosnien-Herzegowina lebte. Sie beschossen bei ihrem Angriff auf die Stadt Mostar die 1557 erbaute Karađozbeg-Moschee und beschädigten sie schwer. Für die Weltöffentlichkeit aber nachhaltiger eingeprägt hat sich, dass sie am 11. Mai 1993 in Mostar die weltberühmte türkische Brücke Stari Most, „Alte Brücke", ein international geschätztes Touristenziel, durch gezielten Beschuss zum Einsturz brachten. Die katholischen Kroaten zerstörten aber mit gleichem Fanatismus auch serbisch-orthodoxe Kirchen. Umgekehrt vernichteten die Serben katholische Kirchen. Und nicht anders handelten zuletzt auch muslimische Soldaten, vor allem nach dem Massaker von Srebrenica. Sie sprengten schließlich mit derselben fanatischen Konsequenz serbische wie katholische Kultstätten. Nach Angaben der serbisch-orthodoxen Kirche waren im Kosovo von muslimischen Albanern über 40 Gotteshäuser geplündert und vernichtet worden.[77] „Hunderte von Moscheen, katholische und orthodoxe Kirchen, Synagogen sowie Friedhöfe sind im Verlauf des Krieges Opfer mutwilliger Zerstörung geworden." So urteilte 2005 der katholische Theologe Stefan Kube in seiner bereits erwähnten Analyse in der Zeitschrift *OST-WEST, Europäische Perspektiven* und folgerte daraus: „Deren gezielte Beschädigung und Demolierung sollte nicht nur die Religionsausübung verhindern beziehungsweise verunmöglichen, sondern die Funktion der Gotteshäuser als historisch gewachsene und sozial funktionale Kommunikationszentren vernichten. Mit der Zerstörung der Sakralbauten, die die so genannten ‚ethnischen Säuberungen' begleitete, versuchte jede Kriegspartei, alle Spuren der Erinnerung an die ursprünglich ansässige Bevölkerung zu eliminieren und ethnokulturelle homogene Gebiete zu schaffen. Die Vernichtung religiöser Gebäude wendete sich somit letztlich gegen die Existenzberechtigung der anderen nationalen Identitäten und sollte stattdessen das eigene nationale Recht auf das Territorium legitimieren".[78]

Was sich in den Kriegsjahren von 1991 bis 2003 im zerfallenen Jugoslawien an religiös motiviertem Fanatismus entlud, hat Nachwirkungen bis in unsere Gegenwart und wohl auf weitere Jahrzehnte. Das Zusammenleben von ethnisch und religiös unterschiedlichen Gruppierungen funktioniert nun erheblich weniger gut als noch unter der kommunistischen Diktatur von Tito. Besonders deutlich zeigte sich dies in den bereits zitierten Städten Sarajevo, Mostar, Banja Luka und Srebrenica.

Der zentrale Angelpunkt ist Sarajevo. Die Hauptstadt von Bosnien-Herzegowina wurde vom 5. April 1992 bis zum 29. Februar 1996 durch serbische Truppen belagert, hierbei wurden etwa 11 000 Menschen getötet und 56 000 teilweise schwer verletzt.[79] Erst durch das Eingreifen westlicher Staaten konnte diese für die Stadt, vor allem für die muslimischen Einwohner, lebensbedrohende Situation beendet werden. Aber Sarajevo wurde nach dem Ende der Belagerung eine andere Stadt. Wenn auch die traditionelle Altstadt mit ihrem türkisch-osmanischen Charakter weitgehend von der Zerstörung verschont geblieben ist, so war der multikulturelle und multireligiöse Charakter rasch verloren gegangen. Mehr als zehntausend alteingesessene Einwohner waren durch den Beschuss getötet worden, andere hatten die Stadt in Panik verlassen. Geflohen sind vor allem Serben und Kroaten, die zunehmend von Muslimen als unversöhnliche Gegner angesehen und angefeindet wurden. Gekommen sind dagegen Muslime, die aus nahegelegenen Regionen vor Anfeindungen der Serben und Kroaten flohen. Rund 100 000 muslimische Neubürger siedelten sich nun vor allem in den Außenbezirken an. Sarajevo wurde damit innerhalb kürzester Zeit zu einer Stadt, in der die Muslime 80 Prozent der Einwohner stellten.[80] Welch ein Kontrast zu dem Jahr 1991, unmittelbar vor Kriegsbeginn. In der damaligen Volkszählung hatten sich, wie bereits erwähnt, rund 50 Prozent der Einheimischen Sarajevos als Muslime bezeichnet, rund 25 Prozent als Serben, rund 7 Prozent als Kroaten, und rund 13 Prozent haben sich damals noch als Jugoslawen, Bürger eines national übergeordneten Gesamtstaates, definiert.

Mit den vielen muslimischen Zuwanderern in die Vororte Sarajevos hat sich dort aber auch die Zahl der Moscheen beträchtlich erhöht. Und die Moscheen wurden dort gebaut, wo vorher noch kaum islamische Sakralbauten standen, sie wurden auch nicht vom Geld eines ohnehin durch den Krieg gezeichneten Staates finanziert – sondern durch Geld aus Saudi-Arabien. Mitten in der Neustadt von Sarajevo, die einst unter kommunistischer Herrschaft entstanden war, wurde die größte Moschee von ganz Bosnien-Herzegowina errichtet, benannt nach dem Saudischen König Fahd, und sie wurde am 15. September 2000 durch den damaligen saudischen Prinzen und heutigen König Salman ibn Abd al-Aziz Al Saud eingeweiht. Es ist eine monumentale Moschee mit zahlreichen weitverzweigten Gebäuden, welche eine große Bibliothek, Bildungsinstitute und einen Kindergarten enthalten.[81]

Insgesamt sind mit saudischem Geld während der ersten Jahre nach dem Bosnien-Krieg 158 Moscheen in Bosnien-Herzegowina erbaut worden, teilweise auf den Grundmauern zerstörter islamischer Sakralbauten und am historischen Vorbild orientiert, teilweise völlig neu, dazu Kindergärten, Büchereien und Lehrlingsheime. Eine Milliarde Dollar hätte sich die Regierung Saudi-Arabiens diese Hilfe für die bosnischen Muslime kosten lassen, so die Auskunft des Imam der Fahd-Moschee in Sarajevo.[82] Diese Hilfe aus dem reichen Erdölstaat ist von dem Ziel geleitet, mit den religiösen und sozialen Wohltaten auch den radikal fundamentalistischen Islam Saudi-Arabiens zu importieren. Damit sollte nach saudischem Bedürfnis der „unislamische" Islam der Bosnier grundsätzlich verändert werden. Dieses Ziel haben bereits die fundamentalistisch geprägten „Gotteskrieger" aus dem Nahen Osten proklamiert, die im Krieg die Truppen der Bosniaken nachhaltig unterstützen.

Das in Einzelstaaten zerfallene Jugoslawien hat sich durch die nationalistisch-religiös geprägten Kriege stark verändert – und hierbei hat sich auch die Funktion der einzelnen Religionen erheblich verwandelt. Aber das ist, was gerade den Islam betrifft, nicht in dem Sinn geschehen, wie es sich die saudischen Geldgeber erhofften. In diesem Zusammenhang komme ich noch einmal auf den Theologen Stefan Kube zurück, der Sarajevo durch längere Aufenthalte gut kennt und auch die Entwicklung der Stadt und des ganzen Staats bis in die Gegenwart detailliert beobachtet. In einer Studie aus dem Jahr 2002 kommt er zu einem differenzierten Ergebnis. Es gebe zahlreiche Indizien dafür, dass der Islam seit den Kriegen in den 1990er Jahren wieder eine größere Rolle im öffentlichen Leben spiele, schreibt Kube in seiner Studie „Nation und Religion". So hätten glaubensstrenge Muslime des saudisch-wahhabitischen Islam wenigstens insofern Erfolge erzielt, Frauen zum Tragen von Kopftüchern zu ermuntern, so auch, den Verkauf von Schweinefleisch auf Märkten zu erschweren, weiterhin, dass nun wesentlich mehr Muslime als vorher Interesse für die Regeln der Scharia zeigten. Aber dies geschehe nur, weil viele bosnische Muslime dankbar für die saudische Hilfe beim Bau neuer Wohnungen, neuer Kindergärten und der Organisation besserer Krankenfürsorge seien. Doch nur wenige Muslime würden den religiösen Parolen der islamischen Prediger konsequent folgen. Nach wie vor würden viele Muslime Schweinefleisch essen und Schnaps trinken, nach wie vor würde ein beträchtlicher Teil der Frauen es ablehnen, aus religiösen Gründen ein Kopftuch zu tragen oder gar das Gesicht zu verhüllen. Ohnehin würden sich viele bosnische Korangelehrte weigern, die „Islamisierung" im saudi-arabischen Sinn zu akzeptieren.[83]

Der Blick auch auf andere Städte in Bosnien-Herzegowina zeigt, dass sich nahezu überall die Kontakte zwischen Muslimen, Katholiken und Serben drastisch abgeschwächt haben. So etwa in Mostar. Verwaltungstechnisch ist diese Stadt seit dem Krieg in zwei Städte geteilt: ein hauptsächlich nur von katholischen Kroaten bewohnter Teil westlich des Ufers des Neretva-Flusses und ein hauptsächlich nur von muslimischen Bosniern bewohnter Teil östlich des Ufers; die Minderheit der Serben ist fast ganz aus der Stadt verschwunden. Zwischen beiden Stadthälften besteht, im Unterschied zur Zeit vor dem Krieg, kaum noch Kontakt, es sei denn, man streitet über Fragen der Verwaltung.[84]

Offiziell ist Friede eingekehrt in den Staaten, die einst unter dem Namen Jugoslawien einen Staatenbund bildeten. Aber untergründig schwelen die Konflikte bis heute weiter und können jederzeit durch nationalistische und religiöse Emotionen wieder zu neuen Gewaltausbrüchen führen. Am deutlichsten ist dies bisher in der 2008 unabhängig gewordenen Republik Kosovo geschehen. Der Kosovo wird bis heute von den Serben nicht als eigener Staat anerkannt, sondern gilt weiterhin als eine Provinz Serbiens – ja, als jene Region, die kulturell und religiös das „Herz Serbiens" bildet. Die Serben können nach dem Zerfall Jugoslawiens ihre Macht ungeschmälert nur noch in ihrem eigenen unabhängig gewordenen Staat erhalten. Aber mit dieser Position signalisieren sie, dass sie weiterhin eine Führungsrolle gegenüber jenen Nachbarstaaten behalten wollen, in denen orthodoxe Gläubige die Mehrheit bilden: so in der Republik Srpska innerhalb von Bosnien-Herzegowina, im Kosovo ohnehin, weiterhin aber auch in den angrenzenden Staaten Nordmazedonien und Montenegro. Das auffälligste Signal für einen derartigen Anspruch setzte Serbien, indem die Regierung in der Hauptstadt Belgrad eine Kirche errichten ließ, die zu den größten der orthodoxen Christenheit zählt. Und mehr noch: eine Kirche, die in ihrem äußeren Erscheinungsbild an die Hagia Sophia erinnert – jene Kultstätte, die bis zur Eroberung Konstantinopels durch die Türken spiritueller Mittelpunkt aller orthodox gläubigen Christen gewesen ist.

Dieser 2020 in Belgrad eingeweihte Dom trägt den Namen des Heiligen Sava. Der Name Sava bezieht sich auf den ersten Bischof des Königreichs Serbien im 13. Jahrhundert. Sava war wegen seines geistigen Widerstands gegen die immer weiter vorrückenden Türken zu einer der herausragenden Symbolfiguren für den Abwehrkampf des christlichen Königreichs geworden. Der Kult um seine Person hatte durch den religiös geprägten Nationalismus des 19. Jahrhunderts eine immer stärkere Dynamik gewonnen. Und so war der Name Sava besonders geeignet, für die zukünftige Politik Serbiens instrumentalisiert zu werden. Es hatte allerdings bis in die 1980er Jahre gedauert, bis der Dom zügig gebaut werden konnte. Anfangs hatten die kommunistischen Machthaber und dann die zwei Bürgerkriege das Projekt verhindert. Aber 1986, sechs Jahre nach Titos Tod, hoben die Machthaber des in die Krise geratenen kommunistischen Staates das Bauverbot auf. 1989 war das nach dem byzantinischen Vorbild der Hagia Sophia gestaltete Gebäude so weit gediehen, dass die Kuppel auf die Kirchenmauern gesetzt wurde. Die Bauarbeiten im Inneren konnten allerdings erst wieder 2004 fortgesetzt werden, als die Bürgerkriege in Jugoslawien endeten.

In dieser Phase spielte plötzlich Russland eine wichtige Rolle. Ein Problem für die Serben war es nämlich, die prächtigen Goldmosaiken in der Hauptkuppel zu finanzieren. Das Problem löste Russlands Präsident, der 2011 auf Staatsbesuch in Belgrad weilte und bei der Besichtigung des Doms versprach, dass der russische Konzern Gazprom die nötige Summe von umgerechnet vier Millionen Euro bezahlte. Und beim nächsten Staatsbesuch 2018 versprach er, für die Gestaltung der weiteren Goldmosaiken nochmals umgerechnet fünf Millionen Euro zu spenden. Er war dann auch bei der endgültigen Einweihung des Doms im November 2020 ein hochgeschätzter Gast. Sein Name: Wladimir Putin.[85]

Spätestens hier zeigt sich, wie eng verflochten die Beziehungen zwischen dem orthodox-kirchlichen Serbien und dem orthodox-kirchlichen Russland sind. Der russische Präsident konnte mit seiner großzügigen Spende demonstrieren, dass Russland noch immer wie zur Zeit der Zaren durch politische und finanzielle Stärke eine Schutzmacht für alle slawischen Völker sein kann. Die Weltöffentlichkeit nahm allerdings in den 2010er Jahren diese Verflechtung beider Staaten nur am Rande zur Kenntnis. Zu dieser Zeit haben auch die wenigsten westlichen Beobachter Putins politische Ziele realistisch eingeschätzt: Dass nämlich Putin sich mit den aggressiven Angriffskriegen des serbischen Präsidenten Milošević identifizieren konnte und keinen Anstoß an dessen brutalem Vorgehen nahm. Und dass Putin in der serbischen Politik einen ähnlichen Ansatz sah wie in der eigenen Politik. Überraschen musste hierbei nicht, in welcher Form Serbien 2022 auf Russlands Angriffskrieg gegen die Ukraine reagierte. Serbien war neben Belarus der einzige Staat, der Russlands Krieg ideologisch vorbehaltlos bejahte und sich weigerte, an Sanktionen gegen Putin teilzunehmen. Ein Großteil der Serben befürwortet bis heute eine politische und geistige Nähe zu Russland. Andererseits möchte Serbien ein Mitglied der Europäischen Union werden. Es ist ein Widerspruch, der sich nicht so bald auflösen wird.

Die Krise in Russland.
Religion nach dem Ende der Sowjetunion

Wird Moskau wieder das „Dritte Rom"?
Zurück in eine frühere Machtposition in neuer Form

Die Christ-Erlöser-Kathedrale in Moskau ist die größte Kirche Russlands, ja, eine der größten Kirchen der orthodoxen Christen überhaupt. Majestätisch ragt sie in Sichtweite des Kreml am Ufer der Moskwa empor: durch eine goldene Kuppel gekrönt, flankiert von vier kleinen Kuppeln in Gold – dies in absichtsvoller Korrespondenz zu den vielen goldenen Kuppeln des Kreml. Zar Alexander I. hatte den Bau der prunkvollen Kirche 1839 in Auftrag gegeben, zur Feier des Sieges über Napoleon. Mehr als vier Jahrzehnte lang war an der monumentalen Kultstätte gebaut worden, 1883 schließlich wurde sie eingeweiht. In dieser massigen Präsenz erlebte ich die Kathedrale, als ich 2017 nach Moskau kam.

Aber als ich Moskau 1972 das erste Mal besucht hatte, war von dieser Kathedrale nichts zu sehen. Stalin hatte 1931 die größte aller russischen Kirchen abreißen lassen. Er hatte geplant, an ihrer Stelle müsse eine über hundert Meter hohe Lenin-Statue errichtet werden, umgeben von einem Kongresszentrum für politische Veranstaltungen. Dies wollte er als brutale Demonstration verstanden wissen, dass nun anstelle der Religion eine weltliche Ideologie zum neuen verpflichtenden Glauben erhoben werden sollte. Der kommunistische „Zar" scheiterte mit seinem monströsen Bauvorhaben allerdings an technischen Problemen. Der Boden war zu sandig für das massive Gewicht der Gebäude. Und so wurde dort nach langen Verzögerungen 1958, sechs Jahre nach Stalins Tod, ein Schwimmbad errichtet, das größte der Welt, wiederum ein Superlativ. Dieses Schwimmbad in Sichtweite des Kreml sah ich 1972 anstelle der einstigen Kathedrale.

Mitte der 1990er Jahre aber wurde die Weltöffentlichkeit von der Nachricht überrascht, dass die Christ-Erlöser-Kathedrale im alten Stil wieder errichtet werden sollte. Dies geschah nur wenige Jahre nach dem politischen und wirtschaftlichen Zusammenbruch des kommunistisch-atheistischen Systems der Sowjetunion. Juri Luschkow, der damalige Moskauer Bürgermeister, konnte in der russischen Geschäftswelt Spenden von umgerechnet nahezu 350 Millionen US-Dollar für den Wiederaufbau mobilisieren, wobei an nichts gespart wurde: 103 Tonnen Blattgold wurden zum Schmuck für das Innere verwendet.[86] Das monumentale Bauwerk entstand innerhalb von nur fünf Jahren. Am 7. Januar 1995, dem Tag des orthodoxen Weihnachtsfests, war der Grundstein dort gelegt worden, wo drei Jahre zuvor das marode Schwimmbad beseitigt worden ist. Und am 19. August 2000 wurde der Sakralbau durch Alexej II., dem damaligen Oberhaupt der russisch-orthodoxen Kirche, mit einem Gottesdienst eingeweiht.[87] Dies alles geschah, bevor noch Wladimir Putin in der Politik die entscheidende Rolle spielte.

Die neu errichtete Christ-Erlöser-Kathedrale in Moskau ist ein markantes Symbol für eine geistige Haltung, die aus westeuropäischer Sicht aus einer längst vergangenen Epoche stammt. Einerseits verdeutlicht die unmittelbare Nachbarschaft der monumentalen Kathedrale zum Kreml die erneute, politisch intensive Nähe von Kirche und Staat. Andererseits signalisiert die Kathedrale mit ihren räumlichen Superlativen erneut einen religiös-politischen Führungsanspruch, wie er einst zur Zeit der Zaren bestanden hat: Moskau müsse nach dem Niedergang Konstantinopels als dem „Zweiten Rom" wieder das „Dritte Rom" werden, das spirituelle Zentrum einer neu gestärkten orthodoxen Christenheit. Und dies bedeutet für die unmittelbare Gegenwart: Die russisch-orthodoxe Kirche müsse wieder die Oberhoheit über die orthodoxen Kirchen aller anderen Staaten gewinnen. Jenes Moskau, das zur Sowjet-Zeit beansprucht hatte, das Zentrum der kommunistischen Welt zu sein (wenn auch in wachsender Rivalität zu China), hat nun das Ziel, auf andere Weise wieder Zentrum zu sein: politisch sowie religiös als „Mitte" des gesamten russischen Kulturraums.

Diesen grundsätzlichen Wandel erlebte ich aus eigener Wahrnehmung, zumindest angesichts einiger besonders auffallender Merkmale. Ich habe ja, wie bereits erwähnt, Moskau im Abstand von dreieinhalb Jahrzehnten besucht. Das erste und zweite Mal war ich 1972 und 1979 in die Metropole gekommen, als Moskau unter der Diktatur von Leonid Breschnew noch die Hauptstadt der Sowjetunion war. Das dritte Mal hielt ich mich 2017 in Moskau auf, nachdem die Metropole in der nachsowjetischen Ära die Hauptstadt „nur noch" von Russland geworden ist – eines Staates, in dem nun die russisch-orthodoxe Kirche machtpolitisch wieder eine beträchtliche Rolle spielt. Und dies in engem politischem Bündnis mit Wladimir Putin.

Bei meinem ersten und zweiten Besuch 1972 und 1979 war ich in Moskau mit einer offiziell strikt antikirchlichen, antireligiösen Haltung konfrontiert. Kirchen konnte ich hauptsächlich nur im weitläufigen Komplex des Kreml und des Roten Platzes besuchen, sie aber waren alle nur als „Museen" zugänglich. Eine der wenigen Ausnahmen bildete das Neujungfrauenkloster in einem Moskauer Vorort, wohin man als Ausländer nur durch mühsames Fragen gelangen konnte. Dort erlebte ich 1972 einen Ostergottesdienst im traditionellen Ritus der russisch-orthodoxen Kirche, hatte jedoch den Eindruck, dass in der sichtlich vom Zerfall gezeichneten Kultstätte hauptsächlich nur ältere Frauen zur Messe kamen, sie alle mit Kopftuch. Aber beeindruckend war, dass in einer der Vorhallen zahlreiche Gegenstände zu Haufen getürmt waren, Kleidungsstücke, Haushaltsgeräte, Werkzeuge. Eine der Frauen, die relativ gut Deutsch konnte, erklärte mir, wohlhabende Leute hätten die Sachen hingelegt und ärmere Leute könnten sich je nach Bedarf dieses oder jenes mitnehmen; die Kirche sei ein idealer Ort für einen solchen Austausch. Ich fragte, ob der Staat nicht für Sozialfürsorge zuständig sei. Sie antwortete, der Staat tue viel, aber die Kirche auch.

Am selben Ostersonntag 1972, es war in der zweiten Aprilhälfte, hatte ich am frühen Vormittag auf dem Roten Platz mit Blick auf den Kreml einen bemerkenswerten Kontrast erlebt. Zu Ehren von Lenins Geburtstag, dem 22. April, fand dort eine Parade zahlreicher Jugendgruppen statt. Die Jugendlichen, inmitten von einem Meer roter Fahnen, reihten sich vor Standbildern Lenins auf und legten dort unter dem Klang pathetischer Musik ihr Treuegelöbnis ab – ein Ritual, das in seiner Feierlichkeit an einen Gottesdienst erinnerte und den Gedanken an eine „Ersatzreligion" aufkommen ließ.

2017 aber hatte sich in Moskau die Situation nachhaltig verändert. Ob ich nun im Zentrum oder in Vororten unterwegs war, überall traf ich auf Kirchen. Eine Reihe von ihnen war restauriert, viele andere neu gebaut, und immer wieder stieß ich bei meinen Rundgängen quer durch die Stadt auf Kultstätten, in denen nicht nur an Sonntagen, sondern auch werktags, am Vormittag sowie am Nachmittag, Messen zelebriert wurden. Die Räume waren gedrängt voll mit Besuchern, hierbei nicht nur, wie 1972 und 1979, ältere Frauen mit Kopftüchern, sondern zahlreiche junge Frauen, dazu auch Männer jeglichen Alters. Es waren Gottesdienste, die sich beträchtlich von unseren westeuropäischen Traditionen unterschieden. Es dominierte das Ritual mit Gesang der Priester, dem Schwenken von Kerzen und Weihrauchkesseln. Das gesprochene Wort, die Predigt, spielte kaum eine Rolle. Nicht anders hatte ich das auch in Griechenlands orthodoxen Kirchen erlebt, aber in Moskaus Kirchen trugen die Frauen ausnahmslos Kopftuch. Mehr noch: Meine Frau wurde aufgefordert, ihren Schal als Kopftuch zu verwenden. Dies erinnerte in der Strenge an die Gebote von Moscheen in den meisten islamischen Ländern.

Ich war neugierig, wie stark der Andrang in der Christ-Erlöser-Kathedrale, der neuerbauten größten Kirche Russlands, sein würde. Dort jedoch traf ich nur auf wenige Besucher, die in den monumentalen Hallen wie verloren wirkten. Aber man sollte sich von subjektiven Eindrücken eines zufälligen Besuches nicht täuschen lassen, dies lehrte mich ein Zeitungsbericht nur zwei Monate später. Am 22. Juli 2017 konnte ich in der deutschen Kirchenzeitschrift *Neue Bildpost* unter der Überschrift „Religion trotz Sowjet-Erbe" lesen: Touristen hätten seit Wochen keine Chance mehr, die Christ-Erlöser-Kathedrale zu besichtigen, denn sie bekämen eine Lektion in russischer Volksfrömmigkeit. Die Schlange der Anstehenden beginne mehrere Kilometer entfernt am Ufer der Moskwa. Nicht selten müssten zehn Stunden Wartezeit eingeplant werden.[88]

Was war der Anlass? Dieser Massenandrang galt dem Schrein des heiligen Nikolaus, der in Russland einer der populärsten Heiligen ist. Die Gebeine des Heiligen haben sich aber nie zuvor in Russland selbst befunden, sie waren jetzt nur für zwei Monate dorthin gebracht worden. Nikolaus ist jener Heilige, der in Westeuropa vor allem als Nikolaus mit roter Kapuze und einem Rucksack voller Geschenke für Kinder am 6. Dezember bekannt ist. Mit der realen historischen Gestalt hat das nichts zu tun. Nikolaus hatte im 5. Jahrhundert unserer Zeitrechnung als Bischof in der Stadt Myra gelebt. Dort, an der Südküste der heutigen Türkei, befindet sich auch sein Mausoleum. Dieses Mausoleum ist jedoch leer, weil katholische Kreuzritter im 13. Jahrhundert die griechisch-orthodoxe Kirche plünderten und die Gebeine des Heiligen nach Italien entführten. Dort sind die Gebeine seither in der Kathedrale der süditalienischen Hafenstadt Bari aufbewahrt. Im Mai 2017 aber hatte die katholische Kirche die Gebeine als Leihgabe für einen Monat nach Moskau geschickt, anschließend für einen weiteren Monat nach Sankt Petersburg. Eine derartige „ökumenische Geste" zwischen der katholischen und der russisch-orthodoxen Kirche war 2016 bei einem Treffen zwischen Papst Franziskus und Kyrill I., dem seit 2009 amtierenden Patriarchen von Moskau, vereinbart worden.[89]

Ich war ein Jahr zuvor in der süditalienischen Stadt Bari gewesen, und der Zufall hatte es gewollt, dass mein Aufenthalt mit dem Termin des russischen Osterfestes zusammenfiel. Ich stand in der dortigen Kathedrale vor den Gebeinen des heiligen Nikolaus, aber die geräumige Krypta war voll mit Pilgern, die extra aus Russland zu einem Gottesdienst angereist waren. Und als ich zwei Jahre zuvor in der südtürkischen Stadt Myra vor dem leeren Nikolaus-Mausoleum stand, war auch dort der Andrang vor allem von russischen Pilgern beträchtlich.

Solche Beobachtungen zeigen, dass wir es keineswegs mit einem „natürlichen Absterben der Religionen" zu tun haben, wie es Ideologen eines stringenten Atheismus prophezeien. Im Gegenteil. Ausgerechnet dort, wo Religion durch einen verordneten Atheismus besonders schroff an einer Entfaltung gehindert wurde, ausgerechnet dort kehrt Religion besonders auffällig ins öffentliche Leben zurück. Dies, weil Religion nur an der Oberfläche unterdrückt werden konnte, nicht in der Tiefe menschlicher Bedürfnisse. Einen westlich aufgeklärten Europäer kann es allerdings irritieren, dass diese neue „Religiosität" oft sehr archaisch anmutet, bestimmt von Heiligenverehrung, Reliquienkult, dogmatischer Starrheit und Intoleranz. Es ist eine Religiosität, die nie einen Reformprozess durch das Denken der Aufklärung mit ihrer Skepsis gegen Absolutheitsansprüche durchlaufen hat.

Russland verwandelte sich nach dem Ende der kommunistischen Sowjetunion schrittweise in einen religiös-politisch strukturierten Staat. Dies wurde möglich, weil sich auch die Haltung der Bevölkerung zunehmend änderte. Die Zahl der kirchlichen Mitglieder hatte sich, wie bereits im Abschnitt *Religion und Politik in Russland* erwähnt, zwischen 1991 und 2008 von 31 Prozent auf 72 Prozent mehr als verdoppelt.[90] Dabei hatte Boris Jelzin, Russlands erster Präsident nach dem Zerfall der Sowjetunion 1991 und Putins Vorgänger, 1993 noch eine Verfassung verabschiedet, in der Russland als ein säkularer Staat nach westlichem Vorbild definiert war. Doch im Jahr 2000, als Putin erstmals Präsident wurde, fand ein Bischofskonzil des Moskauer Patriarchats statt, in dem eine Sozialdoktrin mit folgender (ebenfalls bereits erwähnter) Kernaussage veröffentlicht wurde: Das Verhältnis zwischen öffentlicher Gewalt und Kirche sei mit jenem von Körper und Seele des Menschen zu vergleichen. Die Kirche verstehe sich als die große geistige Kraft, der die russische Nation ihre Existenz verdanke und ohne die sie nicht bestehen könne.[91]

Solche Äußerungen eines Bischofskonzils bedeuten, dass es keine Trennung zwischen Staat und Kirche, Politik und Religion geben könne, sondern dass beide eine organische Einheit seien – dass also der russisch-orthodoxe Glaube wieder in den Rang der Staatsreligion erhoben werden soll wie unter der Herrschaft der Zaren. Ein weiterer Schritt hin zur „Staatsreligion" erfolgte, als 2006 der Religionsunterricht als Pflichtfach an Schulen eingeführt wurde. Welche ideologische Botschaft ein solcher Religionsunterricht transportiert, lässt eine Erklärung des bis zu seinem Tod im Dezember 2008 amtierenden Moskauer Patriarchen Alexej II. im April 2006 ahnen: Er lehnte die UNO-Deklaration der Menschenrechte als „unmoralisch" ab. Denn die im westlichen Denken verankerten „liberalen Ansichten" erlaubten den Menschen totale Freiheit ohne moralische Grenzen und Werte, und diese Liberalität sei dem russischen Volk in den 1990er Jahren nach dem Zerfall der Sowjetunion durch westliche Staaten aufgenötigt worden. Eine derartige Liberalität stelle eine größere Gefahr für den russischen Menschen dar als der kommunistische Atheismus. Was gut und böse sei, darüber entscheide die religiöse Tradition, darüber entscheide die Kirche.[92]

Auf den ersten Blick mag es überraschen, dass der Moskauer Patriarch eine größere Gefahr von der Freiheitsidee eines westlichen Liberalismus und Individualismus ausgehen sieht, wo doch Christen in westlichen Staaten diese Freiheit schätzen. Dagegen erscheint dem Patriarchen die einstige kommunistische Diktatur mit ihrer verordneten „Gottlosigkeit" als weniger bedrohlich. Was sind die Motive einer derartigen Wertung? Um es überspitzt zu formulieren: Die russisch-orthodoxe Kirche fühlt sich von der einstigen kommunistischen Diktatur „nur" in der Frage getrennt, ob man an Gott glauben soll oder nicht. Aber andererseits ist eine geistige Parallele zu den „Gottlosen" vorhanden, indem auch das kommunistische System der Sowjetunion sehr autoritär den Glauben an eine absolute Wahrheit forderte. In diesem Zusammenhang drängt sich mir wieder jene Erinnerung auf, die ich bereits erwähnt habe: 1972 hatte ich in Moskau an Lenins Geburtstag Jugendgruppen beobachten können, die vor einem Standbild den Treueschwur ablegten. Die Parallele zu einem Gottesdienst war offensichtlich. Ich erlebte das

Ritual einer Ersatzreligion mit ebenso unantastbaren Dogmen wie einst die der Staatskirche.

Der österreichische Kulturhistoriker Friedrich Heer hat in seinem 1969 erschienen Buch *Kreuzzüge – gestern, heute, morgen* die Parallelen zwischen der Herrschaftsform des sowjetischen Kommunismus und jener der russisch-orthodoxen Kirche auf den Punkt gebracht: Heer nannte das System unter dem Despoten Stalin sowie das seiner weniger despotischen Nachfolger eine „atheistische Theokratie". Die kommunistische Partei der Sowjetunion sei die „Kirche", die strikt ihre Orthodoxie gegen die „Ketzer" verteidige. Ähnlich wie in der Kirche werde zwischen der Unfehlbarkeit der Institution als solcher, in diesem Fall der Partei, und der persönlichen Fehlbarkeit einzelner Funktionäre unterschieden. Besonders habe sich diese Parallele unter der Herrschaft Stalins gezeigt. Stalin sei der Tradition der Ostkirche gerade in seiner Funktion als Diktator treu geblieben. Er habe sich nicht nur als Politiker, sondern auch als höchster Schirmherr des kommunistischen Glaubens verstanden – ganz so, wie einst der Zar als Schirmherr der russisch-orthodoxen Kirche aufgetreten sei.[93]

Atheisten der einstigen kommunistischen „Staatskirche" sind sich mit Christen der neu entstehenden Staatskirche russisch-orthodoxer Konfession in einer Hinsicht einig: Sie lehnen die geistige Freiheit der Aufklärung ab. Das „neue Russland" unter Putin bleibt in Grundzügen so autoritär wie einst das der Machthaber der kommunistischen Sowjetunion. Nur ist es jetzt verboten, die enge Verbindung von Kirche und Staat in Frage zu stellen – so wie es früher undenkbar war, die enge Verbindung von Kommunismus und Staat abzulehnen.

Soll Moskau wieder das „Dritte Rom" werden? Und sind schon wichtige Schritte in diese Richtung unternommen worden? Für viele Bischöfe und Geistliche der russisch-orthodoxen Kirche sind solche Fragestellungen längst selbstverständlich geworden. Ich gehe in diesem Zusammenhang etwas ausführlicher auf Bischof Tichon ein, der inzwischen zu den einflussreichsten Theologen Russlands und zu den meistzitierten Vertretern einer derart zielgerichteten Ideologie zählt. Er wurde 1958 geboren und dachte in seiner Jugend nicht an eine geistliche Laufbahn. 1982 absolvierte er ein Studium an der staatlichen Filmhochschule in Moskau mit dem Ziel, Dokumentarfilme zu drehen. Aber noch im selben Jahr ließ er sich taufen und zog sich in ein Höhlenkloster zurück. 1991, nach dem Sturz des kommunistischen Regimes, legte er im Donskoi-Kloster das Mönchsgelübde ab und nahm den Namen Tichon an (mit bürgerlichem Namen hieß er Georgij Schewkunow). In den folgenden Jahren stieg er rasch in der kirchlichen Hierarchie auf. 1999 wurde er zum Rektor des geistlichen Sretenski-Seminars in Moskau ernannt, seit 2011 ist er Mitglied des Obersten Rates der Russisch-orthodoxen Kirche, 2015 wurde er Vikar von Kyrill I., dem Patriarchen von Moskau, wenig später Bischof von Jegorjewsk. Aber einen breiteren Bekanntheitsgrad auch in der Bevölkerung gewann er, als der von ihm gedrehte Film mit dem Titel *Untergang eines Weltreiches. Byzantinische Lektion* 2008 als bester Dokumentarfilm mit dem „Goldenen Adler" ausgezeichnet wurde.[94]

Dieser Film enthält die ganze Ideologie, mit der sich eine große Anhängerschaft der russisch-orthodoxen Kirche mehr oder weniger identifiziert. Byzanz war, so Tichon mit seiner filmischen Botschaft, einst der geistige, politische und kulturelle Nabel der Welt gewesen, während der Rest Europas, der Westen, im Zustand tiefster Barbarei gelebt habe. Allein die Russen hätten den wahren Schatz von Byzanz erkannt: den Gottesglauben. Russland sei, nachdem die Türken das „heilige Byzanz" (mit anderem Namen Konstantinopel) erobert hätten, zur geistigen Erbin geworden. Der Westen dagegen hasse die orthodoxe Welt auf ewig und verstehe weder Byzanz, das „alte" oder „Zweite Rom", noch Moskau, das „neue" oder „Dritte Rom". Moskau sei als letzter Ort der Rechtgläubigkeit auf der Welt zu betrachten und sei in unserer Gegenwart dazu bestimmt, den Antichrist, das Böse in der Welt, den westlichen Säkularismus und gottlosen Kapitalismus, zu bekämpfen.[95]

Weshalb bin ich ausgerechnet auf Bischof Tichon etwas ausführlicher eingegangen? Es gibt zwei Gründe. Zum einen: Tichon gehört zu den geistigen Wegbereitern für die extrem konservative Wende in der Kreml-Führung. Zum anderen aber: Tichon pflegt seit 1999 eine enge Beziehung zu Kreml-Chef Wladimir Putin, begleitet ihn auf Auslandsreisen und gilt als „geistlicher Ratgeber", ja, als „Beichtvater Putins". Eine derartige „geistliche Nähe" wird allerdings weder von Tichon noch von Putin offiziell bestätigt, jedoch auch nicht bestritten.[96]

Die wundersame Wandlung des Wladimir Putin. Vom russisch-orthodoxen Kommunisten zum russisch-orthodoxen Christen

Längst hat sich die Weltöffentlichkeit daran gewöhnt, dass Wladimir Putin, einst ein linientreuer Kommunist, in Gottesdiensten andächtig eine Kerze anzündet und dem Patriarchen von Moskau die Hand küsst. Auch dass er sich zusammen mit Bischöfen und hochrangigen Mönchen fotografieren lässt. Irritieren mochte anfangs nur die Nachricht, dass dem Präsidenten Putin ein Beichtvater zur Verfügung steht, der hochrangige Mönch und spätere Bischof Tichon. Aber Tichon hat bereits 2001 öffentlich verkündet: „Putin ist wirklich ein rechtgläubiger Christ und nicht nur ein nomineller."[97] Man kann es als eine offene Frage betrachten, inwieweit diese demonstrative Religiosität eines ehemals überzeugten Kommunisten nur eine kühl kalkulierte Inszenierung aus machtstrategischen Erwägungen ist oder ob sie nicht doch als Ausdruck auch einer tiefer gehenden existentiellen Krise angesehen werden muss.

Putins Biografie ist von Widersprüchen geprägt. Er wurde 1952 in Sankt Petersburg geboren, einer Metropole, die damals noch Leningrad hieß. Sein Vater war Fabrikarbeiter und Mitglied der kommunistischen Partei. Die Familie lebte in einem ärmlichen Haus in einer 20 Quadratmeter großen Wohnung, wo Putins Eltern Küche und Bad mit einer anderen Familie teilen mussten. Aber er, das Arbeiterkind, war sehr intelligent, und so stand ihm der Weg ins

Gymnasium und später in die Leningrader Universität offen, wo er Jura studierte. Seine Mutter jedoch, so erklärte Putin 2012 bei einem Weihnachtsgottesdienst, sei Christin gewesen und habe ihn als Kind heimlich taufen lassen, ohne es dem Vater mitzuteilen.[98] Wie glaubwürdig auch eine solche Information ist, sei dahingestellt. Auf jeden Fall passte diese Aussage zu seiner späteren Entwicklung.

Putins Karriere verlief zunächst noch in den vorgegebenen Bahnen der sowjet-kommunistischen Gesellschaft.

Nach seinem abgeschlossenen Jurastudium und dem Erlernen einer Fremdsprache, Deutsch, absolvierte Putin eine Ausbildung im sowjetischen Geheimdienst und war als Offizier von 1985 bis 1990 in Deutschland, vor allem in Dresden, tätig. In Dresden erlebte er den politischen Zerfall der DDR. Ende 1990, wieder zurück in seiner Heimatstadt Leningrad, erlebte er dort den Zusammenbruch der Sowjetunion, was er, später viel zitiert, als die größte geopolitische Tragödie des 20. Jahrhunderts bezeichnete. Dieses für ihn zutiefst traumatische Ereignis bildete den Anfang einer zunächst großen Unsicherheit in weltanschaulichen Fragen. Anfangs schien es so, als würde er unter dem Einfluss des liberalen Leningrader Bürgermeisters Anatoli Sobtschak westlich orientierten Idealen zuneigen. In dieser Zeit war er wegen seiner organisatorischen Fähigkeiten in das Amt des Vizebürgermeisters aufgestiegen. Und er hatte Mitte der 1990er Jahre in seinem Büro das Porträt Peters des Großen aufhängen lassen, jenes Zaren, der im 18. Jahrhundert das rückständige Russland in mancherlei Hinsicht nach dem Vorbild westeuropäischer Staaten reformieren wollte.

Den Eindruck eines zukunftsweisenden Reformers erweckte Putin auch noch, als er am 25. September 2001, noch am Beginn seiner Karriere als Staatspräsident, in Berlin eine Rede im Saal des Bundestages in deutscher Sprache hielt. In dieser Rede bezog er sich gleichermaßen auf Lessing, Humboldt, Dostojewski und Tolstoi sowie auf die „Ideen der Demokratie und Freiheit". Er erklärte: „Russland ist ein freundlich gesinntes Land. Wir leisten unseren gemeinsamen Beitrag zum Aufbau des europäischen Hauses".[99] Damals erschien Putin vielen Deutschen und anderen Westeuropäern noch als ein Politiker, der möglicherweise zu Reformen im Stil von Michail Gorbatschow zurückkehren könnte. Und einen solchen Eindruck vermochte Putin auch noch zu erwecken, als er 2005 die ehemals ostpreußische Stadt Königsberg besuchte, in welcher der Philosoph Immanuel Kant die meiste Zeit seines Lebens verbracht hatte, eine Stadt, die sich seit 1945 mit dem Namen Kaliningrad unter russischer Herrschaft befindet. Dort sagte Putin in einer Rede, als am Portal der Universität eine Gedenktafel zu Ehren des großen Philosophen angebracht wurde: „Natürlich ist Kant in erster Linie ein großer Protagonist der deutschen Aufklärung, aber nicht nur. Kraft seines beträchtlichen Beitrags zur Weltkultur gehört er zu jener Art Menschen, die man zu Recht Weltbürger nennt." Putin erklärte Kant zu einem „gemeinsamen Landsmann" von Deutschen wie Russen. Und im selben Jahr sagte er in einem Interview mit Gerhard Schröder, dem mit ihm befreundeten deutschen Bundeskanzler: „Ich erinnere daran, dass Kant für Ideen eintrat, die der heutigen Welt zugrunde liegen, wie Freiheit oder Gleichheit vor dem Gesetz. Er protestierte gegen jede Beschränkung (der Rechte) aus religiösen oder nationalen Gründen. Ich erinnere außerdem daran, […] dass Kant kategorisch dagegen war, zwischenstaatliche Meinungsverschiedenheiten durch Krieg zu lösen. […] Auf ebendieser Grundlage werden wir unsere Beziehungen mit den Europäern und anderen Ländern der Welt aufbauen."[100]

Zar Peter der Große und Immanuel Kant … Dass Putin diese beiden großen Persönlichkeiten einige Jahre als Vorbilder bezeichnet hat, muss angesichts der später drastisch veränderten Verhältnisse als paradox anmuten. Man kann zu Recht daran zweifeln, dass sich Putin von der Gedankenwelt dieser wegweisenden Reformer in differenzierter Tiefe hatte erfassen lassen. Aber eine Reihe Zitate Putins in Bezug auf Zar Peter und sogar Kant belegen, dass er in Grundzügen sehr wohl mit ihren Ideen vertraut war. Allerdings zeigt sich bei näherem Hinsehen: Er zitierte solche Reformer vor allem dann, wenn er in Kontakt mit Geschäftsleuten und Politikern westlicher

Staaten kam, vor allem mit Deutschland. Dabei war es ihm wichtig zu betonen, dass Russland ein „europäisches Land" sei mit vielen kulturellen Bezugspunkten zu Deutschland, Österreich, Frankreich und anderen westeuropäischen Staaten. Aber Putin änderte seine Haltung schrittweise, je mehr sich gegen Ende der sowjetischen Ära die soziale Krise für große Teile der Bevölkerung zuspitzte.

Michail Gorbatschow, der letzte Präsident der Sowjetunion, der von 1985 bis 1991 regierte, hatte vergeblich versucht, mit seinen grundlegenden Reformen unter den Schlagworten *Glasnost,* „Offenheit", und *Perestroika,* „Umbau", das marode System zu retten. Er wollte den Kommunismus nicht durch ein anderes System ersetzen, sondern nur die schwerwiegenden Fehlentwicklungen korrigieren, indem er Pressefreiheit, Religionsfreiheit und ein Mehrparteiensystem mit freien Wahlen einführte. Und Boris Jelzin, der erste Präsident Russlands, der von 1991 bis 1999 regierte, scheiterte erst recht, indem er sich entschieden gegen den Kommunismus wandte. Er wollte anstelle der sowjetischen Planwirtschaft eine freie Marktwirtschaft nach den Ratschlägen US-amerikanischer neoliberaler Kapitalisten einführen. Aber angesichts der nur wenig durchdachten Reformen funktionierte das Wirtschaftssystem noch weniger als zu Sowjetzeiten. Es blieben die Sozialleistungen für breite Schichten der Bevölkerung aus, die immerhin ein bescheidenes Auskommen garantiert hatten, dagegen nahm die Korruption und die Kriminalität beträchtlich zu. Bereits 1994, im dritten Amtsjahr von Boris Jelzin, glaubten laut einer russischen Meinungsumfrage nur noch sieben Prozent der Bevölkerung daran, dass der Sturz des Sowjetregimes ein Sieg der Demokratie gewesen sei.[101] Und 1995 nannten viele Russinnen und Russen die praktizierte Demokratie *demokratiya* nur noch in einem bitter ironischen Wortspiel *dermokratiya,* „Scheißkratie".[102] Immer mehr wuchs auf diese Weise die Sehnsucht nach vergangenen Zeiten, in denen alles noch seine „Ordnung" hatte. So gesehen hatten Ordnung und soziale Sicherheit, wenn auch auf wirtschaftlich niederem Niveau, unter der Herrschaft der Sowjetkommunisten relativ reibungslos funktioniert. Aber, und dies war der nächste Wandel in der Wahrnehmung, noch besser seien die Verhältnisse unter der Herrschaft der Zaren gewesen. Solche Argumente wurden möglich, je mehr die historische Erinnerung an die realen Verhältnisse verblasst war. In diesem Zusammenhang gewann gerade auch die russisch-orthodoxe Kirche als stabile Ordnungsmacht wieder ein immer größeres Ansehen.

Daran zeigt sich, wie wenig die Freiheitsideale einer pluralistischen Demokratie von einem Großteil der russischen Bevölkerung angenommen wurden. Es war ein Wandel, der zu rasch, zu unvermittelt kam. Zu lange war Russland von einem intensiveren Kontakt mit der Entwicklung in Westeuropa abgeschnitten gewesen. Aber in diesem Zusammenhang müssen wir die Frage stellen: Wie lange hat es gebraucht, dass westeuropäische Staaten zu einer reibungslos funktionierenden Demokratie mit praktizierten Menschenrechten und einem breit gefächerten Massenwohlstand gefunden hatten? Denker der Aufklärung hatten zwar seit dem 18. Jahrhundert „Demokratie" und „Menschenrechte" gefordert, aber noch das ganze 19. Jahrhundert hindurch hatten selbst aufstrebende Industriestaaten brutale Ausbeutung praktiziert, hatten sich teilweise Monarchien mit feudalistischer Sozialordnung trotz des wachsenden Widerstandes von Reformern behauptet. Und noch bis Mitte des 20. Jahrhunderts konnten in etlichen Staaten faschistische Regime existieren, die mit Erfolg die Propaganda verbreiten konnten, „Demokratie" sei eine gefährliche Entwicklung, die zu „Niedergang" und „Chaos" führe.

Zurück zu Wladimir Putin. Er reagierte sehr anpassungsfähig auf die raschen Veränderungen in Russland. Er hatte nach dem Zusammenbruch der Sowjetunion zunächst noch mit Vertretern einer schmalen liberal orientierten Bildungsschicht Russlands das Interesse an Zar Peter und Immanuel Kant als Symbolfiguren einer verheißungsvollen Veränderung geteilt – nun aber rückten andere Vorbilder in den Vordergrund. Putin konzentrierte sich zunehmend auf Zaren, die sich gegen westliche Einflüsse abgeschottet und in intensivem Bündnis mit der Kirche eine stabile Ordnung geschaffen hatten. Putins „Lieblingszar" sei hier, so der britische Russland-Experte und Historiker Orlando Figes, Zar Nikolaus I. gewesen. Es ist jener Zar, der mehr als viele andere danach strebte, das eigene System von Gesellschaft und Religion über die bisherigen Grenzen hinaus zu verbreiten sowie strikt gegen alle Anfeindungen durch westliche Mächte zu schützen, notfalls auch durch Krieg (vgl. hierzu auch meine Darstellung im Abschnitt *Moskau und Sankt Petersburg. Die halbe Moderne durch eine neue Hauptstadt).* Die autokratische Macht der Zaren habe drei Jahrhunderte den Fortschritt des Landes garantiert, bis die Kommunisten 1917 das Zarenreich zertrümmert hätten. Und 1991 habe sich dieser Zyklus wiederholt: Nun habe es einen Zusammenbruch des Staatsgefüges durch westlich beeinflusste „Liberale" wie Gorbatschow und Jelzin gegeben. Russland brauche aber einen starken Führer, der wieder in bewährter Tradition regiere.[103] Putin orientierte sich in diesem Zusammenhang auch immer mehr, so Figes, an der Ideologie panslawistischer Denker, die im 19. Jahrhundert gefordert hatten, man solle nicht die Kultur des Westens zum Vorbild nehmen, sondern sich auf die „russische" Tradition besinnen, sie allein würde für Russland politische Eigenständigkeit und Stärke garantieren.[104] Putin näherte sich mit dieser Logik gerade auch den Positionen der reformfeindlichen russisch-orthodoxen Kirche an. Er teilte zunehmend die Meinung vieler prominenter Vertreter der Kirche, die wie zur Zeit der Zaren stolz darauf sind, dass sich die Dogmen ihrer Religion seit dem Konzil im Jahr 787 nicht mehr geändert haben.[105]

In der Zeit, als sich Putin derart wandelte, lebte er bereits in Moskau. Präsident Jelzin hatte ihn 1996 wegen der organisatorischen Fähigkeiten nach Moskau geholt, und dort war Putin, nachdem er sich auch in der Hauptstadt bewährt hatte, im März 1999 von Jelzin zum Ministerpräsidenten ernannt worden. Aber noch am 31. Dezember desselben Jahres gelang ihm ein weiterer Karrieresprung: Jelzin ernannte Putin zu seinem Nachfolger, weil er selber zurücktrat. Wie das? Jelzin, durch seine zunehmend widersprüchliche Regierung sowie durch allerlei Korruptionsaffären geschwächt und zudem durch Alkoholexzesse krank geworden, war politisch am Ende. Und er ernannte Putin in aller Eile zum Nachfolger, weil dieser ihm versprach, ihn vor allen Strafverfahren wegen Korruption zu schützen. Putin konnte allerdings die unverhofft gewonnene Machtposition eines Präsidenten nur behalten, indem seiner Ernennung eine demokratische Wahl durch die russische Bevölkerung folgte. Die Wahl in einem damals noch halbwegs funktionierenden demokratischen System fand am 26. März 2000 statt. Putin siegte bereits im ersten Wahlgang mit 52,9 Prozent der Stimmen. Dabei half ihm sein Ruf, den er sich als führungsstarker Organisator sowohl in Sankt Petersburg als auch in Moskau erworben hatte.

Am 7. Mai 2000 kam es zur offiziellen Amtseinführung in einem Prunksaal des Kreml-Regierungspalasts mit rund 1500 geladenen Gästen. Aber der dort betont säkularen Zeremonie folgte in der nahegelegenen Kreml-Kirche Mariä-Verkündigung eine religiöse Zeremonie. In diesem Sakralbau mit ihren neun goldenen Kuppeln, 1489 erbaut, erteilte ihm Alexej II., der Patriarch von Moskau, den geistlichen Segen. Eine derartige Zeremonie zur Amtseinführung für ein Staatsoberhaupt hatte es letztmals vor mehr als hundert Jahren gegeben, als Zar Nikolaus II. am 26. Mai 1896 vor dem Beginn seiner Regierung von einem Patriarchen gesegnet wurde. So gesehen bedeutete das, was nun Putin im Jahr 2000 inszenieren ließ, einen Paradigmenwechsel im Amtsverständnis der säkularen politischen Führer. Allerdings gab es in der Symbolik einen Unterschied zur religiösen Amtseinführung der Zaren. Die Zaren haben sich nicht in der Kreml-Kirche Mariä-Verkündigung, ihrer Hauskirche für private Andachten, segnen und krönen lassen – sie ließen das Ritual in der nahegelegenen Kathedrale Mariä-Himmelfahrt stattfinden, die, bereits 1328 gebaut, mit ihren vier großen goldenen Kuppeln den sakralen Mittelpunkt des ganzen Kreml-Geländes bildet. Putin hatte es vermieden, die zentrale Kathedrale zu benutzen, um nicht allzu sehr in die geistige Nähe der Zaren zu rücken. Eine derartige Inszenierung hätte ihm am Anfang seiner großen Karriere schaden können. Denn der Zar hatte als ein von „Gott" eingesetzter Führer gegolten, Putin war aber von Menschen gewählt. Und diese Aura von Demokratie galt es als eine moderne Errungenschaft zu wahren – auch wenn das demokratische System in den folgenden Jahren immer mehr ausgehöhlt wurde und sich in eine autokratische Herrschaftsform mit manipulierten Wahlen wandelte. Putin ließ sich nach später gewonnenen Wahlen ebenfalls in der Kirche Mariä-Verkündigung zur Amtseinführung segnen, und diese Inszenierung hatte zukünftig für alle Führungspersönlichkeiten zu gelten.

Putins Popularität stieg in seiner ersten Amtszeit als Präsident beträchtlich. Dies allerdings nicht aus religiös-politischen Gründen. Es konnte ihm gelingen, immer mehr Investoren aus westlichen Staaten ins Land zu holen, die neues technisches sowie wirtschaftliches Know-how brachten und massenweise durch den Kauf von Rohstoffen wie Erdgas und Erdöl Russland wertvolle Devisen bescherten. Auf diese Weise stieg der russische Lebensstandard in bisher nicht gekanntem Ausmaß besonders in Großstädten, aber auch in ländlichen Regionen. Dies galt teilweise bis zum Angriffskrieg gegen die Ukraine 2022. Ich habe derartige Veränderungen eindrucksvoll vor Augen, wenn ich meine Aufenthalte in Moskau 1972 und 1979 mit dem 2017 in Moskau vergleiche. Unter der kommunistischen Regierung von Leonid Breschnew sah ich oft lange Warteschlangen von Menschen vor Lebensmittelläden wie auch in Kaufhäusern, wo nur wenige der gewünschten Waren zu bekommen waren. Aber 2017, unter Putins Regierung, unterschied sich der Alltag Moskaus auf den ersten Blick nur noch wenig von dem in einer westeuropäischen Großstadt: überall ein reichliches Angebot an Waren und nirgends Warteschlangen, überall gut besuchte Restaurants. Auffallend auch die vielen Läden, die westliche Marken anboten; sie allerdings waren nur für eine schmale Schicht wohlhabender Russen erschwinglich.

Es war ein Eindruck von „Modernität", die in schroffem Kontrast zu Putins religiös-politischen Inszenierungen stand. Aber Putin konnte mit diesem Wandel über längere Zeit die Hoffnung bestärken, alleine er sei der „starke Führer", der einen lang anhaltenden sozialen Aufstieg für immer breitere Schichten der Bevölkerung garantieren konnte. Und mehr noch: ein Führer, der auch fähig sei, Russland wieder als eine Großmacht in die Weltpolitik einzubringen. Dass Putin im Verlauf der folgenden Jahre ein immer engeres Bündnis mit der Kirche schloss und dem Staat verstärkt ein religiöses Gepräge gab, störte viele Wähler nicht. Denn eine zunehmend engere Verflechtung von Politik und einer allein richtigen Religion erschien vielen nur als eine neue Variante von dem, was sie unter kommunistischer Herrschaft als Verflechtung von Politik und einer allein richtigen Ideologie erlebt hatten.

Die Inszenierung des Religiösen. Weiterhin offene Fragen zum Phänomen Putin

Religiös-politische Inszenierungen wurden immer auffälliger in der Amtsführung des Präsidenten Putin. Manche dieser Inszenierungen konnten allerdings von vornherein zur Farce werden.

So geschah dies, als Putin 2007 für den verstorbenen Ex-Präsidenten Boris Jelzin ein feierliches Staatsbegräbnis mit den Ritualen der russisch-orthodoxen Kirche veranlasste. Das Requiem fand am 25. April 2007 in der monumentalen Christ-Erlöser-Kathedrale statt. Einer der beiden ranghohen Geistlichen, welche die Messe zelebrierten, war Kyrill, der Bischof von Smolensk, der spätere Kyrill I., Patriarch von Moskau und auf verhängnisvolle Weise mit Putin verbündet. Es war das erste Staatsbegräbnis mit kirchlichem Ritus nach mehr als hundert Jahren, in der Atmosphäre nicht viel anders als beim Begräbnis eines russischen Zaren.[106] Das prächtige kirchliche Ritual wurde jedoch für einen Ex-Präsidenten veranstaltet, der, wie bereits erwähnt, 1993 eine strikt säkulare Verfassung für Russland verabschiedet hatte und dem russisch-orthodoxen Klerus sehr distanziert gegenüber stand.[107] Aber Präsident Putin hatte eine kirchliche Zeremonie für das Staatsbegräbnis gewünscht, um demonstrativ ein Signal zu setzen, dass Politik und Religion zukünftig wieder eng verbunden sein sollten. Putin selber war mit zahlreicher russischer Prominenz vertreten. Er wirkte sichtlich ergriffen von der Würde des Sakralen, so vermittelte es die Fernsehübertragung.

Wie sehr sich Putin in ein perfekt vorgegebenes Szenarium als religiös motivierter Politiker einfügen konnte, zeigten andere medienwirksam überlieferte Szenen. So etwa, als er 2011 bei einem Staatsbesuch in Belgrad den neu erbauten Dom des Heiligen Sava betrat und dort sichtlich bewegt (wie bereits im Abschnitt *Zerstörungswut und Triumph* erwähnt) für die Gestaltung prächtiger Goldmosaiken eine Spende von umgerechnet vier Millionen Euro versprach. So aber auch, als er im Mai 2016 mit seiner Luxusjacht die Halbinsel der Mönchsrepublik Athos ansteuerte und bei dem russischen Kloster Panteleimon (bekannt als Rossikon) an Land ging. In einem späteren Bericht des österreichischen Nachrichtenmagazins *Profil* ist zu lesen: „Die bärtigen Mönche umarmten den Kreml-Chef herzlich. Russland gilt ihnen als Schutzmacht in schwierigen Zeiten. Wie viel Geld Putin bislang ausgegeben hat, um das einzige russische Kloster auf der Halbinsel auszubauen, ist nicht bekannt. Schätzungen reichen bis zu Hunderten Millionen Euro. Als Dank kann er sich als Schutzherr der Orthodoxen inszenieren. Schon nach einem früheren Besuch 2005 berichtete das russische Staatsfernsehen über ein wundersames Ereignis, das sich dabei zugetragen habe: Putin fuhr mit dem Auto von Kloster zu Kloster, als ein Esel begann, neben ihm herzulaufen. Nach einer Weile stoppte das Tier, der Präsident ließ das Auto halten und beide blickten einander minutenlang in die Augen. ,Ich kann mir das nicht erklären', sagte einer der Mönche vom heiligen Berg dem TV-Team. ,Aber ich denke, dass es ein Zeichen der Mutter Gottes war, der himmlischen Patronin des Berges Athos.'"[108] Bemerkenswert ist an dieser zuletzt geschilderten Szene, dass sie im russischen Staatsfernsehen gesendet und kommentiert wurde. Und bemerkenswert sind die hohen Geldsummen für das russische Kloster, was sich Putin nur leisten konnte, weil Russland durch den reichlichen Verkauf von Erdgas und Erdöl an westliche Industriestaaten gut verdiente.

Wie perfekt sich Putin in seine Rolle als religiös motivierter Politiker einfügen konnte, zeigte sich eindrucksvoll auch 2017. In diesem Jahr waren die Gebeine des Heiligen Nikolaus als Leihgabe der katholischen Kirche einen Monat lang in Moskaus Christ-Er-löser-Kathedrale in einem Sarkophag präsentiert worden. Der An-drang von Pilgern aus ganz Russland zu diesem besonders populären Heiligen habe zu endlosen Warteschlangen geführt, so konnte ich in der deutschen Kirchenzeitung *Neue Bildpost* lesen (wie schon im Abschnitt *Wird Moskau wieder das „Dritte Rom"?* erwähnt). Aber in diesem Bericht wurde auch darauf hingewiesen: „Russlands Medien, darunter das Fernsehen, berichteten tagtäglich in ausführlichen Reportagen vom religiösen Großereignis in der Hauptstadt, das Rückenwind und Schutz der Putin-Regierung genießt. Auch Putin war schon dort: Gerührt stand der Kreml-Chef im Mai vor den Gebeinen des Heiligen Nikolaus und zündete ihm zu Ehren eine Kerze an. Bei Papst Franziskus bedankte er sich für die Leihgabe aus dem süditalienischen Bari."[109]

Angesichts solch anschaulicher und medienwirksamer Episoden kann man zwar weiterhin den Verdacht äußern, dass es sich nur um perfekte Inszenierungen von „Religiosität" aus Machtinteresse handelt. Aber eine andere Deutung ist auch möglich. Putin ist seit frühester Jugend mit der Vorstellung vertraut gewesen, in einem System mit absoluter Glaubensgewissheit zu leben. Damals war es das Vertrauen auf die unfehlbare Wahrheit russisch-kommunistischer Ideologie und ihre Überlegenheit gegenüber allen anderen Systemen gewesen. Als das System des Sowjet-Kommunismus aufgrund schwerer wirtschaftlicher Krisen und wachsender ideologischer Widersprüche zusammenbrach, war Putin psychisch nicht fähig, zu einem pluralistischen Verständnis westlicher Philosophie und Demokratie zu wechseln. Denn ein solches Wagnis hätte ihm existentiell den Boden unter den Füßen weggezogen. Er musste nach dem Glaubensverlust zu einem System wechseln, das ihm dieselbe Gewissheit an unfehlbarer Wahrheit und intolerant dogmatischer Strenge gewährte. Hier bot sich ihm das russisch-orthodoxe Christentum am besten an, das im Gegensatz zum Sowjet-Kommunismus über viele Jahrhunderte existiert und alle Krisen überstanden hat. Deshalb konnte es Putin auch gelingen, in Kirchen so überzeugend christlich zu wirken, wie er in seiner Jugend bei kommunistischen Veranstaltungen überzeugend kommunistisch gewirkt hatte.

Die „Heimkehr" des Alexander Solschenizyn. Ein prominenter Schriftsteller als ambivalenter Christ

Es ist ein Foto, das viele Westeuropäer überrascht hat: Der international bekannte russische Schriftsteller Alexander Solschenizyn, der nahezu drei Jahrzehnte außerhalb Russlands als politisch Geächteter gelebt hat, sitzt Wladimir Putin gegenüber. Der Schauplatz ist das Wohnhaus des Schriftstellers in einem Vorort von Moskau. Es ist das Jahr 2007. Solschenizyn ist der Staatspreis der Russischen Föderation verliehen worden und Putin hat dem 88-jährigen Autor die Ehre erwiesen, ihn zu besuchen und, umringt von Fotografen, mit ihm zu sprechen. Ein Jahr später starb der hochbetagte Schriftsteller in Moskau. 2018, am hundertsten Geburtstag Solschenizyns, wurde aus diesem Anlass ein Denkmal in Russlands Hauptstadt enthüllt, und wieder war es Putin, der dem Autor eine besondere Ehre erwies. Russlands Präsident hielt vor dem Denkmal eine Rede, in der er unter anderem über Solschenizyn sagte: „Er hat immer klar unterschieden zwischen dem wahren, echten Russland und den Besonderheiten des totalitären Regimes, das schwerstes Leid über Millionen Menschen gebracht hat."[110]

Wie das Foto des Jahres 2007 bewerten? Wie Putins Rede im Jahr 2018?

Eine weitere Irritation kommt hinzu. Solschenizyn sah in der russisch-orthodoxen Konfession eine Religiosität, die in ihrem spirituellen Gehalt allen anderen christlichen Glaubensformen überlegen sei. Er war stolz darauf, ein russisch-orthodoxer Christ und nichts anderes zu sein. Ihn hatte der jahrelange Aufenthalt in Westeuropa und vor allem in den USA gelehrt, dass eben *ruski mir*, die „russische Welt", viel besser sei als die westliche. Mir erging es wie vielen anderen Westeuropäern: Ich hatte etliche Romane Solschenizyns, die in den 1960er und 1970er Jahren erschienen, mit großem Interesse gelesen, und entsprechend gehörte ich zu jenen, die es begrüßten, dass der Autor 1970 den Nobelpreis für Literatur bekam. Umso schwieriger war es, die spätere Wende in seiner ohnehin konfliktreichen Entwicklung zu verstehen.

Solschenizyn, 1918 im Nordkaukasus geboren, hatte Mathematik und Physik studiert. Im Zweiten Weltkrieg kämpfte er als Hauptmann an vorderster Front gegen Hitlers Armee, aber bereits hier erlebte er einen ersten tiefen Einschnitt in seinem Leben. Er wurde verhaftet, weil er in seinen Feldpostbriefen Stalin kritisiert hatte. Daraufhin verbrachte er die Jahre 1945 bis 1956 unter erbärmlichen Bedingungen in verschiedenen Straflagern des Gulag und anschließend lebte er einige Jahre verbannt in Kasachstan. Diese Jahre aber gaben den Anstoß, seine Eindrücke literarisch aufzuarbeiten. 1962 erschien sein erster Roman *Ein Tag im Leben des Iwan Denissowitsch*, in dem er mit sozialkritischer und psychologischer Schärfe den deprimierenden Alltag in den Straflagern schilderte. Er begann seine literarische Karriere wie Dostojewski, den Solschenizyn als großes Vorbild empfand. Der Roman konnte aber in der Sowjetunion nur veröffentlicht werden, weil Nikita Chruschtschow, der von 1953 bis 1964 regierte, auf einem Parteitag 1958 Stalin scharf kritisiert und eine Phase der „Entstalinisierung" eingeleitet hatte. Solschenizyns Position als anerkannter Schriftsteller in der Heimat änderte sich jedoch rasch, als Chruschtschow 1964 durch kommunistische Hardliner gestürzt wurde.

Nun kam Leonid Breschnew an die Macht, der bis 1982 regierte und eine Periode zunehmender ideologischer und gesellschaftlicher Erstarrung einleitete. Die Spannungen zwischen Solschenizyn und dem Regime verschärften sich, je mehr die Machthaber erkannten, dass seine Romane mit ihrem radikalen moralischen Ansatz das Sowjetsystem grundsätzlich in Frage stellten. Dies betraf vor allem seinen Roman *Krebsstation*, dessen ersten Band der Autor 1966 verfasst hatte. In diesem Roman beschrieb er das Leben von Krebskranken in einem Spital, wobei die Schilderung zu einem beklemmenden Sinnbild der kranken sowjetischen Gesellschaft wird, einer „Krankheit", der im Roman die Ärzte wie auch die Patienten und ebenso prominente Politfunktionäre hilflos gegenüberstehen. Das Manuskript konnte nach kurzer Prüfung von Verlagen und der Zensurbehörde nicht veröffentlicht werden, es wurde ins westliche Ausland geschmuggelt. Der erste Band erschien dort noch im selben Jahr 1967, der zweite Band 1969. *Krebsstation* wurde im Ausland ein Welterfolg, in Russland konnte der Roman erst nach dem Ende der kommunistischen Herrschaft erscheinen. 1970 erhielt Solschenizyn, nun international berühmt, den Nobelpreis für Literatur. Den Band 1 des nächsten Werks, *Archipel Gulag*, bot Solschenizyn von vornherein nur dem Ausland an, wo das Werk 1973 zuerst in Frankreich veröffentlicht wurde. Es handelt sich bei diesem Buch um eine groß angelegte Montage von Einzelschicksalen in den schrecklichen Arbeitslagern der Sowjetunion, Sinnbild einer Tragödie von Millionen Häftlingen seit 1918. Das Erscheinen von *Archipel Gulag* bedeutete für die sowjetischen Machthaber vollends ein Alarmsignal. Solschenizyn war inzwischen aber so berühmt, dass es dem Image der Sowjetunion schwer geschadet hätte, ihn zu inhaftieren. Im Februar 1974 entzog ihm das Regime die russische Staatsbürgerschaft und zwang ihn zur Ausreise. Darauf lebte er kurze Zeit in Deutschland und der Schweiz und schließlich im US-amerikanischen Bundesstaat Vermont.

Solschenizyn hatte aber nicht die Absicht, auf Dauer im westlichen Exil zu bleiben. Er konnte sich nicht mit der westlichen Vorstellung von Individualismus und pluralistischer Demokratie anfreunden, sondern sah dies als eine Dekadenzerscheinung an und wünschte eine Rückkehr in die russische Heimat. In Russland wollte er an einer „geistigen Erneuerung" mitwirken. Solche Gedanken fasste er programmatisch in seiner politischen Denkschrift *Wie wir Russland umbauen müssen* zusammen. In eben jenem Jahr kam aus der Sowjetunion ein erster Aufruf zur Rückkehr aus dem Exil. Solschenizyn stimmte einer Rückkehr zu, aber nur unter der Bedingung, dass zuvor sein Werk *Archipel Gulag* nun auch in der Sowjetunion veröffentlicht würde. Dies geschah 1991 noch unter der Regierung von Michail Gorbatschow und bedeutete einen Höhepunkt in dessen Reformpolitik.

Am 25. Dezember 1991 zerbrach der Staatenbund der Sowjetunion nach langer Krise. An ihre Stelle traten eine Reihe unabhängiger Staaten. Im größten Staat, Russland, wurde Boris Jelzin Präsident. Dorthin kehrte Solschenizyn 1994 zurück. Aber die folgenden Jahre führten nicht zu dem, was sich der bisher verfemte und nun heimgekehrte Autor unter einer „geistigen Erneuerung" vorstellte. Russland war zerrissen in gegensätzliche Strömungen, kommunistische, nationalistische, rechtspopulistische und religiöse. 1998 erhielt Solschenizyn zwar die Lomonossow-Goldmedaille der Russischen Akademie der Wissenschaften, und der heimgekehrte Autor konnte sich dadurch endgültig respektiert fühlen, aber er konnte das Russland, das er vorfand, nicht als Verkörperung der *ruski mir*, der russischen Welt, empfinden. Er konnte weder in Gorbatschow noch in Jelzin die wegweisenden Politiker für die von ihm erhoffte historische Wende sehen. Er kritisierte das Chaos, das durch den Import westlicher Modelle entstanden sei, etwa die wachsende Kluft zwischen Reich und Arm – vor allem aber, dass weder Gorbatschow noch Jelzin sich darum bemüht hätten, die wahren russischen Werte wieder zu beleben: Werte, die in der russisch-orthodoxen Kirche beheimatet seien.

Solschenizyn setzte große Hoffnungen auf Putin, der am 31. Dezember 1999 Jelzins Nachfolger wurde. Putin trat als „russischer Christ" in Erscheinung, der die Absicht hatte, eine starke Verbindung von Staat und Kirche wie zur Zeit der Zaren wiederherzustellen. Solschenizyn begrüßte in diesem Zusammenhang auch, dass Putin die Ansicht vertrat, Belarus und die Ukraine hätten kein Recht auf eigene Staatlichkeit, denn sie seien ein untrennbarer Teil russischer Kultur und Religion, sie müssten daher in die großrussische Gemeinschaft zurückkehren. Exakt diese Auffassung hatte Solschenizyn auch schon in seiner 1990 erschienenen Gedenkschrift *Wie wir Russland umbauen müssen* geäußert, lange bevor Putin selber daran denken konnte, in leitender Funktion Macht auszuüben. Deshalb neigen heute manche westliche Beobachter dazu, Putin ideologisch für einen „Schüler" Solschenizyns zu halten. Dabei greifen der Schriftsteller sowie Russlands Präsident nur auf dieselben Autoren mit panslawistischer Ideologie zurück. Es ist nicht eindeutig geklärt, inwieweit sich Solschenizyn und Putin in ihrer Vision von „Russentum" einig waren. Eindeutig ist nur, dass sich der einst verfemte Schriftsteller geehrt fühlte, als ihm 2007 der Staatspreis der Russischen Föderation verliehen wurde und Putin den Geehrten in seiner Wohnung besuchte.

Aber im Jahr 2007 war Putin noch nicht der rücksichtslos regierende Autokrat, er musste noch darauf bedacht sein, taktisch Rücksicht auf Andersdenkende zu nehmen. Seine Struktur von „gelenkter Demokratie" konnte noch die Illusion vermitteln, dass er trotz aller machtvoll vertretenen Autorität Raum ließ für konstruktive Kritik. Auch wenn Putin 2007 schon rücksichtslos gegen Georgien und Tschetschenien vorging, so war damals ein brutaler Angriffskrieg gegen die Ukraine noch unvorstellbar. Ob Solschenizyn auch auf einen solchen Krieg mit Verständnis reagiert hätte? Ihm haftete bis zuletzt der Ruf an, trotz seiner offen geäußerten panslawistischen Neigungen ein „unbeugsamer Moralist" zu sein, so der vielfach lobende Kommentar in den Nachrufen anlässlich seines Todes 2008. Der Schriftsteller hätte daher spätestens bei Putins immer brutalerem Nationalismus ähnlich mit moralischer Empörung reagieren können, wie er einst die Verbrechen des kommunistischen Systems verurteilt hatte. Solschenizyn hat zwar in den letzten drei Jahrzehnten seines langen Lebens eine rückwärtsgewandte, konservativ-christliche Weltanschauung vertreten. Aber Vorbild sind ihm nicht Zaren gewesen, die brutale Despoten waren, auch nicht religiöse Würdenträger, die ihre Macht missbrauchten. Er pries Figuren als Leitbild, wie sie laut ihrer vertretenen Ideale hätten eigentlich sein sollen. Gerade diese Art von Vision macht deutlich: Solschenizyns weltliterarische Bedeutung lag in seiner fundierten Kritik des kommunistischen Systems, nicht dagegen in der realitätsfernen Utopie einer religiös-politischen Erneuerung des *ruski mir*, der „russischen Welt".

„Gotteslästerung" oder konstruktive Kritik? Die Protestaktion der Gruppe „Pussy Riot" in der Christ-Erlöser-Kathedrale

Diese Bilder gingen um die Welt: Am 21. Februar 2012 tanzten vier junge Frauen in grellbunten Kleidern und mit Masken vor dem Gesicht unmittelbar vor dem Altar einer Kirche, hoben rhythmisch die Arme und riefen Parolen. Diese Szene spielte sich in der Christ-Erlöser-Kathedrale von Moskau ab, der größten Kultstätte der Orthodoxie in Russland, einst auf Befehl von Stalin abgerissen und nach dem Zerfall der Sowjetunion mit großem finanziellem Aufwand wieder neu errichtet. Die tanzenden vier jungen Frauen gehörten zur Gruppe „Pussy Riot", die ihre Kritik an Staat und Religion durch gezielte Aktionen provokativ in die Öffentlichkeit trugen. Für ihr jetziges Anliegen erschien ihnen gerade diese Kirche mit ihrem besonderen Symbolwert eines wieder erweckten Christentums geeignet.

Ihr Auftritt vor dem Altar dauerte nur eine knappe Minute. Dann wurden die vier Frauen vom Wachpersonal überwältigt und abgeführt. Aber andere Frauen der Gruppe Pussy Riot hatten den Auftritt gefilmt, hatten unbemerkt fliehen können, hatten die Provokation einen Tag später mit Fotos aus anderen Kirchen ergänzt und ihr eine Tonspur unterlegt, auf der etliche Parolen hinzugefügt waren. So etwa: „Mutter Gottes, Jungfrau, verjage Putin!" und „Der Patriarch glaubt an Putin, obwohl er an Gott glauben sollte!" Ihr Protest richtete sich besonders gegen das geplante Abtreibungsverbot der russisch-orthodoxen Kirche, hierzu skandierten sie folgende Parole in Bezug auf Patriarch Kyrill I.: „Um Seine Heiligkeit nicht

zu beleidigen, müssen wir gebären und lieben." Nach eigenen Angabe in der späteren Gerichtsverhandlung hatten die Frauen für ihre
Aktion folgendes Motiv: Putin werde in seiner Politik rhetorisch
immer mehr von Patriarch Kyrill unterstützt, dabei werde die Verbindung von Staat und Kirche noch enger als bisher, was für die
Entwicklung Russlands schädlich sei.[111]

Das Video der Gruppe Pussy Riot hatte rasch für große Aufmerksamkeit in Russland wie auch im Ausland gesorgt. Innerhalb
weniger Tage war der Name dieser Gruppe weltweit bekannt geworden. Der Name allerdings ist ungewöhnlich, denn die Frauen
hatten nicht ein russisches Wort gewählt, sondern aus dem engli-
schen Sprachschatz geschöpft – und mit diesem Hinweis auf eine
ausländische Verbindung hatten sie ebenfalls provozieren wollen.
Pussy ist eine englische Bezeichnung für eine weibliche Hauskatze
und kann im übertragenen Sinn auch für eine anschmiegsame junge
Frau oder provokanter noch im vulgären Sinne für das weibliche
Geschlechtsorgan verwendet werden, *riot* aber bedeutet „Aufruhr",
„Rebellion", in juristischem Sinn „Landfriedensbruch". Gegründet
wurde diese Gruppe 2011 in Moskau von elf jungen Frauen mit der
Absicht, durch gezielte Aktionen in Metro-Stationen, auf öffentli-
chen Plätzen und auch in Kirchen gegen die immer enger werdende
Allianz von Staat und Kirche, Putin und Kyrill, zu protestieren. Sie
stellten die Protestvideos kostenlos ins Netz. Ihre führenden Mitglieder haben ein abgeschlossenes Studium, entweder Philosophie,
Geschichte, Journalismus oder ein Fach der Technik. Was ihr femi-
nistisches Engagement betraf, waren sie stark vom Feminismus in
Westeuropa, hier besonders von Simone de Beauvoir, beeinflusst.[112]
Und sie ließen sich von der Hoffnung leiten, in dem zunehmend autokratisch regierten Staat könnte sich durch solche Aktionen doch
noch ein kritischer Widerstand aktivieren lassen.

Die Gerichtsverhandlung gegen die vier Frauen von Pussy Riot
begann im Juli 2012, nahezu fünf Monate nach der Provokation in
der Christ-Erlöser-Kathedrale. Das Kirchenoberhaupt Kyrill meldete sich während des Prozesses auf einer Website des Patriarchats zu

Wort, indem er scharf den Feminismus als einen geistigen Import aus dem Westen kritisierte. Die Ideologie des Feminismus bedeute eine „Pseudo-Freiheit" für Frauen, die sich vor allem „außerhalb der Ehe und außerhalb der Familie" entfalten würde, sie widerspreche den Werten der Familie. Die wahren, von Gott gegebenen Verhältnisse seien: Der Mann habe zu arbeiten und Geld zu verdienen, dagegen müsse sich die Frau mit dem Haushalt und den Kindern befassen. Werde aber diese Aufgabenteilung zerstört, „dann bricht alles zusammen – die Familie und im weiteren Sinn das Vaterland."[113] In dieser Wortmeldung des Patriarchen Kyrill ist viel von dem enthalten, wogegen die Frauen von Pussy Riot protestierten, und sie zeigte auch, wie sehr die russisch-orthodoxe Kirche Wert auf ein hartes Urteil der Richter legte. Am 12. August 2012 folgte das Urteil: Zwei Jahre Haft in einem sibirischen Arbeitslager wegen „Rowdytums aus religiösem Hass" für die beiden anführenden Frauen, für die beiden anderen mildere Strafen. Die Staatsanwaltschaft hatte drei Jahre Haft gefordert, die Richter verringerten um ein Jahr angesichts der vielen Proteste aus dem Ausland.

In der Analyse des Russland-Experten Stefan Meister steht hinter dem harten Urteil gegen die Pussy-Riot-Frauen ein politisches Kalkül. Denn die Mehrheit der russischen Bevölkerung sei sehr konservativ, nahezu 70 Prozent hätten bei einer Umfrage eines russischen Meinungsforschungsinstituts den Auftritt von Pussy Riot in der Christ-Erlöser-Kathedrale empört abgelehnt, und nur fünf Prozent hätten sich gegen eine Verurteilung ausgesprochen. Dieses Ergebnis stimme auch mit der Einschätzung westlicher Experten überein. Für die Regierung unter Putin sowie die russisch-orthodoxe Kirche unter Kyrill sei die provokante Aktion der Pussy Riot gerade zur rechten Zeit gekommen. Die Kritik des liberalen Westens an dem Gerichtsurteil schweiße die russische Bevölkerung zusammen, denn eine solche Kritik werde als unzulässige Einmischung von außen betrachtet. Umso leichter lasse sich daraufhin von weltlichen und kirchlichen Machthabern Russlands eine konservative Mehrheit gegen den „Westen" ideologisch mobilisieren.[114]

Wie groß war im Jahr 2012 überhaupt die Opposition gegen Putin? Die Regierung tat alles, um Kritik an zunehmendem Machtmissbrauch, Korruption und Unterdrückung der Meinungsfreiheit auszuschalten. Eine Gruppierung wie Pussy Riot war hierbei nur eine Variante unter vielen Formen einer Opposition. Zu jener Zeit hatten sich prominente Politiker wie Boris Nemzow und Alexej Nawalny noch wirksamer als Gegner Putins entwickelt, indem sie oppositionelle Parteien mit wachsender Popularität gründeten. Aber Boris Nemzow wurde 2015 auf offener Straße erschossen, die Täter konnten unerkannt entkommen. Und Nawalny wurde aus fadenscheinigen Gründen immer wieder verhaftet, wäre 2020 beinahe durch einen Giftanschlag gestorben und wurde 2021 wegen Widerstands gegen die Staatsgewalt zu fünf Jahren Arbeitslager in Sibirien verurteilt. Umso mehr konnte sich Russland zu einem autokratischen Staat entwickeln.

Die Haftstrafe für die beiden Pussy-Riot-Frauen dauerte nur zwei Jahre, aber diese Zeit in einem sibirischen Arbeitslager war voller Entbehrungen, ja, gezielt schikanös, sie sollte zur Abschreckung dienen. Trotzdem setzte die Gruppe Pussy Riot ihre Provokationen in den folgenden Jahren fort. Immer wieder wurden sie kurzfristig verhaftet, und immer noch hielten sie an ihrem Glauben fest, sie könnten etwas bewirken. Ihre Aktionen fanden erst ein jähes Ende, als am 24. Februar 2022 Russlands Angriffskrieg gegen die Ukraine begann. Gegen diesen Krieg zu protestieren, der nicht einmal „Krieg" genannt werden durfte, erschien dann doch zu gefährlich. Am 13. Mai 2022 flohen die führenden Mitglieder der Gruppe Pussy Riot nach Deutschland, wo sie in etlichen Konzerten auftraten. Sie unternahmen auch Konzertreisen nach Frankreich und in die USA, wo sie ihre musikalischen Darbietungen stets mit vehementer Kritik am Krieg und mit viel Sympathie für die bedrängten Ukrainer verbanden.

Russland und die Ukraine.
Ethnische und religiöse Hintergründe eines Konflikts

Kiew als „Geburtsort" russischer Orthodoxie?
Ein religiöser Mythos und das strittige Problem

Der Begriff Rus, von dem sich Russland ableitet, ist nicht in Russland entstanden, sondern auf dem Gebiet des heutigen Staates Ukraine. Aber den Namen Ukraine haben nicht die Ukrainer erfunden, sondern die Russen.

Ein widersprüchlicher Sachverhalt wie dieser zeigt, wie komplex die Beziehung zwischen Russland und der Ukraine seit vielen Jahrhunderten ist. Im Abschnitt *Kiew, ein erstes Zentrum slawischer Orthodoxie* bin ich bereits darauf eingegangen, dass sich ein Großreich mit dem Namen Rus schon im 8. Jahrhundert entwickelte und Kiew dessen Hauptstadt war. Im Jahr 988 hat in Kiew der Großfürst Wladimir I. eine Massentaufe seiner Untertanen veranlasst und in der Folge sind in Kiew Kirchen gegründet worden, in denen die Messe nach dem Ritus des byzantinischen Konstantinopel stattfand. Kiew kann somit als das erste wesentliche Zentrum des orthodoxen Christentums im slawischen Raum gelten. Aber kann Kiew damit auch schon als Geburtsort der russischen Orthodoxie verstanden werden? Viele Russen vertreten bis heute vehement diese Auffassung. Dagegen distanzieren sich viele Ukrainer davon, manche vage, andere entschieden, und betonen das spezifisch „Ukrainische". Doch wie schon erwähnt: Der Begriff Ukraine ist wesentlich später entstanden. Einen unabhängigen Staat mit dem Namen Ukraine hat es erstmals von 1917 bis 1922 gegeben, bevor sowjetrussische Truppen einmarschierten, und dann wieder seit 1991, als die Sowjetunion sich auflöste. Aber diese neue Unabhängigkeit ist seit dem Angriffskrieg Putins seit 2022 wieder bedroht.

Wir müssen einige Jahrhunderte zurückgehen, um die Ursachen späterer Konflikte zu verstehen. Eine grundsätzlich unterschiedliche Entwicklung von Russland und der Ukraine begann im 16. Jahrhundert. Damals war die Herrschaft der muslimischen Mongolen-Khane über Russland sowie über das Gebiet der heutigen Ukraine gebrochen. Während aber in Russland mit seiner Hauptstadt Moskau ein immer stärkerer Staat entstand (so bereits dargestellt im Abschnitt *Moskau als das „Dritte Rom"*), blieb die Region Ukraine in zahlreiche kleine Herrschaftsgebiete gespalten. Mitte des 17. Jahrhunderts wurde diese Region wieder unter einigen mächtigen Nachbarstaaten aufgeteilt. Der westliche Teil fiel an das Großfürstentum Polen, in dessen Gebiet vorwiegend Katholiken lebten. Der östliche Teil fiel an das Zarenreich, dessen Untertanen sich vorwiegend zum russisch-orthodoxen Glauben bekannten. Kiew befand sich im östlichen Teil und wurde so zur Hauptstadt einer russisch gewordenen Provinz. Diese Provinz erhielt von den regierenden Russen den Namen Ukraine. Das Wort ist abgeleitet aus dem altslawischen Wort *ukraina* und bedeutet „Grenzland". Gemeint ist damit die Grenze zu den westlichen Nachbarstaaten.[115] In dieser Provinz lebten neben den alteingesessenen Bewohnern, nun Ukrainer genannt, auch zahlreiche Russen. Beide Völker sprechen slawische Sprachen, die so eng verwandt sind wie das Deutsche und das Niederländische. Allerdings setzten die Zaren in ihrem ukrainischen Herrschaftsbereich Russisch als die offizielle Amtssprache durch. Politiker, Beamte, Wissenschaftler und Schriftsteller konnten, weil in Schulen ausschließlich auf Russisch unterrichtet wurde, allein in dieser Sprache schriftlich miteinander Kontakt haben. Das Ukrainische dagegen duldeten die Russen nur herablassend als Sprache des einfachen Volkes.

Ende des 18. Jahrhunderts hatten sich die Machtverhältnisse in Osteuropa wieder grundlegend geändert. Das Großreich Polen war politisch derart geschwächt, dass es nun selber Opfer imperialistischer Nachbarstaaten wurde. Das westliche Gebiet von Polen teilten sich die Großmacht Preußen und die Großmacht Österreich-Ungarn untereinander auf, der östliche Teil kam zu Russland. Für die Ukraine bedeutete dies: Den westlichen Teil regierten nun die österreichischen Habsburger, den östlichen Teil die russischen Zaren. Der habsburgisch gewordene Teil der Ukraine erhielt von den neuen Regenten den Namen Galizien, die Hauptstadt wurde Lemberg (ukrainisch heute Lwiw). Unter österreichischer Herrschaft konnte sich nun anstelle der russischen Sprache das Ukrainische aus seiner bisher untergeordneten Rolle befreien und neben dem Deutschen als der Amtssprache der Bildungsschicht zur Geltung kommen. So entwickelte sich in Galizien schrittweise ein ukrainisches Nationalbewusstsein. Die österreichischen Machthaber bewiesen damit allerdings keine ethnische Toleranz, vielmehr förderten sie aus strategischen Gründen diese Tendenz: Sie wollten mit den ukrainischen Untertanen treue Verbündete gegen das benachbarte Russische Reich gewinnen.

Ein weiterer Gegensatz war auch dadurch gegeben, dass sich die österreichisch regierten Ukrainer religiös von den russisch regierten Ukrainern unterschieden. Jene Ukrainer, die noch Mitte des 18. Jahrhunderts unter der Herrschaft des katholischen Großreiches Polen gelebt hatten, bekannten sich überwiegend zur katholischen Konfession (wenn auch mit griechisch-byzantinischem Ritus), die „russischen" Ukrainer überwiegend zum russisch-orthodoxen Glauben. In solch grundlegenden Unterschieden zwischen der habsburgisch und der zaristisch regierten Ukraine bahnten sich in ersten Umrissen jene Konflikte an, die sich nach dem Zerfall der Sowjetunion gefährlich zuspitzten. Indem nun seit Ende des 18. Jahrhunderts die Ukraine in einen österreichischen und einen russischen Sektor aufgeteilt war, taten die Zaren alles, um den von ihnen beherrschten Teil umso intensiver an die russische Kultur ihres Reiches zu binden. Besonders aggressiv verhielt sich hierbei Zar Nikolaus I., der von 1825 bis 1854 regierte und (wie bereits im Abschnitt *Moskau als das „Dritte Rom"* beschrieben) den Krimkrieg mit religiös aufgeladener Ideologie begann. Für Zar Nikolaus war entscheidend, dass seine Untertanen ausnahmslos einen religiös-politischen Bezug zwischen Kiew, der Hauptstadt der „russischen" Provinz Ukraine, und Moskau, dem Zentrum russischer Macht, sahen.

Dieser Politik blieben auch seine Nachfolger treu. Für die Russen ist ja bis heute die Massentaufe im Fluss Dnjepr 988 ein religiöser Feiertag und der Großfürst Wladimir, „der Große" und „der Heilige", ist als der Stifter für die Gemeinschaft der christlichen „Rus" zur maßgebenden Identitätsfigur geworden. Nur dass ihn die Russen in ihrer Sprache Wladimir nennen, die Ukrainer Wolodymyr. Die Demonstration einer solchen Einheit ging im 19. Jahrhundert so weit, dass Zar Nikolaus in Kiew am Ufer des Dnjepr 1853 eine monumentale Statue des Großfürsten Wladimir zum Gedenken an die Massentaufe errichten ließ. Dieses Denkmal hat den Sinn, den imperialistischen Machtanspruch der Zaren sowie der russisch-orthodoxen Kirche zu bekräftigen. Alle Einwohner der Provinz Ukraine müssen sich als „Russen" verstehen und sich als solche auch zur russisch-orthodoxen Kirche bekennen. Andere christliche Konfessionen werden als „ketzerisch" angesehen. So hatte gerade Zar Nikolaus I. (wie bereits im Abschnitt *Moskau und Sankt Petersburg* geschildert) Katholiken und Protestanten in seinem Machtbereich mehrheitlich dazu gezwungen, zum russisch-orthodoxen Glauben überzutreten.

An dieser Praxis hielten die Zaren bis 1917 fest. Die Niederlage im Ersten Weltkrieg gegen das deutsche und das österreichische Kaiserreich und die anschließende Revolution der Kommunisten beendete die Herrschaft der Zaren. Dies brachte auch für die russische Provinz Ukraine eine völlig neue Situation. Die Kommunisten unter der Führung von Wladimir Lenin sahen sich im Friedensvertrag von Brest-Litowsk gezwungen, die Ukraine in die Unabhängigkeit zu entlassen. Nun wurde der Traum ukrainischer Nationalisten wahr, erstmals in einem eigenen Staat zu leben. Aber diese „Ukrainische Volksrepublik" konnte nur fünf Jahre, von 1917 bis 1922, bestehen. Wie das?

Von Anfang an litt der neue Staat unter den Rivalitäten verschiedener nationalistischer Gruppierungen. Auch konnte es den regierenden Nationalisten nicht gelingen, die ukrainischen Bauern als die Mehrheit der Bevölkerung für einen ukrainischen Nationalismus zu aktivieren. Viele der Bauern waren zwar bereit, für ihre Freiheit zu kämpfen, und das hieß, die brutale Ausbeutung durch die Feudalherren zu beseitigen – aber das Ideal einer unabhängigen Nation blieb den meisten fremd. Der neue Staat konnte von Anfang an nicht zu einer stabilen Ordnung finden. Diese Situation nützten 1920 Russlands Kommunisten, um mit ihren Truppen einzumarschieren, und ihnen gelang es, den Staat nach einem zwei Jahre dauernden Krieg zu unterwerfen. 1922 trat die besiegte Ukrainische Volksrepublik der Sozialistischen Sowjetrepublik bei.[116] Damit war die Ukraine unter dem Namen Ukraine wieder ein Teil Russlands geworden. Zudem schien sich zu bestätigen, was Wladimir Putin ein Jahrhundert später als eines seiner Motive nannte, den Angriffskrieg gegen die Ukraine zu beginnen: Dieses Land habe keine Tradition der Eigenstaatlichkeit, es sei letztlich immer ein Teil Russlands gewesen, und dieser Zustand müsse gegen den Widerstand westlich beeinflusster Ideologen hergestellt werden. Dies war aber nur eines der Motive Putins. Hinzu kam ein stark religiös geprägter Antrieb: die Überzeugung, dass die Ukraine und Russland ein „gemeinsames Taufbecken" in Kiew hätten.

Kreuz und Schwert.
Ein Denkmal in Moskau mit religiös-politischer Botschaft

Ich konnte bei meinem Besuch in Moskau 2017 einen ersten Eindruck davon gewinnen, dass der schon lange schwelende Konflikt zwischen Russland und der Ukraine nicht ohne den religiösen Aspekt zu verstehen ist. Dies war fünf Jahre vor Beginn des verheerenden Krieges.

Bei einem Rundgang um das weitläufige, von Mauern umgebene Gelände des Kreml entdeckte ich auf einem großen Platz eine monumentale Statue. Die Statue aus Bronze, 16 Meter hoch, vor

der die vorbeigehenden Menschen winzig wirken, zeigt einen bärtigen Mann in der Kleidung eines Fürsten aus einer Epoche des frühen Mittelalters. Er hält mit der rechten Hand ein mächtiges Kreuz
in die Höhe, seine linke Hand ist auf den Knauf eines Schwertes
gestützt. Die Statue war erst im November 2016 aufgestellt worden,
ein halbes Jahr vor meiner Reise. Sie stellt den Großfürsten Wladimir I. dar, der den Beinamen „der Große" sowie „der Heilige" hat.
Er, der von 960 bis 1015 lebte, gilt als der Begründer des ersten
Großreiches mit der Bezeichnung „Rus". Er war zum Christentum
übergetreten, und unter seiner Herrschaft hatte im Jahr 988 eine
Massentaufe der „heidnischen" Bevölkerung stattgefunden. Aber
die Residenz dieses Großfürsten hatte sich nicht in Moskau befunden – sondern in Kiew, der heutigen Hauptstadt der Ukraine (wie
ich bereits im Abschnitt *Kiew, ein erstes Zentrum slawischer Orthodoxie* dargestellt habe). Und hier zeigt sich die Brisanz. Es existiert
bereits in Kiew eine Statue des Großfürsten Wladimir I. mit nahezu derselben Ikonographie: ebenfalls eine monumentale Gestalt,
ebenfalls mit der rechten Hand ein mannshohes Kreuz hochhaltend
und die linke Hand auf den Knauf eines Schwertes gestützt. Diese
Statue wurde (wie ebenfalls schon erwähnt) 1853 auf Befehl des
Zaren Nikolaus I. errichtet, sie ragt am Ufer des Dnjepr an jener
Stelle auf, wo nach legendärer Überlieferung im Jahr 988 Tausende
„Heiden" sich haben taufen lassen. Diese Statue steht vor einem
langgestreckten waldigen Hügel mit Kirchen und Klöstern, die seit
Jahrhunderten ein vielbesuchtes Pilgerziel sind.

Für Russen und Ukrainer ist das Datum der Massentaufe im
Fluss Dnjepr 988 gleichermaßen ein Feiertag, ebenso ist der Großfürst Wladimir als „der Große" und „der Heilige" für beide die maßgebende Identitätsfigur. Nur dass ihn die Russen Wladimir und die
Ukrainer in ihrer Sprache Wolodymyr nennen. Der Respekt der
Russen zeigte sich nicht zuletzt darin, dass Zar Nikolaus I. 1853 in
Kiew das monumentale Denkmal Wladimirs errichten ließ. Aber im
19. Jahrhundert – ja, bis in das zweite Jahrzehnt des 21. Jahrhunderts – wäre kein russischer Regent auf die Idee gekommen, in Mos-

kau eine zusätzliche Statue des Großfürsten mit Kreuz und Schwert errichten zu lassen. Warum veranlasste dies Putin? Etwa deshalb, weil er die Ansicht vertrat, die ukrainische Regierung in Kiew bekenne sich nicht mehr voll und ganz zu den Idealen, die einst Großfürst Wladimir für die Gemeinschaft der „Rus" verkündet hatte? Eine Frage wie diese mutet im ersten Moment eher nebensächlich an. Denn es scheint sich kein engerer Zusammenhang zu der viel schwerer wiegenden Frage zu ergeben: Weshalb hat Putin einen verlustreichen, mit erheblichen Risiken befrachteten Krieg gegen die Ukraine begonnen? Putins offizielle Begründung lässt den religiösen Aspekt kaum ahnen. Er hatte ja erklärt: Die Ukrainer seien ethnisch kein eigenständiges Volk, sie hätten entsprechend auch keine Tradition der Eigenstaatlichkeit, sie seien Russen mit einem nur unterschiedlichen Dialekt. Daher sei dieser äußerst labile Zustand einer Eigenstaatlichkcit zu beseitigen, zumal die Ukrainer durch „westliche" Einflüsse wie zunehmende Sittenlosigkeit und einen Rückfall in faschistische Ideologie immer mehr in Gefahr kämen, sich von ihren „russischen" Ursprüngen zu entfernen. Aber dies ist nur die halbe Begründung. Es zeigt sich bei näherem Hinsehen, dass hinter solchen Bekundungen auch ein starker religiöser Impuls wirkt. Und dieser Impuls ist identisch mit den Äußerungen maßgeblicher Machthaber der russisch-orthodoxen Kirche.

Im Sommer 2013, neun Jahre vor Beginn des Krieges, hatte Putin zusammen mit Kyrill I., dem Patriarchen von Moskau, Kiew besucht. Der Anlass war die Feier des 1025. Jahrestages der sogenannten „Taufe der Rus" unter Großfürst Wladimir im Jahr 988. Bei diesen Feierlichkeiten beschwor nicht nur Kyrill, sondern auch Putin gerade die religiösen Gemeinsamkeiten beider Staaten. Putin präzisierte in seiner Rede: „Die Ukraine ist ohne Zweifel ein selbstständiger Staat. […] Doch wir werden nicht vergessen, dass die heutige Staatlichkeit Russlands ihre Wurzeln im Dnjepr hat. Wir haben, wie wir sagen, unser gemeinsames Taufbecken im Dnjepr. Die Kiewer Rus steht am Ursprung des künftigen riesigen russischen Staates. Wir haben eine gemeinsame Tradition, eine gemeinsame

Mentalität, eine gemeinsame Geschichte, eine gemeinsame Kultur. […] In diesem Sinne, das möchte ich noch einmal wiederholen, sind wir ein Volk".[117]

Eine ähnliche Rede hielt Putin drei Jahre später, als im November 2016 die Wladimir-Statue in Sichtweite des Moskauer Kreml eingeweiht wurde. Symbolisch bedeutsam war, dass auch bei diesem feierlichen Akt wichtige Vertreter der Kirche, vor allem Patriarch Kyrill, anwesend waren. Mehr noch: Eine Prozession von Bischöfen und Popen gaben der Veranstaltung eine betont sakrale Atmosphäre, wie das die Übertragung des russischen Fernsehens absichtsvoll belegte. Putins Rede in Moskau 2017 – nun vor der zweiten Statue des Großfürsten Wladimir – war mit einer besonderen Botschaft verknüpft: Putin sah sich gezwungen, diese zweite Statue zu errichten. Wieso das?

Auffallend war die Hartnäckigkeit, mit der Putin sein Ziel verfolgte und hierbei von Patriarch Kyrill unterstützt wurde. Es war allerdings ein Prozess mit vielen Hindernissen. Wladimir mit Kreuz und Schwert hätte bereits 2014 aufgestellt werden sollen, und zwar auf einer Anhöhe über dem Fluss Moskwa, ähnlich monumental in die Landschaft gebettet wie in Kiew das Denkmal am Ufer des Dnjepr. Vor allem für Putin war es wichtig, dass die Statue in Moskau 25 Meter hoch sein sollte, einen Meter höher als jene in Kiew – mit der Botschaft, Wladimir der Heilige werde in seiner historischen Dimension von den Russen inzwischen wesentlich besser verstanden als von den Ukrainern. Dies war eine Logik, der viele religiös gläubige Russen nicht widersprachen. Aber nahezu 60 000 Moskauer Einwohner entfachten im Internet eine heftige Diskussion, denn Experten hatten davor gewarnt, das Denkmal könnte wegen seines Gewichts auf der weichen Erde umstürzen. Die Regierung verlegte daraufhin den Standort des geplanten Denkmals auf einen großen Platz im Stadtzentrum von Moskau mit Blick auf den Kreml. Aber diesmal gab es heftigen Protest durch den Denkmalschutz der UNESCO: Die Statue sei mit 25 Metern zu hoch, sie würde in diesem Ausmaß das historische Gesamtbild des Platzes beeinträchtigen. Der Palastanlage des Kreml könnte der Status des Weltkulturerbes entzogen werden, falls die Statue in dieser Größe errichtet würde. Wieder sah sich die Regierung gezwungen, flexibel zu reagieren, denn Putin besaß damals noch nicht die Machtfülle eines Diktators, um seine Wünsche gegen Andersdenkende rigoros durchzusetzen. Putin sah sich zu dem Kompromiss gezwungen, dass die Statue nur die Höhe von 17 Metern haben dürfe. Dies war um sieben Meter niedriger als jene in Kiew. Für Putin bedeutete dies eine Niederlage auf symbolischer Ebene.[118]

2016 demonstrativ eine Statue des Heiligen Wladimir in Moskau aufzustellen – in provokativer Konkurrenz zu der bereits existierenden Statue in Kiew – hatte mit dem wachsenden Misstrauen der russischen Machthaber zu tun. Sie hatten den Eindruck, die Ukrainer würden sich immer mehr von den Prinzipien der *einen* Kirche russischer Orthodoxie entfernen und sich damit auch von dem abwenden, was die Regierung in Moskau unter „russisch" verstand. Während in Russland die *eine* Kirche unter Führung des Moskauer Patriarchats eine weitgehend unbeschränkte religiöse Autorität besaß, war die Ukraine im Jahr 2016 in die Glaubensgemeinschaft von vier verschiedenen Kirchen aufgespalten. Bevor die Ukraine 1991 ein unabhängiger Staat geworden war, hatte es dort nur zwei Kirchen gegeben: die russisch-orthodoxe und die griechisch-katholische Kirche, wobei die letztere allein im westlichen Teil, dem ehemals von den Habsburgern regierten Galizien, eine Rolle spielte. 1991 aber war im Staatsgebiet der unabhängigen Ukraine neben der russisch-orthodoxen eine „Ukrainisch-orthodoxe Kirche" entstanden, und diese erkannte nur vage die Oberhoheit des Moskauer Patriarchats an. Bei wachsender Spannung zwischen beiden Staaten bildete sich jedoch 2014 noch die „Orthodoxe Kirche der Ukraine", die sich radikal von der Oberhoheit der russisch-orthodoxen Kirche distanzierte. Im unabhängig gewordenen Staat Ukraine existieren also vier verschiedene Kirchen nebeneinander, die sich bei aller dogmatischen Nähe aus politischen Gründen mehr oder weniger rivalisierend, ja, feindlich gegenüberstanden.[119]

Allerdings war die Ukraine weit entfernt davon, sich angesichts dieser religiös pluralistischen Vielfalt zu einem säkularen Staatswesen nach westeuropäischem Vorbild zu entwickeln. Es gab weiterhin beträchtliche strukturelle Gemeinsamkeiten mit Russland. Laut einer Umfrage des Kiewer Rasumkow-Forschungszentrums im Jahr 2017 bezeichnen sich 61,7 Prozent der ukrainischen Bevölkerung als gläubig, nur 4 Prozent als nichtgläubig, 2,5 Prozent als überzeugte Atheisten, und lediglich rund 8 Prozent stehen der Religion gleichgültig gegenüber. Nahezu 64 Prozent vertrauen stark ihrer Kirche, aber nur rund 20 Prozent der Regierung.[120] Dass viele ukrainische Männer und Frauen erheblich mehr ihrer Kirche als ihrer Regierung vertrauen, hat mit dem politischen Erbe des einst „real existierenden Sozialismus" zu tun. Viele der Politiker waren (und sind) anfällig für Korruption und Vetternwirtschaft, während die Kirche, zu Sowjetzeiten von aller Macht ausgeschlossen, als der große Hoffnungsträger in der postsowjetischen Ära erschien. Gerade diese ukrainischen Zustände bilden eine beklemmende Parallele zu Russland. Nichts könnte deutlicher demonstrieren, dass man neben der politischen Dimension des Konflikts zwischen beiden Staaten auch den religiösen Aspekt berücksichtigen muss.

Warum aber startete Putin am 24. Februar 2022 einen Angriffskrieg allein gegen die Ukraine und nicht gegen Belarus? Die Antwort lautet: Belarus hatte sich nach seiner Unabhängigkeit 1991 in eine Richtung entwickelt, die weitgehend den politischen wie auch religiösen Vorstellungen der russischen Regierung unter Putin entsprachen. In Belarus war 1994 durch freie demokratische Wahlen mit Alexander Lukaschenko ein Politiker an die Macht gekommen, der sich wie Putin als ein „Mann des Volkes" inszenierte, jedoch ebenso zum brutalen Diktator wurde – und der sich wie Putin vom atheistischen Kommunisten zum „gläubigen Christen" gewandelt hatte. Auch Lukaschenko hatte ein enges Bündnis von Staat und orthodoxer Kirche installiert, was seine Macht unter den gewandelten Bedingungen stabilisierte. Lukaschenko und Putin rückten eng zusammen, als es in Belarus 2020 massenhaft zu Protesten wegen

Wahlbetrugs kam, was in einen Aufstand breiter Volksmassen mündete. Lukaschenko konnte machtpolitisch nur überleben, weil ihn Putin massiv militärisch sowie wirtschaftlich unterstützte. Dadurch wurde Belarus weitgehend zu einem Vasallen des mächtigen Nachbarstaats. Putin hatte im Hinblick auf Belarus durch eine solche Entwicklung fast schon sein Ziel erreicht, einen unabhängig gewordenen Staat wieder Russland anzugliedern.

Anders die Voraussetzungen in der Ukraine. Dort hatte sich in der fragilen Demokratie ein nachhaltiger Konflikt zwischen prorussischen und antirussischen Wählern entwickelt. Und diese weiter wachsenden Spannungen, die sich daraus zwischen der Ukraine und Russland ergaben, führten letztendlich zur politischen Explosion.

Die Ukraine nicht „russisch" genug.
Eine Radikalisierung

Zwei herausragende Ereignisse sind zu nennen, welche die Spannungen zwischen der Ukraine und Russland radikal verschärften. Zum einen ist es die „Orange Revolution" 2004, zum andern die „Euromaidan-Revolution" 2014. Beide Ereignisse, die mit dem Begriff „Revolution" versehen wurden, haben dieselbe Ursache: In der labilen ukrainischen Demokratie fanden Präsidentschaftswahlen statt und es standen sich Kandidaten mit konträren Positionen gegenüber. Die einen beharrten auf einer engen politischen Bindung an Russland und damit auch an Putin, die anderen neigten dazu, sich schrittweise westeuropäischen Staaten anzunähern, allerdings ohne die Verbindung zu Russland völlig aufzugeben.

Bei den Wahlen 2004 war es der Präsidentschaftskandidat Wiktor Janukowytsch, der sich zu Putin bekannte; der Gegenkandidat Wiktor Juschtschenko vertrat die Annäherung an Westeuropa. Laut Wählerumfragen hatte der westlich orientierte Kandidat die besseren Chancen für das Präsidentenamt, aber das Ergebnis fiel so knapp aus, dass eine Stichwahl nötig war. Bei dieser Stichwahl im

November siegte nach offizieller Bekanntgabe dann eindeutig der russisch orientierte Kandidat. Die Folge jedoch war, dass sich auf dem Unabhängigkeitsplatz von Kiew, dem Maidan, Tausende Menschen versammelten und gegen die offensichtliche Wahlfälschung protestierten. Nach den ersten fünf Tagen waren es 1,5 Millionen Menschen geworden, die sich auf dem weiträumigen Platz und den angrenzenden Straßen versammelten. Sie forderten eine Wiederholung der Wahl. Und das bisher Undenkbare geschah: Der Oberste Gerichtshof gab dem Druck des Massenprotestes nach und bestätigte am 5. Januar 2005, dass das Wahlergebnis gefälscht worden und der rechtmäßige Sieger Juschtschenko sei.[121] Mit diesem westlich orientierten Kandidaten hatten aber auch jene gesiegt, die auf dem Maidan von Kiew eine revolutionäre Stimmung erzeugten.

Der westlich orientierte Kandidat Juschtschenko regierte allerdings nur sechs Jahre. Er verlor bei der nächsten Wahl 2010 sein Amt als Präsident, weil er seine Reformversprechen gegen den Widerstand mächtiger Oligarchen nicht durchsetzen konnte. Und die enttäuschten Wähler entschieden sich diesmal eindeutig für den russisch orientierten Kandidaten Janukowytsch, der wieder zur Wahl angetreten war. Er aber regierte nur vier Jahre und musste vorzeitig abtreten. Die Ursache war: Präsident Janukowytsch blockierte den Beschluss des Parlaments, das 2014 mehrheitlich dafür gestimmt hatte, an die Europäische Union ein Beitrittsgesuch zu richten. Janukowytsch blockierte, weil Putin Druck auf ihn ausübte. Dabei hatten sich laut einer Umfrage eines ukrainischen Meinungsforschungsinstituts 59 Prozent der Bevölkerung für einen EU-Beitritt ausgesprochen. Und wieder versammelten sich wegen des Politikers Janukowytsch innerhalb kurzer Zeit Tausende Menschen im Zentrum Kiews, dem Maidan, um lautstark zu protestieren. Diesmal dauerten die Proteste bis in den Februar 2015, weil die Regierung sich beharrlich weigerte, den Parlamentsbeschluss zu akzeptieren. Aber wieder wuchs die Zahl der Rebellierenden auf über eine Million. Die Regierung wollte die Proteste schließlich mit rabiater Gewalt unterdrücken, sie gab am 22. Februar 2015 den Polizeitruppen den Schießbefehl, mehr als 60 Menschen starben. Nach diesem Massaker aber steigerten sich die Unruhen, die von den Machthabern nicht mehr kontrolliert werden konnten. Es kam schließlich zu einem Umsturz, der wegen seiner politischen Zielrichtung den Namen „Euromaidan-Revolution" bekam. Janukowytsch floh noch am selben Abend aus Kiew mit einem Hubschrauber in den Osten der Ukraine und von dort weiter nach Russland.[122] In den darauf folgenden Wahlen kam mit Petro Poroschenko wieder ein Kandidat in das Amt des Präsidenten, der zu einer Annäherung an den Westen neigte. Poroschenko war zwar ein Oligarch, versprach aber, endlich lang ausstehende Reformen durchzuführen.

Für Putin bedeuteten diese revolutionär anmutenden Ereignisse von 2004 und 2014 ein irritierendes Signal, dass der unabhängig gewordene Staat Ukraine sich nicht wie der Nachbarstaat Belarus in die Rolle eines gefügigen Vasallenstaates einfügen ließ. Und angesichts solcher Befürchtungen lässt sich erklären, weshalb Putin im März 2014 – nur wenige Wochen nach der „Euromaidan-Revolution" – russische Truppen in die Halbinsel Krim einmarschieren ließ. Die Krim, erst seit 1954 ukrainisch und vorher russisch, sollte nun wieder der Ukraine weggenommen werden. Dies war ein erster Schritt, um dem Nachbarstaat nach den Rebellionen von 2004 und 2014 deutlich zu machen, dass es kein eigenmächtiges Ausscheren aus dem russischen Verband geben könne. Und mit dieser Haltung konnte sich Putin einig fühlen mit einem Großteil der russischen Bevölkerung.

Für viele Russen galt und gilt die Krim nahezu selbstverständlich als „russisch", denn die Krim war Ende des 18. Jahrhunderts von den Russen im Krieg gegen das muslimische Khanat der Tartaren erobert worden. Erst 1954 wurde die sowjetrussische Provinz Krim von dem russischen Machthaber Nikita Chruschtschow an den sowjetischen Teilstaat Ukraine angegliedert. Aber diese Maßnahme war nicht in dem Sinn gedacht, dass der Russe Chruschtschow den Ukrainern Land schenkte, denn der sowjetische Diktator dachte nicht ethnisch, nicht national, sondern war auf eine bessere Gliederung in der Verwaltung der Sowjetunion bedacht. Für ihn gab es nur den Unterschied zwischen Großrussen und Kleinrussen, vereint durch eine gemeinsame Kultur und politische Struktur. Aufgrund solcher Voraussetzungen konnte Putin damit rechnen, dass der Einmarsch seiner Truppen in die Krim 2014 Zustimmung bei den Russen fand, die dort die Mehrheit bilden. Andererseits konnte eine solche Aktion den Ukrainern als Warnung dienen. Putins Truppen wurden ohne Widerstand überwiegend begrüßt. Putin ließ zusätzlich noch eine Volksbefragung durchführen, um den Einmarsch demokratisch zu legitimieren, die Befragung ergab 97 Prozent Ja-Stimmen. Diese Befragung wurde zwar international nicht anerkannt, weil sie als manipuliert angesehen wurde, aber selbst bei einem ordentlich durchgeführten Verfahren wäre eine Mehrheit zustande gekommen, so urteilt der Russland-Experte Orlando Figes. Die Annexion sei erst recht von der russischen Bevölkerung außerhalb der Krim gefeiert worden. Es habe bei ihr das Gefühl geherrscht, dass ein unrechtmäßiger Verlust russischen Gebiets durch die Verwaltungsreform Chruschtschows wieder rückgängig gemacht worden sei. Putins Zustimmungsraten erreichten in diesem Jahr 2014 einen Höchststand von 80 Prozent.[123]

Aus heutiger Sicht liegt die Vermutung nahe, dass Putin sich durch diesen Erfolg in der Krim ermutigt fühlte, er könne in den nächsten Jahren dem unabhängigen Staat Ukraine noch weitere Gebiete wegnehmen, weil sich die Bevölkerung überall dort ohnehin als „russisch" oder „kleinrussisch", nicht aber als eigenständig „ukrainisch" fühlte. Und möglicherweise könnte er sogar den ganzen Staat Ukraine ohne größere Widerstände annektieren, um ihn nun auch offiziell wieder voll und ganz „russisch" zu machen. Es galt nur abzuwarten, bis sich die Spannungen zwischen Russland und der Ukraine noch weiter zuspitzten – und vor allem: bis der Staat Ukraine immer stärker in die Krise geriet.

Die Spannungen zwischen Russland und der Ukraine verschärften sich im Jahr 2019 weiter. In diesem Jahr kam es zu demokratischen Wahlen um das Amt des Präsidenten. Es siegte Wolodymyr

Selenskyj gegen den Amtsinhaber Petro Poroschenko, den Oligarchen, der zwar Distanz zu Putin demonstrierte, aber wenig unternommen hatte, um seine Reformversprechen einzulösen. Der Sieger Selenskyj passte allerdings wenig in das bisherige Schema ukrainischer Machtstrukturen: Er war überhaupt kein Politiker, sondern ein prominenter Komiker und Schauspieler in Spielfilmen und Fernsehserien. Selenskyj, 1978 geboren, stammt aus der östlichen Ukraine, wo Russisch die Muttersprache vieler ukrainischer Staatsbürger ist. Er selber spricht perfekt Russisch und hatte ursprünglich eine starke Zuneigung zu Russland. Er hatte Jura studiert, war dann aber Schauspieler geworden und konnte gerade auch bei einem russischen Publikum Erfolg haben. Für ihn war es lange Zeit sogar wichtig gewesen, für den Staat Ukraine eine Vermittlerrolle zwischen Ost- und Westeuropa anzustreben. Aber die wachsenden Spannungen brachten ihn zunehmend in Gegensatz zum Nachbarstaat Russland – sowohl in politischer als auch in religiöser Hinsicht.

Den Anfang dieses Gegensatzes markierte eine politische Fernsehserie, deren Grundidee von Selenskyj selbst stammt und die den Titel *Diener des Volkes* trägt. Er selber spielte die Hauptrolle. Mit dieser Serie konnte er nur noch in der Ukraine, nicht aber in Russland populär bleiben, vor allem nicht bei den russischen Machthabern. Selenskyj verkörpert im Film einen idealistischen Lehrer, der heftig Korruption und Misswirtschaft der Regierenden kritisiert. Auf den Kritiker wird die reiche Oberschicht der Oligarchen aufmerksam, die die eigentlichen Machthaber in der Ukraine sind und aus dem Hintergrund die Politiker lenken. Sie unterdrücken die Meinung des Lehrers nicht. Vielmehr sorgen sie mit fragwürdigen Manipulationen dafür, dass in „demokratischen" Wahlen der Lehrer Präsident der Ukraine wird. Das Kalkül der Oligarchen ist: Nachdem die Wähler wiederholt gegen unwiderlegbar korrupte Politiker rebelliert haben, wird ein Präsident benötigt, der von seinem Anspruch her selber ein idealistischer Rebell ist und sich als ein „Diener des Volkes" versteht. Wichtig ist jedoch, dass dieser Idealist keine Ahnung von politischer Praxis hat und sich daher wie alle

Vorgänger als Marionette lenken lasse. Aber der Lehrer als neuer Präsident lehnt sich zunehmend gegen die ihm zugedachte Rolle auf und beginnt die Korruption und den Machtmissbrauch gerade der ukrainischen Oligarchen zu bekämpfen. Die Filmserie arbeitet mit den Stilmitteln einer deftigen Satire, deren sozialkritische Brisanz die skandalösen politischen Zustände entlarvt.

2015 wurde *Diener des Volkes* in 23 Folgen im ukrainischen Fernsehen ausgestrahlt und zu einem aufsehenerregenden Publikumserfolg. (Inzwischen ist die TV-Serie auch im deutschen Internet vorhanden, ich habe sie mit großem Interesse gesehen.) Der von Selenskyj im Film dargestellte idealistische Präsident erfüllte perfekt die Erwartungshaltung eines Publikums, das zutiefst von den fatalen Zuständen im eigenen Land und besonders von der Korruption ihrer Politiker frustriert ist. Die Serie *Diener des Volkes* ist von einem sozialkritischen, demokratischen Impuls geprägt, so dass es unmöglich wäre, diese Filmreihe auch im russischen Fernsehen zu senden. Putin und seine Verbündeten würden sich durch eine derart politisch treffsichere Satire in ihrer Macht zutiefst in Frage gestellt fühlen. Daher müssten die russischen Machthaber befürchten, die Intellektuellen im eigenen Land könnten sich ermutigt fühlen, nun ebenfalls eine derart kritische Meinung öffentlich zu äußern. Aber gerade die Fernsehserie trug erheblich dazu bei, dass Selenskyj im April 2019 durch demokratische Wahlen von der Rolle eines Film-Präsidenten in die reale Rolle des Präsidenten der Ukraine wechseln konnte – in die Rolle eines Hoffnungsträgers für das zutiefst krisengeschüttelte Land.

Die Machthaber des Kreml und der russisch-orthodoxen Kirche hatten aber noch weitere Bedenken gegen den neuen Präsidenten im Nachbarstaat. Selenskyj ist nicht wie ein Großteil der ukrainischen Bevölkerung ein russischer oder ukrainischer orthodoxer Christ, sondern er ist Jude. Dass allerdings Putin dem neuen ukrainischen Präsidenten mit noch größerem Misstrauen als all seinen Vorgängern begegnete und ihm nicht einmal zum Wahlsieg gratulierte, hat nichts mit Antisemitismus zu tun. Entscheidend war ein anderes

Motiv: Zwischen Selenskyj und der russisch-orthodoxen Amtskirche ließ sich kein enges politisch-religiöses Bündnis herstellen. Dies aus mehreren Gründen: Selenskyj war von seinen jüdischen Eltern nicht religiös erzogen worden, er stand von vornherein religiösem Glauben distanziert gegenüber.[124] Daher suchte Selenskyj keine Nähe zu kirchlichen Machthabern, auch hätte die russisch-orthodoxe Amtskirche nur einen Anhänger der eigenen Religion als Bündnispartner akzeptiert.

Aus der Sicht Putins und der Kirche bedeutete es ein Alarmsignal, dass die ukrainischen Bürgerinnen und Bürger in freier Entscheidung einen Politiker zum Präsidenten gewählt hatten, der einer religiösen Minderheit angehört. Mehr noch: Es war vielen ukrainischen Wählern gar nicht wichtig erschienen, ob ihr Wunschkandidat überhaupt die Autorität der dominierenden Amtskirche respektierte. Eine solche Haltung konnte dahingehend verstanden werden, dass eine Mehrheit der ukrainischen Bevölkerung eine enge Verbindung von autoritärem Staat und autoritärer Kirche ablehnte – und sich damit vielleicht einem „westlich" säkularen und demokratischen Verständnis von „Staat" annähern könnte. Was aber, wenn eine solche Haltung auch verstärkt Einfluss auf Menschen in Russland gewinnen würde? Dies unterschied die religiös-politische Situation in der Ukraine wesentlich von jener in Belarus, wo Lukaschenko und mit ihm viele Einwohner die Oberhoheit des Moskauer Patriarchats in seiner bestehenden Form anerkannten.

Spätestens bei dieser komplexen Situation zeigt sich, wie sehr religiöse und politische Aspekte miteinander verschmolzen. Und in dem Angriffskrieg, den Putin am 24. Februar gegen die Ukraine startete, waren von Anfang an stark religiöse Emotionen gegen „Ungläubige" wirksam, es spielten die verfeindeten orthodoxen Bruderkirchen eine verhängnisvolle Rolle.

Der russische Angriffskrieg gegen die Ukraine. Religiöse und nationalistische Ideologie untrennbar verbunden

Patriarch Kyrill verkündigte am 27. Februar 2022, drei Tage nach Kriegsbeginn, in einer Predigt bei einem Sonntagsgottesdienst in Moskau: „Gott bewahre, dass die gegenwärtige politische Situation in der uns nahen brüderlichen Ukraine darauf abzielt, dass die bösen Mächte, die immer gegen die Einheit der Rus und der russischen Kirche gekämpft haben, die Oberhand gewinnen."[125] Er lobte in einer anderen Rede Präsident Putin für die „Zusammenarbeit zwischen Kirche und Staat, die darauf abzielt, das nationale und das historische Gedächtnis zu bewahren". Und er wünschte Putin „starke Gesundheit, Seelenfrieden und reiche Hilfe des Herrn in Ihrem hohen und verantwortungsvollen Dienst am russischen Volk".

Aber einen Krieg religiöser Schlagworte führten auch ukrainische Bischöfe mit metaphorisch aufgeladenen Parolen. Onufri, das Oberhaupt der Ukrainisch-Orthodoxen Kirche, bot dazu eine passende Antwort: Putin solle den „Bruderkrieg" stoppen, denn das ukrainische und das russische Volk seien aus demselben Taufbecken des Dnjepr hervorgegangen und der Krieg zwischen diesen Völkern sei eine „Wiederholung der Sünde Kains, der seinen eigenen Bruder Abel aus Neid erschlug."[126] Der Bezug auf Kain und Abel bedeutet in diesem Zusammenhang eine besondere Provokation, denn laut biblischer Überlieferung wurde ja Abel mehr als sein Bruder Kain „von Gott geliebt" – was im aktuellen Krieg dahingehend zu interpretieren ist: Die Liebe Gottes gilt vor allem der Ukrainisch-Orthodoxen Kirche.

Dass der Krieg nicht von religiösen Emotionen zu trennen ist, zeigte sich demonstrativ auch am 24. April 2022, an jenem Sonntag, an dem die Christen der Ostkirchen Ostern feierten. Putin besuchte den Ostergottesdienst in der Moskauer Christ-Erlöser-Kathedrale, Russlands größter Kirche; ein Pressefoto zeigte ihn in gut inszenierter Andacht, mit dunklem Anzug, die Augen beim Gebet geschlossen, eine Kerze in der Hand. Und Putin lobte in Bezug auf den Krieg erneut „die fruchtbare Zusammenarbeit zwischen Kirche und Staat". Dagegen zeigte ein Pressefoto in Kiew den ukrainischen Präsidenten Selenskyj militärisch gekleidet vor dem Altar der Kiewer Sophien-Kathedrale, einst die wichtigste Kirche der Kiewer Großfürsten und am Vorbild der Hagia Sophia von Konstantinopel orientiert. Selenskyj, jüdischer Herkunft, wandte sich strategisch absichtsvoll in kirchlicher Atmosphäre an eine Bevölkerung, die mehrheitlich christlich-orthodox gläubig ist. In seiner Osterbotschaft betonte er, die Kirche habe einst den Ansturm der Mongolen wie auch den der deutschen Faschisten überstanden, jetzt werde sie ebenso den „Bastard" Putin und die russischen „Horden" überstehen.[127]

Der religiöse Impuls des Krieges zeigte sich auch deutlich am Verhalten des russischen Militärs, als sich die Angriffe auf die ukrainische Hauptstadt Kiew konzentrierten. Zahlreiche russische Raketen schlugen in Kiew ein und zerstörten manche Wohnviertel, aber dies geschah nicht im historischen Zentrum. Denn in diesem Zentrum befinden sich das Höhlenkloster sowie die Sophien-Kathedrale, das Michaelskloster und das Denkmal des Großfürsten Wladimir. Putins Militär hütete sich, Raketen mit großer Zerstörungskraft ins Zentrum zu schießen, denn dann würde das Risiko bestehen, zentrale Heiligtümer zu treffen, die den Russen als Pilgerziele ebenso wichtig sind wie den Ukrainern. Putin hätte damit gerade den religiösen Aspekt seines Angriffskrieges als absurd erscheinen lassen.

Die stark religiös geprägte Metaphorik dieses russischen Angriffskriegs gegen die Ukraine hat im Kern viel gemeinsam mit jenen Formulierungen, die der US-amerikanische Präsident George W. Bush 2001 nach dem Terroranschlag der al-Qaida am 11. September gegen die USA verwendete. Präsident Bush forderte damals einen „Kreuzzug", „crusade", gegen die „Mächte des Bösen". Fatal war nicht, dass die USA anschließend militärisch gegen die al-Qaida vorgingen. Fatal war vielmehr die bewusst religiöse Formulierung, die bei nahezu allen Muslimen Erinnerungen an die düstere Zeit der christlichen Glaubenskriege gegen den Islam weckte. Dadurch lieferte Bush eine Parallele zu den islamistischen Gruppierungen mit ihrem Aufruf zum „Heiligen Krieg" gegen den „Satan Amerika". Schlagworte wie diese setzen alle Kritiker ins Unrecht, die an einem solchen Krieg den Missbrauch von Macht missbilligen, denn sie sind als „Ungläubige" diffamiert. Man muss allerdings den Unterschied zu Putin sehen: Bush antwortete auf einen Angriff von Islamisten. Aber der Krieg, den Bush dann 2003 gegen den irakischen Diktator Saddam Hussein als einem angeblichen Verbündeten der Terrororganisation al-Qaida begann, basierte auf einer Lüge. Es ging den Amerikanern darum, die Kontrolle über die irakische Erdölproduktion zu gewinnen – vorgetäuscht wurde jedoch, man kämpfe im Namen des „Christentums" für mehr Demokratie in einer Welt der „Ungläubigen" und „Unzivilisierten".

Putin praktizierte in seinem Angriffskrieg gegen die Ukraine eine ähnliche Verlogenheit. Aber zur Verschleierung seiner imperialen Interessen, die Ukraine zu „russifizieren", benutzte er nur einerseits religiöse Propaganda. Ein rein politisches Motiv stand zunächst im Vordergrund: Er wolle die immer stärker werdenden faschistischen Tendenzen der Ukraine bekämpfen, die für Russland wieder, wie im Zweiten Weltkrieg der Hitler-Faschismus, eine existenzbedrohende Gefahr werden könnten. Putin nannte in diesem Zusammenhang den Kult um den Nationalistenführer Stepan Bandera, der 1942 einen Nationalstaat Ukraine begründen wollte, sich hierbei mit den deutschen Truppen gegen die Russen verbündete und mit seinem Bataillon Massenmorde an Russen sowie an Juden beging. Im westlichen Teil der Ukraine wird Stepan Bandera bis heute von einer breiten Bevölkerungsschicht als Nationalheld verehrt, dort, wo im 19. Jahrhundert ein antirussischer Nationalismus entstanden war. Ganz anders im östlichen Teil der Ukraine, wo die Erinnerung an die faschistische Annäherung Banderas dominiert. Präsident Selenskyj und viele seiner Anhänger gingen von Anfang an auf Distanz zum Bandera-Kult. Wenn also Putin die gesamte ukrainische Führungsschicht als „faschistisch" bezeichnet, so ist dies eine bewusste Verzerrung der tatsächlichen Verhältnisse. Der Jude Selenskyj hat auf Putin entsprechend geantwortet: Wie könne er ein Nazi sein, wo doch etliche seiner Verwandten im Holocaust der deutschen Faschisten ermordet worden seien. Diese Antwort zeigte, wie sehr Putins Anschuldigung nur die eigentlichen Ursachen für den Krieg verschleierte.

Weil der Verlauf des Krieges in den Medien ausführlich dargestellt wird, kann ich mich damit begnügen, kurz auf einige zentrale Fakten einzugehen. Allgemein bekannt ist, dass der bisher gewiefte Taktiker Putin sowie seine engsten Ratgeber die Situation strategisch falsch eingeschätzt haben. Sie hatten geglaubt, die russischen Truppen könnten in nur wenigen Tagen bis Kiew vorrücken, weil das zahlenmäßig weit unterlegene ukrainische Militär nur wenig Widerstand leisten würde. Und weiter: Die ukrainische Bevölkerung als die „Kleinrussen" würden die einmarschierenden „Großrussen" als Befreier begrüßen. Angesichts dieser Situation bliebe der Regierung Selenskyj gar nichts anderes übrig, als ins Exil zu fliehen, und sie hätte damit jeden moralischen Anspruch auf Macht verloren. Putin hatte sich zu einer derartigen Einschätzung verleiten lassen, weil es ihm im März 2014 gelungen war, die Halbinsel Krim, eine ukrainische Provinz, zu einer russischen Provinz zu machen, ohne dass sich größerer Widerstand bei den Einheimische regte und ohne dass ausländische Großmächte ihm Einhalt geboten hatten. Aber die Rahmenbedingungen in der Krim waren völlig anders als in der Ukraine (wie ich im vorigen Abschnitt zu zeigen versuchte).

Schon der erste Monat in den Kriegstagen des Jahres 2022 zeigte, dass Putin in der Ukraine sein Ziel eklatant verfehlte. Es erwies sich als eine Illusion, er könne durch einen „Blitzkrieg" den unabhängig gewordenen Nationalstaat Ukraine in einen Vasallenstaat mit einer Marionettenregierung verwandeln. Putin scheiterte am Widerstandswillen einer Mehrheit des ukrainischen Volkes, das sich eben nicht als „kleinrussisch" empfand, sondern auf einem unabhängigen Staat mit dem Namen Ukraine bestand. Dies betraf teilweise auch Einwohner, deren Muttersprache Russisch ist. Putin scheiterte aber auch an der von ihm weit unterschätzten Kampfmoral der ukrainischen Armee und an der schlechten Organisation des eigenen russischen Heeres. Darüber hinaus scheiterte Putin daran, dass er den ukrainischen Präsidenten Selenskyj völlig falsch eingeschätzt hatte. Putin hatte zwar genau beobachtet, dass Selenskyj 2019 triumphal die Wahl gewonnen hatte und dann in der Folge nur wenige seiner idealistischen Versprechen hatte einlösen können. Weil Selenskyj daraufhin rasch an Popularität verlor, hatte Putin geglaubt, dieser Präsident würde bei einem Einmarsch russischer Truppen sofort ins Ausland fliehen, wo der einst gut verdienende Filmschauspieler in einer luxuriösen Villa wie ein entmachteter Oligarch leben würde. Selenskyj blieb jedoch in Kiew, obwohl er sich damit in akute Lebensgefahr begab. Berühmt geworden ist seine Antwort auf das Angebot der USA, ihn ins Ausland zu bringen und ihm Asyl zu gewähren: „Ich brauche keine Mitfahrgelegenheit, ich brauche Munition." Mit dieser mutigen Haltung bot er den ukrainischen Soldaten und der Bevölkerung ein wesentliches Vorbild für den Widerstand. Er nahm nun wieder jene Funktion eines idealistischen Präsidenten ein, die er in der Fernsehserie *Diener des Volkes* erfolgreich verkörpert hatte. Und damit wurde er für Putin ein Gegenspieler, der ihm an Ausstrahlungskraft überlegen war.

Je mehr dann in diesem Krieg die ukrainischen Truppen an Waffen und sonstigen Hilfsmitteln aus dem westlichen Ausland zu nutzen wussten und je mehr sie damit die zahlenmäßig weit überlegenen russischen Truppen in Bedrängnis brachten – desto mehr wurde für die beiden kriegsführenden Staaten die Religion ein immer stärkeres Instrument der Propaganda. Dies vor allem auf russischer Seite. So vertrat der national-religiöse Ideologe Alexander Dugin bereits im April 2022, nach nur drei Monaten Krieg, die Meinung: Der Krieg zwischen Russland und der Ukraine sei als eine Auseinandersetzung zwischen „geistigen Wirklichkeiten" zu begreifen. Entweder die Ukraine komme wieder „unter die Herrschaft Christi und seiner unbefleckten Mutter, oder sie wird unter der Herrschaft Satans bleiben." Es habe mit dem Kampf in der Ukraine die große endzeitliche Schlacht zwischen der „Orthodoxen Zivilisation" und der „Welt des westlichen Antichristen" begonnen.[128]

Solche Äußerungen eines religiös-nationalistischen Ideologen hatten im April 2022, nach drei Monaten Krieg, noch keine große Breitenwirkung, aber sie lieferten die Vorlage für die spätere Entwicklung. Im Herbst 2022, angesichts der immer stärkeren Krise des russischen Militärs, hatte auch Patriarch Kyrill diese Deutung übernommen und fand bei zahlreichen Gläubigen Aufmerksamkeit. So als Kyrill in verschiedenen Reden ebenfalls vom Kampf gegen den „Herrscher der Finsternis" sprach und dass es darum gehe, das drohende apokalyptische Ende abzuwenden. Er sagte in diesem Zusammenhang: Wenn an der Spitze des Staates ein orthodox getaufter Gläubiger stehe, könnten die Soldaten „niemals Kriegsverbrechen begehen". Setze ein solches Land militärische Gewalt ein, dann sei dies nicht nur „sittlich, sondern auch geistlich gerechtfertigt". Christlich-orthodox getaufte Soldaten, die in Erfüllung ihrer militärischen Pflicht ihr Leben verlieren, würden sich nach dem Vorbild Christi für andere opfern, und ein solches Opfer würde alle Sünden, die Menschen begangen haben, „abwaschen."[129]

Ich habe im einleitenden Abschnitt *Religion und Politik in Russland* bereits auf solche und ähnliche Äußerungen von Machthabern der russisch-orthodoxen Kirche hingewiesen. Und dabei habe ich erwähnt, dass es verblüffende Parallelen zu Kampfpredigten der Kreuzzüge gebe. Mehr aber noch: Es zeigen sich Parallelen auch zu fanatischen Aufrufen islamischer Fundamentalisten zum „Heiligen Krieg", die als „Märtyrer" für den einzig wahren Glauben sterben. Würden aber Geistliche der russisch-orthodoxen Kirche derartige Vergleiche zulassen? Vor allem einen Vergleich mit der Radikalität gewaltbereiter islamischer Fundamentalisten? Bei einem Blick auf die Online-Information von Reinhold Flogaus finde ich eine überraschende Antwort: Patriarch Kyrill habe schon 2016 die Meinung vertreten, das orthodoxe Christentum sei dem Islam näher als dem Katholizismus, denn orthodoxe Christen und Muslime würden mehr als Katholiken an der traditionellen Moral festhalten. Und hierbei sei er, Kyrill, einer Meinung mit Putin.[130]

Zu der Äußerung von Patriarch Kyrill 2016 passt im Gegenzug die kritische Analyse des russischen Religionswissenschaftler Boris Knorre, die er im selben Jahr 2016 in Moskau bei einem Interview bot. Er sagte – sechs Jahre vor Beginn des Angriffskrieges auf die Ukraine –, die Rhetorik des „Heiligen Krieges" gegen die nichtorthodoxe, sündige Welt sei inzwischen zu einem der Hauptpostulate der politischen Orthodoxie geworden. Knorre verglich in diesem Zusammenhang die Haltung der russisch-orthodoxen Kirche mit Tendenzen fundamentalistischer Gruppierungen innerhalb des Katholizismus und Protestantismus, aber auch des politischen Islam. Und er bekräftigte seine Aussage damit, dass in Russland eine derart radikal-religiöse Entwicklung von vielen Einwohnern ohne Widerspruch hingenommen werde, weil der Begriff „liberal" immer mehr mit „alles Üble" gleichgesetzt werde.[131] Der russische Religionswissenschaftler Boris Knorre setzte sich schon 2016 mit solch kritischen Äußerungen einem großen Risiko aus, aber seit Kriegsbeginn, nachdem alle Kritiker mit drakonischen Maßnahmen zu rechnen haben, sind solche Äußerungen kaum mehr möglich.

Die Meinungsfreiheit für Kritiker wurde immer drastischer eingeschränkt, je mehr Putin feststellen musste, dass er mit seinem Angriffskrieg gegen die Ukraine gerade das Gegenteil einer „großrussischen" Lösung erreichte. Statt die Ukrainer in die „russische Gemeinschaft" zurückzuführen, hatte Putin bei ihnen das Bedürfnis verstärkt, sich vollends aus der einst engen Beziehung zu Russland zu lösen. Wesentlich zu dieser Entwicklung hatten die Gräuel des Krieges, vor allem die Brutalität des russischen Militärs, beigetragen. Dabei haben nicht wenige Ukrainer in Russland Verwandte, und für sie hatte lange Zeit die Frage keine große Rolle gespielt, ob sie sich angesichts dieser intensiven Kontakte denn mehr als „ukrainisch" oder als „russisch" empfinden sollten. Jetzt aber bahnte sich eine Entwicklung an, dass in der Ukraine eine Aversion gegen alles „Russische" entstand, die über viele Jahrzehnte, vielleicht sogar über Jahrhunderte andauern könnte.

So sind im Sommer und Herbst 2022 in der Ukraine sämtliche Denkmäler beseitigt worden, die eine Verbindung mit russischer Geschichte und Kultur signalisieren. Dies ging so weit, dass sogar aus dem Schulunterricht Dichter wie Alexander Puschkin, Fjodor Dostojewski und Leo Tolstoi verbannt wurden. Was viele liberale Beobachter des Auslands – und einige wenige Kritiker der Ukraine – als eine falsche Reaktion verurteilten, wird von vielen Einheimischen in der gegenwärtig emotional aufgeheizten Situation begrüßt. Mehr noch: Viele ukrainische Frauen und Männer, die im Ausland leben, änderten auch ihr religiöses Verhalten. Wenn sie bisher im Ausland einen Gottesdienst besuchen wollten und keine ukrainisch-orthodoxe Kirche vorfanden, dann gingen sie selbstverständlich in eine russisch-orthodoxe Messe. Seit aber Putin den Krieg in der Ukraine mit immer brutalerer Strategie führt, gehen viele ukrainische Christen im Ausland eher in einen griechisch-, serbisch- oder bulgarisch-orthodoxen Gottesdienst, obwohl sie dort die Sprache nicht verstehen.[132]

Putin kann sich angesichts des bisherigen Kriegsverlaufs längst nicht mehr in der Gewissheit wiegen, er würde trotz aller Schwierigkeiten letztlich doch sein Ziel erreichen, ein neues „Großrussland" zu schaffen. Beunruhigen muss ihn in diesem Zusammenhang auch, dass ausgerechnet zahlreiche gut ausgebildete Männer wie auch Frauen Russland verlassen, weil sie dem Krieg skeptisch gegenüberstehen und ihr Leben nicht als Soldaten opfern wollen. Ohnehin ist die Wirtschaft in wachsendem Maß davon bedroht, dass aufgrund der weiteren zum Militär eingezogenen Männer wichtige Arbeitsplätze in der Industrie und der Verwaltung unbesetzt bleiben. Aber trotz der wachsenden Schwierigkeiten rückt Putin von seinem Ziel nicht ab. Dies geschieht zum einen, weil ihn eine Niederlage die Macht oder gar das Leben kosten könnte. Zum anderen hat ein weiterer Aspekt ein noch stärkeres Gewicht: Putin glaubt sich sicher zu sein, dass die Mehrheit der russischen Bevölkerung auf Dauer ideologisch hinter ihm steht und die Ukraine als einen unverzichtbaren Teil Russlands ansieht – vor allem durch den Bezug auf das gemeinsame Band der „Rus". Daran würde sich auch nichts ändern, falls er selber vorher sterben würde, dann würde ein Nachfolger die historische Mission erfüllen. Der Widerstand der USA und anderer westlicher Staaten könnte einen solchen Prozess nur für kurze Zeit aufhalten.

Das Problem „Großrussland" ist also für viele Russen noch ebenso wenig erledigt wie in kleinerer Dimension das Problem „Großserbien" für viele Serben. Voraussichtlich werden die nächsten Jahrzehnte noch weiter voll von national-religiösem Konfliktpotential sein.

Die Zukunft des orthodoxen Christentums. Von der Abgrenzung zum Dialog?

Die historische Kluft zwischen „Ost" und „West". Versuche einer Annäherung

Kriege, nicht nur politisch motiviert, sondern auch durch religiöse Ideologie bestimmt: Solche Kriege im christlich geprägten Kulturraum sind aus westeuropäischer Sicht schon seit dem Zeitalter der Aufklärung als Relikte des Mittelalters definiert worden. Dass solche Kriege aber im orthodoxen Christentum bis heute stattfinden, ist eine verstörende Überraschung und kann nur als eine tiefe Krise der Religion verstanden werden. Umso schwieriger ist es, optimistisch in die Zukunft zu blicken und Wege zu sehen, die aus einer derartigen Krise führen könnten.

Aber wenn uns die Frage nach der Zukunft einer von Krisen erschütterten Religion beschäftigt, dann müssen wir den Blick vergleichend auch auf die Situation im westlichen Kulturraum richten, wo Katholizismus und Protestantismus die dominierenden Konfessionen sind. „Glauben Sie an einen Gott?" Unter diesem Stichwort fand ich in Bezug auf Deutschland 2018 im Internet folgendes Ergebnis: Nur noch 58 Prozent der Angesprochenen antworteten mit *ja*, davon in Westdeutschland 67 Prozent, in Ostdeutschland (mit der Vergangenheit des atheistischen DDR-Regimes) 25 Prozent.[133] Und 2022 war die Mitgliederzahl der beiden großen Kirchen, katholisch und evangelisch, zusammengenommen erstmals auf unter 50 Prozent gesunken, eine bisher undenkbare Situation.[134] In vielen anderen westeuropäischen Ländern ist der Befund ähnlich. Nur in den USA existierte noch um das Jahr 2000 die Hoffnung, eine solch „radikale Verweltlichung" würde sich auf Europa beschränken. Doch inzwischen ist auch dort ein starker Rückgang zu beobachten, vor allem bei der Altersgruppe unter dreißig Jahren.[135]

Zum Vergleich dazu: In vielen Staaten des christlich-orthodoxen Kulturraums ist die Zahl bekennender Christen wesentlich höher. Ich habe die Zahlen bereits in den Abschnitten *Orthodoxe Kirchen und ihr Verständnis von Religion* und *Orthodoxes Christentum mit wachsender Mitgliederzahl* genannt: Im Jahr 2002 waren rund 215 Millionen orthodoxe Christen weltweit registriert – und zwei Jahrzehnte später, 2022, war ihre Zahl auf rund 300 Millionen gestiegen. Denn nach dem politischen Zusammenbruch des Sowjetsystems hatten sich viele Menschen wieder offen zu ihrer Religion bekennen können oder hatten nach einer weltanschaulichen Verunsicherung wieder einen neuen Halt gesucht. In Russland hatte sich die Zahl der kirchlichen Mitglieder von 1991 allein schon bis 2003 von 31 Prozent auf rund 72 Prozent mehr als verdoppelt. Dass aber auf die tiefgehende Krise des Kommunismus eine tiefgehende Krise des orthodoxen Christentums folgte, ist eines der Themen dieses Buches. Allerdings unterscheidet sich diese Krise der orthodoxen Konfession wesentlich von jener der katholischen und der protestantischen in westlichen Staaten. Welche unterschiedlichen Konsequenzen ergeben sich hierbei für die Zukunft des Christentums überhaupt?

Im Rückblick möchte ich noch einmal auf eine meiner Grunderfahrungen zurückkommen, die ich unterwegs im christlich-orthodoxen Kulturraum, in Griechenland, Rumänien, dem ehemaligen Jugoslawien und in Moskau, immer wieder machen konnte. Einerseits traf ich auf Menschen, die beim Thema Religion abwinkten. Sie gehören zu jenem Typus, dem man auch in Westeuropa oft begegnet. Bei ihnen ist nicht klar, ob sie offiziell noch einer Kirche angehören oder ob sie überzeugte Atheisten sind, eindeutig ist nur, dass sie sich wenig für Religion interessieren und wohl auch wenig über ihre Inhalte informiert sind. Aber religiös Gläubige antworteten oft auf meine Fragen: Die orthodoxe Kirche verkörpere mehr als jede andere das wahre Christentum, denn an ihren Dogmen habe sich seit mehr als tausend Jahren nichts mehr geändert. Die katholische Kirche dagegen habe immer wieder Zugeständnisse an den

Zeitgeist gemacht, und die protestantischen Kirchen hätten ihre Lehren innerhalb kürzester Zeit derart gewandelt, dass man auf sie die Bezeichnung Kirche überhaupt nicht mehr anwenden könne. Es waren meist Geistliche, die nahezu einheitlich diese Meinung vertraten, aber auch gebildete Laien.

Dazu passend fand ich in dem Wikipedia-Artikel zu *Orthodoxe Kirchen* im Abschnitt „Selbstbezeichnung" folgende Erklärung: Die eigentliche Bezeichnung sei aus der Sicht der orthodoxen Kirche eine „heilige, allumfassende, apostolische Kirche". Die Bezeichnung „Konfession" sei der Orthodoxie eher fremd. Auch sollten Begriffe wie „griechisch-orthodox", „russisch-orthodox" und andere eher nicht verwendet werden, denn dies betone die geringen Unterschiede. Grundsätzlich würden sich orthodoxe Christen nicht als „Teil der einen Kirche", sondern als unmittelbaren Ausdruck der „ganzen einen Kirche" verstehen. Dazu passt auch folgende Formulierung: Die orthodoxe Kirche sei die „Vereinigung alles Seienden, dazu bestimmt, alles, was da ist, Gott und die Schöpfung, in sich zusammenzuschließen. Sie ist die Erfüllung des ewigen Planes Gottes. In ihr ist Ewiges da und Zeitliches." So ist dies in einem Buch mit dem Titel *Orthodoxe Dogmatik* zu lesen. Und der Text, so formuliert, stammt nicht aus dem Mittelalter, denn das Buch wurde von einem rumänischen Autor Ende der 1980er Jahre verfasst und erschien auf Deutsch 1990.[136]

An solchen Zitaten wird deutlich, dass sich die orthodoxe Dogmatik über weite Zeiträume nicht geändert hat – und stolz darauf ist. Die orthodoxe Kirche sei die „ursprüngliche" Kirche, von Gott gestiftet, dagegen seien alle Abweichungen in den Glaubenssätzen von Menschen erdacht, entsprechend hätten die Katholiken und erst recht die Protestanten gegen den Willen Gottes gehandelt. Allerdings betonen Theologen der orthodoxen Kirche: Ihr Wunsch sei ein Dialog mit Katholiken wie auch mit Protestanten, um die Konflikte zu beseitigen.

Wie lässt sich angesichts eines solchen Anspruchs auf die alleinige Geltung der „einen" Kirche ein Dialog mit Andersgläubigen herstellen? Und wie schwierig ist dies erst mit „Ungläubigen", vor allem mit Atheisten? Die Frage stellt sich vor dem Hintergrund, dass sich in Westeuropa durch das Zeitalter der Aufklärung schrittweise eine völlig andere Entwicklung angebahnt hat. In Westeuropa haben sich Gläubige aus enger kirchlicher Bevormundung mehr und mehr lösen können, andererseits konnten sich ebenso religionskritische Bewegungen bis hin zum Atheismus frei entfalten. Selbst wenn dann im Gegenzug extrem konservative Ideologien entstanden sind – auf religiöser Ebene radikale Fundamentalisten katholischer und protestantischer Prägung –, so hat sich doch ein Pluralismus der Kulturen entwickelt. Was die Religionen betrifft: Unter dem Druck dieser markanten Veränderungen ist es zwischen den einzelnen Religionsgemeinschaften zu einer Annäherung gekommen. Erste Schritte setzten protestantische Konfessionen, schließlich in der zweiten Hälfte des 20. Jahrhunderts auch die katholische Kirche. Papst Johannes XXIII. eröffnete 1962 das Zweite Vatikanische Konzil, das sein Nachfolger Papst Paul VI. 1965 abschloss. In diesem Konzil gaben katholische Würdenträger, die sich bisher wesentlich mehr als die protestantischen gegen Reformen gesperrt hatten, ein Zeichen der „Öffnung". Gerade auch im Hinblick auf die immer noch bestehende Kluft zwischen der katholischen und der orthodoxen Kirche haben sich Begegnungen angebahnt.

Ein erstes auffälliges Signal gab Papst Paul VI., als er 1964, noch während des Zweiten Vatikanischen Konzils, Kontakt mit Athinagoras, dem damaligen Patriarchen von Konstantinopel, aufnahm. Beide hoben den gegenseitigen Kirchenbann auf, der seit dem Jahr 1054 galt. 1967 trafen sich Paul VI. und Athinagoras in Jerusalem, dies war die erste Begegnung eines Papstes und eines Patriarchen nach der Kirchenspaltung vor mehr als tausend Jahren. Und 2004 erklärte Papst Johannes Paul II. zum 800. Jahrestag der Eroberung Konstantinopels durch die katholischen Kreuzritter, dass die Katholiken damals mit ihrer Feindseligkeit und ihrer Plünderung der Metropole eine schwere Sünde begangen hätten. Er, der Papst, bitte im Namen der katholischen Kirche um Verzeihung.[137]

Solche Signale waren allerdings nur sehr zögerliche Anzeichen einer gegenseitigen Annäherung. Bald wurde deutlich, dass die Trennlinien zwischen „Ost" und „West" weiterhin tief blieben.

Die Trennlinien in der Gegenwart.
Weiterhin Konflikte im Verständnis von
„Kirche" und „Moderne"

Ökumene – der Begriff ist abgeleitet vom altgriechischen Wort *oikein* und bedeutet „die ganze Erde umfassend". Eine Bewegung mit diesem Namen entstand in den späten 1940er Jahren, ihr Ziel ist es, in den unterschiedlichen Kirchen über alle dogmatischen Unterschiede hinweg durch intensive Begegnung ein Bewusstsein für den gemeinsamen Kern des christlichen Glaubens stärker als bisher zu entwickeln. Dabei sollten „ökumenische" Treffen, ja, gemeinsame Gottesdienste stattfinden, etwa mit Katholiken und Protestanten oder Katholiken mit Orthodoxen. Allerdings ist bald deutlich geworden, dass es nicht einfach ist, in tieferem Sinn ein Bewusstsein von geistiger Gemeinschaft zwischen den weit verzweigten christlichen Glaubensformen herzustellen.

Was den Gegensatz zwischen den Konfessionen in West- und Osteuropa betrifft: Den Protestanten erscheinen die Strukturen einer orthodoxen Vorstellung von „Kirche" wesentlich fremder als den Katholiken. Aber viele Protestanten neigen von vornherein nicht dazu, eine kirchliche „Einheit" im engeren Sinn anzustreben, sondern sie akzeptieren eine Vielfalt unterschiedlicher Kirchen, und auf dieser Basis treffen sich Angehörige verschiedener Konfessionen tolerant zu Gesprächen wie auch gemeinsamen Gottesdiensten. Für sie ist es auch kein Problem, Katholiken an einer protestantischen Zeremonie des Abendmahls teilnehmen zu lassen. Anders ist dies für die katholische Kirche. Anders ist auch die Beziehung zwischen Katholiken und Orthodoxen. Obwohl beide Konfessionen sich sehr ähnlich sind, ja sogar manche Dogmen sich in Details ähneln, ist gerade die geistige Nähe in einem entscheidenden Punkt ein Problem: Beide Kirchen beharren darauf, dass ihr Verständnis von „Kirche" das allein richtige sei. Skeptiker können nicht in vollem Sinn „Christen" sein.

Zunächst ein Blick auf die katholische Kirche, die in ihrem Verhalten seit Mitte des 20. Jahrhunderts äußerst ambivalente Signale aussendet. Auf katholischer Seite zeigten sich ähnliche Vorbehalte gegen einen intensiven Dialog wie auf orthodoxer Seite, wenn auch katholische Dogmatiker dies heute nicht mehr ganz so offen äußern. Der prominenteste dieser katholischen Theologen mit Vorbehalt ist der (am 31. Dezember 2022 verstorbene) Papst Benedikt XVI., mit bürgerlichem Namen Josef Ratzinger. Der junge Theologe Ratzinger war beim Zweiten Vatikanischen Konzil von 1962 bis 1965 zwar als Befürworter von Reformen tätig gewesen, aber je mehr er in den folgenden Jahren feststellen musste, welche Spannungen die Neuerungen auslösten, desto mehr wurde er zum strikt konservativen Theologen. Nun setzte er alles daran, das Bestehende weitgehend zu erhalten und so die „Einheit" der Kirche zu bewahren. Neben Papst Johannes Paul II. gehörte er als dessen Präfekt der Glaubenskongregation an vorderster Stelle zu jenen Kardinälen, die weitgehend an der Struktur des vorkonziliaren Glaubens festhielten.

Ein auffälliges Kennzeichen dieser Haltung zeigte sich besonders in seiner am 6. August 2000 veröffentlichten Schrift *Dominus Iesus,* „Jesus, der Herr". Kardinal Ratzinger betonte hier zwar, einen Dialog mit Christen anderer Konfessionen im Geist des Zweiten Vatikanischen Konzils führen zu wollen. Er vertrat aber im Kern Ansichten, wie sie viele Jahrhunderte vor dem Konzil unverrückbar von katholischen Theologen vertreten wurden: Nur die römisch-katholische Kirche könne sich voll und ganz als Kirche betrachten, weil allein sie die Heilsmittel in ihrer Vollständigkeit besitze. Entsprechend könne nur der Papst von Rom und nicht der Patriarch von Konstantinopel voll und ganz der Stellvertreter Christi auf Erden sein. Ratzinger billigte den orthodoxen Kirchen noch am ehesten den Anspruch zu, einer „Kirche" anzugehören, aber er schränkte diesen Anspruch mit folgenden Worten ein: „Die kirchlichen Gemeinschaften hingegen, die den gültigen Episkopat […] nicht bewahrt haben, sind nicht Kirchen im eigentlichen Sinn; die in diesen Gemeinschaften Getauften sind aber durch die Taufe Christus eingegliedert und stehen deshalb in einer gewissen, wenn auch nicht vollkommenen Gemeinschaft der Kirche." Den Protestanten allerdings billigte Ratzinger noch erheblich weniger den Anspruch zu, eine „Kirche" zu bilden, weil jene dogmatisch viel entschiedener auf Distanz zum katholischen Verständnis gingen.[138]

Ratzinger/Benedikt beharrte mit seinen Äußerungen im Kern auf der Haltung der Päpste vor dem Zweiten Vatikanischen Konzil. Aber wenn so manche gläubigen Katholiken ihn als einen „Jahrhundert-Theologen" bezeichnen, dann geht es mir so, dass ich irritiert die Frage stellen muss: Auf welches Jahrhundert kann sich denn dieses Lob beziehen? Ratzinger/Benedikt vertrat doch noch immer nahezu den gleichen Absolutheitsanspruch wie die meisten Bischöfe der orthodoxen Kirchen seit „ewigen Zeiten", und dies bedeutete, dass auch von katholischer Seite in der zentralen Frage keine Annäherung stattfinden konnte. Der konservative Katholik Ratzinger/Benedikt unterschied sich allerdings von vielen der orthodoxen Bischöfe – und dies vor allem von jenen in Russland – dadurch, dass er es prinzipiell ablehnte, seinen Anspruch auf „Wahrheit" gegen religiösen „Irrtum" mit Gewalt durchzusetzen. Erst recht verurteilte er den Angriffskrieg Russlands gegen die Ukraine sowie die ideologische Unterstützung durch Geistliche.

Und doch: Kardinal Ratzinger als Präfekt der Glaubenskongregation nutzte die in einem säkularen Staat begrenzte Macht dazu, innerhalb der eigenen Kirche gegen „Ketzer" vorzugehen. Besonderes Aufsehen erregte er hierbei, als auf seine Anregung hin dem prominenten Theologen Hans Küng die kirchliche Lehrbefugnis entzogen wurde. Dies geschah 1979. Küng, wie Ratzinger als reformorientierter Theologe schon im Zweiten Vatikanischen Konzil tätig, hatte seine Vorstellungen von Reform weiter entwickelt. 1970 hatte Küng ein Buch mit dem Titel *Unfehlbar? Eine Anfrage* veröffentlicht und gefordert, das 1870 von Papst Pius IX. begründete Dogma von der Unfehlbarkeit des Papstes in Glaubensfragen wieder abzuschaffen. Verbunden war dies mit der Perspektive, mehr Demokratie innerhalb eines noch immer weitgehend absolutistischen Systems der Kirche einzuführen. Und 1978 erschien von Küng außerdem ein Buch mit dem Titel *Existiert Gott? Antwort auf die Gottesfrage der Neuzeit.* In diesem Buch kritisierte Küng scharf, dass die Kirchen – nicht nur die katholische – ihre Glaubwürdigkeit verspielen würden, wenn sie weiterhin an Teilstücken einer vom Mittelalter geprägten Dogmatik festhielten. Ein Jahr nach der Veröffentlichung dieses Buches veranlasste Papst Johannes Paul II. auf Anregung von Kardinal Ratzinger, dem Theologen Küng die kirchliche Lehrbefugnis zu entziehen. Damit verlor Küng seinen Lehrstuhl für katholische Theologie an der Universität Tübingen. Eine solche Maßnahme hätte in einem Staat mit engem Bündnis einer autoritären Regierung mit einer autoritären Kirche – wie etwa in Russland – das Ende einer Karriere bedeutet. Nicht aber in einem säkularen Staat mit pluralistischer Demokratie. Die Bundesrepublik Deutschland schuf für den entlassenen Theologen Hans Küng einen staatlich besoldeten Lehrstuhl für Ökumenische Theologie an der Universität Tübingen. In dieser neuen Position war es Küng möglich, unabhängig von dogmatischem Druck über einen Dialog auf Augenhöhe nicht nur mit anderen christlichen Konfessionen, sondern mit den Weltreligionen zu reflektieren.

Allerdings bekannten sich auch Kardinal Ratzinger und Papst Johannes Paul II. zu einem Dialog mit anderen Konfessionen und darüber hinaus mit den Weltreligionen. Johannes Paul II. hatte als erster Papst überhaupt 1981 eine Moschee besucht (in Damaskus die Omayaden-Moschee) und in Rom eine Synagoge, Papst Benedikt als erster Papst 2005 in Deutschland eine Synagoge (in Köln). Aber beide kirchlichen Würdenträger mit Signalwirkung praktizierten eine herablassende Toleranz und ließen oft durchblicken, dass allein sie als Katholiken über den vollendeten Glauben verfügen konnten. Der Theologe Hans Küng dagegen und sein Nachfolger Karl-Josef

Kuschel praktizierten in der Begegnung mit anderen Konfessionen und Weltreligionen, so dem Islam, Hinduismus, Buddhismus und fernöstlichen Religionen, einen Dialog auf Augenhöhe. Aus einer solchen Perspektive wird allen Religionen gleiche Bedeutung eingeräumt, wie es Lessing bereits mit der Ringparabel in seinem Ideendrama *Nathan der Weise* am Beispiel von Christentum, Judentum und Islam getan hat. Dabei beharrten Küng sowie Kuschel darauf, „katholisch" zu bleiben, nur verbanden sie mit „katholisch" eine weltoffene, betont pluralistisch orientierte Theologie, und sie sind damit repräsentativ für eine reformoffene Haltung innerhalb ihrer Kirche.

In Westeuropa hat theologische Diskussion über eine geistige Neuorientierung der Kirchen – und damit über eine Zukunft des Christentums trotz aller offensichtlichen Krisen – in den letzten Jahrzehnten immer mehr Gewicht bekommen. Ich nenne hier noch zwei weitere Theologen, die mit derselben Thematik wie Hans Küng und Karl-Josef Kuschel Aufsehen erregten. 1970 erschien von dem protestantischen Theologen Heinz Zahrnt ein Buch mit dem Titel *Gott kann nicht sterben. Wider die falschen Alternativen in Theologie und Gesellschaft.* Dieses Buch erschien acht Jahre vor Küngs *Existiert Gott?* Und 1989 veröffentlichte Zahrnt *Gotteswende. Christen zwischen Atheismus und neuer Religiosität.* Der katholische Theologe Hubertus Halbfas schrieb Bücher mit folgenden Titeln: *Glaubensverlust. Warum sich das Christentum neu erfinden muss* (2011) und *Kann ein Christ Atheist sein? Kann ein Atheist Christ sein?* (2020). All den hier genannten Theologen geht es um die Frage, inwieweit denn das traditionelle Verständnis von „Gott" noch eine überzeugende Alternative zu den Herausforderungen einer säkularen, historisch-kritischen, ja, einer atheistisch geprägten Weltanschauung bilden kann. Es würde den Rahmen der Darstellung sprengen, hier näher auf solche Diskussionen in der modernen Theologie einzugehen. Ich nenne die Beispiele nur, um darauf hinzuweisen, dass Theologen auf die wachsende Glaubenskrise der Religionen reagieren und versuchen, grundsätzliche Fragen nach „ewigen Wahrheiten" unter neuen Voraussetzungen zu stellen. Etwa wie es Heinz Zahrnt in seinem Buch *Gott kann nicht sterben* formuliert: „Christen und Atheisten sind beide mit der Sache Gott in Anspruch genommen, jeweils nur vom anderen Ende. Indem sie so miteinander für oder gegen Gott streiten, sind sie eng miteinander verschlungen. Sie fragen beide […] nach dem Ganzen der Welt und halten damit […] die Frage nach der Wahrheit lebendig."[139]

Die orthodox gläubigen Christen im osteuropäischen sowie südosteuropäischen Raum waren und sind mit denselben Herausforderungen der Moderne konfrontiert. Dies geschieht gerade auch dadurch, dass viele von ihnen lange genug atheistischen Herrschaftssystemen ausgesetzt waren, die das Ziel hatten, die „rückständigen" Religionen durch eine überlegene Rationalität und Wissenschaftlichkeit in die Bedeutungslosigkeit zu drängen. Aber der Konflikt hat besonders in Russland zur Tragödie geführt – anfangs zur brutalen Unterdrückung der religiös Gläubigen durch das kommunistische Regime, und nach dessen Sturz ist es umgekehrt zur Diktatur eines politisch-religiösen Herrschaftssystems gekommen.

Entsprechend unterschiedlich sind die Voraussetzungen, wenn es um die Zukunft des Christentums im osteuropäischen und im westeuropäischen Raum geht, also in den autokratisch sowie den demokratisch orientierten Staaten. In Staaten mit einer nur schwach entwickelten oder gar fehlenden Demokratie sind sowohl die weltlichen als auch die religiösen Machthaber daran interessiert, dass vorgegebene Regeln nicht hinterfragt werden. Denn bei einer Liberalisierung käme die Autorität der Regierenden ins Wanken. Umso notwendiger erscheint es ihnen, die Gefahr von „Chaos" zu beschwören und hierbei die Konflikte in der Demokratie des Westens als warnendes Beispiel zu zitieren. Zwar werden die Errungenschaften der westeuropäischen Aufklärung gelobt, soweit es um die freie Entfaltung von Naturwissenschaften geht – aber den Geisteswissenschaften wird misstraut, soweit sie „bürgerlich liberal" sind. Einst haben die Kommunisten die westliche Gesellschaft kritisiert, weil jene alle Wahrheiten relativiere und über keine ideelle Mitte mehr verfüge – heute kritisieren die politisch-religiös orientierten Machthaber in den ehemals kommunistisch regierten Staaten den „Westen" mit nahezu denselben Floskeln. Nur ist bei den Kommunisten eine unaufhebbare Verbindung von Staat und kommunistischer Ideologie propagiert worden, heute ist es die unaufhebbare Verflechtung von Staat und Kirche. Unter solchen Voraussetzungen ist einst das sowjetische System kaum reformierbar gewesen, heute gilt dasselbe für das autokratische russisch-orthodoxe System. Die Religion wird sich unter solchen Rahmenbedingungen nur aus ihrer dogmatischen Starre lösen können, wenn die Macht der Diktatur zerbröselt. Danach sieht es gegenwärtig nicht aus. Auf längere Sicht aber könnte sich daran erst etwas ändern, wenn Kriege mit politisch-religiöser Mischung immer intensiver die wirtschaftlichen und sozialen Strukturen zerrütten. Dann könnte die orthodoxe Kirche, die solche Kriege immer wieder durch religiöse Parolen massiv unterstützt, beträchtlich von ihrer Aura als Hoffnungsträger verlieren. So ist es mit der katholischen und mit den protestantischen Kirchen in Westeuropa im späten 18. Jahrhundert endgültig geschehen; ebenso ist es mit der russisch-orthodoxen Kirche gegen Ende der Zaren-Herrschaft schon einmal geschehen.

Eine Parallele lässt sich allerdings auch zur Entwicklung in der islamischen Welt herstellen, gegenwärtig besonders im Iran. 1979 hatte im Iran eine Revolution gegen die säkulare Schah-Diktatur stattgefunden, und viele Aufständische hatten damals den zuvor aller Privilegien beraubten Islam als den zentralen Hoffnungsträger zurückgewünscht. Aber je mehr die Despotie des Schahs durch eine radikal-religiöse Despotie schiitischer Geistlicher ersetzt wurde, ist auch die Religion einem erheblichen Verlust an Glaubwürdigkeit ausgesetzt. Es bleibt offen, wie stark in naher Zukunft die Zahl der überzeugten Muslime im Iran, wie auch in anderen islamischen Ländern, angesichts weiter wachsender Krisen abnimmt.

Ebenso ist fraglich, wie rasch oder wie verzögert sich eine neue geistige Orientierung im Spannungsfeld des christlichen Kulturraums entwickeln wird – der Kern des Umdenkens muss sein: Die

Kirchen aller Konfessionen müssen Abschied nehmen von dem Glauben, ihre Lehrmeinung repräsentiere am besten die „Offenbarung Gottes". Reformorientierte Theologen haben ihre Kritik schon deutlich genug geäußert, aber in allen Konfessionen gibt es nach wie vor Christen, die entschieden vor solchen „modernistischen", von „Menschen erdachten" Veränderungen warnen. Doch wenn sich ein „modernes" Umdenken letzten Endes breitenwirksam durchsetzt – wird *eine* Entwicklung hierbei unumkehrbar sein: Mit der Dominanz von Amtskirchen ist es vorbei. Die Gesellschaften in Westeuropa sowie in Nordamerika fächern sich, gerade auch in Hinsicht Religion, in zahlreiche Gruppierungen auf. Nur noch ein Teil dieser Gruppierungen identifiziert sich mit vorgegebenen Dogmen der großen Amtskirchen, entsprechend kommt angesichts einer immer stärkeren Individualisierung religiöser Erfahrung auch der traditionelle theistische Glaube an einen personalen Gott ins Fließen. Entsprechend wird es selbst immer mehr auch von religiös denkenden Menschen als verhängnisvoll angesehen, alle Abweichungen von kirchlich vorgegebenen Dogmen als „Irrtum" oder gar als „Ketzerei" zu verurteilen. Desto mehr wird der Glaube an einen personalen Gott in Frage gestellt, ohne das Christentum selbst schon abzulehnen. Dadurch bleibt aber auch die Vorstellung von einer unpersönlich wirkenden „göttlichen Kraft" oder eines „gottlosen Absoluten" in der Schwebe. Anstelle von „Religion" gewinnt der Begriff „Spiritualität" als etwas religiös Übergreifendes an Gewicht.

Gerade eine derartige Entwicklung wird von nicht wenigen Christen als „Niedergang", als „Krise" ohne Ausweg verstanden – aber nicht als Chance. Dies gilt besonders für Christen der orthodoxen Konfession, in deren Kulturraum sich Demokratie bisher weniger entwickeln konnte als in westlichen Staaten. Um aber die offenkundige Krise des Christentums zu beseitigen, ist es nötig, einen intensiven Dialog zwischen Andersgläubigen und Andersdenkenden auf Augenhöhe zu entwickeln. Ein solcher Prozess ist – weltweit gesehen – erst in Ansätzen vorhanden.

Anhang

Anmerkungen

1   Roman Berger, Für Glauben, Gott und Vaterland. In Publik-Forum. Nr. 4, 2007, S. 47.

2   Wikipedia: Russisch-orthodoxe Kirche. Online: https://de.wikipedia.org/wiki/Russisch-Orthodoxe_Kirche (Stand: 26.04.2023).

3   Oliver Hinz, Das orthodoxe Christentum boomt in Russland. Online: https://www.katholisch.de/artikel/17878-das-orthodoxe-christentum-boomt-in-russland (Stand: 26.04.2023).

4   Christof Beckmann: Kirchen in der Ukraine. 27.2.2022. Online: https://www.himmelunderdeonline.de/hue/kirchen-in-der-ukraine.php (Stand: 26.04.2023).

5   Patriarch: Gefallenen Soldaten werden alle Sünden erlassen. 26.9.2022. Online: https://religion.orf.at/stories/3215269/ (Stand: 26.04.2023).

6   Anzahl Anhänger Konfessionen 1990 bis 2002. Online: https://de.statista.com/statistik/daten/studie/36481/umfrage/anzahl-der-weltweiten-anhaenger-der-verschiedenen-konfessionen-bis-2025/ (Stand: 26.04.2023).

7   Wikipedia: Orthodoxe Kirchen. Online: https://de.wikipedia.org/wiki/Orthodoxe_Kirchen (Stand: 26.04.2023).

8   Religionszugehörigkeit. Unter dem jeweiligen Staat sind die hier genannten Angaben zu finden. Online: https://www.bpb.de/kurz-knapp/zahlen-und-fakten/europa/70539/religionszugehoerigkeit (Stand 26.04.2023).

9   Hannes Vorhofer, Religiös Radikale machen in Israel Politik. In: Publik-Forum, Nr. 4/2023, S. 41.

10 Siedentop, Die Erfindung des Individuums, S. 58 u. 67.

11 Vgl. hierzu Sanders, Sohn Gottes, S. 107–110.

12 Ebd.

13 Goodman, Die Geschichte des Judentums, S. 82 f.

14 Runciman, Die Eroberung von Konstantinopel 1453, S. 10.

15 Zitiert nach Mary R. Lefkowitz, Die Töchter des Zeus. Frauen im alten Griechenland, S. 136.

16 Planet wissen. Annette Holtmeyer: Christentum. Der Zölibat. Online: https://www.planet-wissen.de/kultur/religion/das_christentum/pwiederzoelibat100.html (Stand: 26.04.2023).

17 Ebd.

18 Wikipedia: Rus. Online: https://de.wikipedia.org/wiki/Rus (Stand: 26.04.2023).

[19] Güner Haller, Wer rettet die Stadt der goldenen Kuppeln? In: Die Presse, 20.3.2022, S. 46 f.

[20] Steven Runciman, Die Eroberung von Konstantinopel 1453, S. 169.

[21] Ebd., S. 9 f.

[22] Ebd., S. 27.

[23] Orlando Figes, Eine Geschichte Russlands, S. 101.

[24] Ebd., S. 100.

[25] Ebd., S. 89.

[26] Ebd., S. 108.

[27] Mark Galeotti, Die kürzeste Geschichte Russlands, S. 122.

[28] Ebd., S. 123.

[29] Ebd., S. 134 f.

[30] Peter Koslowski/Waldimir F. Fjodorow, Religionspolitik zwischen Cäsaropapismus und Atheismus, S. 11–16.

[31] Orlando Figes, Eine Geschichte Russlands, S. 206 ff.

[32] Fjodor Dostojewski, Die Brüder Karamasow, S. 195.

[33] Ebd., S. 203.

[34] Zitiert nach Wikipedia: Worin mein Glaube besteht. Online: https://de.wikipedia.org/wiki/Worin_mein_Glaube_besteht (Stand: 26.04.2023).

[35] Rainer Goldt, Tolstois Ringen um die Wahrheit. In: Stimmen der Zeit. Band 135, Freiburg 2010, S. 734–742.

[36] Warum wurde Tolstoi exkommuniziert? Definition der Heiligen Synode zum Grafen Leo Tolstoi. Moskau: Verlag „Wissen" 1964. Online: https://24segodnya.ru/de/headsets/za-chto-tolstogo-otluchili-ot-cerkvi-opredelenie-svyateishego-sinoda-o-grafe (Stand: 26.04.2023).

[37] Michael Blume, Islam in der Krise, S. 60.

[38] Alan Bullock, Hitler und Stalin. Parallele Leben, S. 44.

[39] Zitiert nach: Verfassungen von Griechenland. Online: https://www.verfassungen.eu/griech/verf52.htm (Stand: 26.04.2023).

[40] Bernd Rill, Atatürk, S. 71.

[41] Eine ausführliche Darstellung dieses Krieges siehe Schweizer: Türkei verstehen, S. 103 bis 109.

[42] Hans E. Latzke, Türkei, S. 61.

[43] Claus Leggewie, Die Türkei und Europa. Die Positionen, S. 109.

[44] Ebd., S. 177.

[45] Gerd Höhler, Gibt es bald wieder ein Freitagsgebet in der Hagia Sophia? In: Stuttgarter Zeitung, 15.8.1996, S. 4.

[46] Susanne Güsten, „Jetzt sind wir wieder Herr im eigenen Haus". In: Die Presse, 25.7.2020, S. 6.

47 Vatican News. Istanbul: „Enttäuschung und Sorge". 24.8.2020. On-
    line: https://www.vaticannews.va/de/welt/news/2020-08/tuerkei-cho-
    ra-istanbul-moschee-kirche-reaktion-umwandlung-erdogan.html (Stand:
    26.04.2023).

48 Ebd.

49 Nikos Kazantzakis, Griechische Passion, S. 425, 427.

50 Ebd., S. 429.

51 Ebd., Information im Klappentext des Romans.

52 Wikipedia: Nikos Kazantzakis. Gedenken. Online: https://de.wikipedia.
    org/wiki/Nikos_Kazantzakis (Stand: 26.04.2023).

53 Hansgeorg Hermann, Im Namen des Erzbischofs. In: Neue Züricher
    Zeitung, 28.7.2009, S. 26.

54 Ebd.

55 Ebd.

56 Griechenland trauert um das Oberhaupt der Orthodoxie. Hamburger
    Abendblatt, 29.1.2008.

57 Alexandros Sakellariou, Autoritarismus und die orthodoxe Kirche in
    Griechenland. Historische und aktuelle Aspekte. Online-Publikation
    September 2019. Online: https://www.rosalux.de/publikation/id/40997
    (Stand: 26.04.2023).

58 Griechenland: Keine Trennung von Kirche und Staat in der Verfassung.
    Ostkirchen Info. 18.12.2019. Online: https://ostkirchen.info/griechen-
    land-keine-trennung-von-kirche-und-staat-in-der-verfassung/ (Stand
    26.04.2023).

59 Krsto Lazarević, Renaissance des serbischen Nationalismus. 26. Juni 2014.
    Online: https://www.ifdem.de/beitraege/renaissance-des-serbischen-natio-
    nalismus/ (Stand: 26.04.2023).

60 Volker Wagener, Teil der serbischen Nationalideologie: Der Mythos
    Kosovo. 06.12.2007. Online: https://www.dw.com/de/teil-der-serbischen-
    nationalideologie-der-mythos-kosovo/a-2992227 (Stand: 26.04.2023).

61 Wikipedia: Lazar. Online: https://de.wikipedia.org/wiki/Lazar (Stand:
    26.04.2023).

62 Wikipedia: Miloš Obilić. Online: https://de.wikipedia.org/wiki/Mi-
    lo%C5%A1_Obili%C4%87 (Stand: 26.04.2023).

63 Wikipedia: Alija Izetbegović. Online: https://de.wikipedia.org/wiki/Ali-
    ja_Izetbegovi%C4%87 (Stand: 26.04.2023).

64 Marie-Janine Calic, Geschichte Jugoslawiens im 20. Jahrhundert, S. 160.

65 Lutz Raphael, Imperiale Gewalt und mobilisierte Nation, S. 256.

66 R. Grulich/T. Bremer (1999), Die Religionsgemeinschaften im ehe-
    maligen Jugoslawien. In: Melčić, D. (eds) Der Jugoslawien-Krieg.
    VS Verlag für Sozialwissenschaften, Wiesbaden. Online: https://doi.
    org/10.1007/978-3-663-09609-2_15 (Stand: 26.04.2023).

[67] Stefan Kube, Religion als Konfliktpotential im jugoslawischen Zerfallsprozess und während des Krieges in Bosnien-Herzegowina. In: Zeitschrift „OST-WEST. Europäische Perspektiven" 3/2005. Online: https://www.owep.de/artikel/463-religion-als-konfliktpotenzial-im-jugoslawischen-zerfallsprozess-und-waehrend-des (Stand: 26.04.2023).

[68] Smail Balić, Der Islam in Jugoslawien – eine Religion auf Sparflamme. In: Rolf Italiaander (Hrsg.), Die Herausforderung des Islam. Ein ökumenisches Lesebuch, S. 161.

[69] Stefan Kube, Religion als Konfliktpotential im jugoslawischen Zerfallsprozess und während des Krieges in Bosnien-Herzegowina. In: Zeitschrift „OST-WEST. Europäische Perspektiven" 3/2005. Online: https://www.owep.de/artikel/463-religion-als-konfliktpotenzial-im-jugoslawischen-zerfallsprozess-und-waehrend-des (Stand: 26.04.2023).

[70] Serbisch-orthodoxer Bischof erteilte Karadžić die Kommunion. 28.7.2008. Online: http://religionv1.orf.at/projekt03/news/0807/ne080728_karadzic.htm (Stand: 26.04.2023).

[71] Srebrenica. Russland blockiert die UNO-Resolution zu Massaker. In: Der Spiegel Online. Abgerufen am 11.5.2021.

[72] Michael Martens, Massaker von Srebrenica. Unerwünschtes Stochern in alten Geschichten. 4.1.2007. Online: https://www.faz.net/aktuell/politik/ausland/massaker-von-srebrenica-unerwuenschtes-stochern-in-alten-geschichten-1410343.html (Stand: 26.04.2023).

[73] Ljiljana Radonic, Krieg um die Erinnerung: Kroatische Vergangenheitspolitik zwischen Revisionismus und europäischen Standards, S. 157.

[74] Walter Mayr, Islamisierung in Sarajewo. Metropole der Minarette. In: Spiegel-Panorama. 24.12.2009.

[75] Hälfte der Kroaten will sich faschistischen Ustascha-Gruß nicht verbieten lassen. 13. September 2019. Online: https://www.derstandard.de/story/2000108601111/haelfte-der-kroaten-will-sich-faschistischen-ustascha-gruss-nicht-verbieten (Stand: 26.04.2023).

[76] Wikipedia: Ferhadija-Moschee. Zerstörung. Online: https://de.wikipedia.org/wiki/Ferhadija-Moschee (Stand: 26.04.2023).

[77] Carl Polonyi, Heil und Zerstörung. Nationale Mythen und Krieg am Beispiel Jugoslawiens 1990–2004, S. 431.

[78] Stefan Kube, Religion als Konfliktpotential im jugoslawischen Zerfallsprozess und während des Krieges in Bosnien-Herzegowina. In: Zeitschrift „OST-WEST. Europäische Perspektiven" 3/2005. Online: https://www.owep.de/artikel/463-religion-als-konfliktpotenzial-im-jugoslawischen-zerfallsprozess-und-waehrend-des (Stand: 26.04.2023).

[79] Abschließender Bericht der Vereinten Nationen vom 2. März 2014. Im Internet Archiv. Online: https://web.archive.org/web/20140302163248/http://www.ess.uwe.ac.uk/comexpert/ANX/VI-01.htm (Stand: 26.04.2023).

[80] Walter Mayr, Metropole der Minarette. In: Spiegel-Panorama. 24.12.2009.

[81] Siehe dazu: Stefan Kube, Nation und Religion. Wohin entwickelt sich der Islam in Bosnien-Herzegowina?, in: Herder Korrespondenz 6/2002, S. 295–300. Online: https://www.herder.de/hk/hefte/archiv/2002/6-2002/nation-und-religion-wohin-entwickelt-sich-der-islam-in-bosnien-herzegowina/ (Stand: 09.05.2023).

[82] Walter Mayr, Metropole der Minarette. In: Spiegel-Panorama. 24.12.2009.

[83] Stefan Kube, Nation und Religion. Wohin entwickelt sich der Islam in Bosnien-Herzegowina? In: Herder-Korrespondenz 6/2002, S. 295–300. Online: https://www.herder.de/hk/hefte/archiv/2002/6-2002/nation-und-religion-wohin-entwickelt-sich-der-islam-in-bosnien-herzegowina/ (Stand: 09.05.2023).

[84] Wikipedia: Mostar. Geschichte. Online: https://de.wikipedia.org/wiki/Mostar (Stand: 26.04.2023).

[85] Wikipedia: Dom des Heiligen Sava. Politische Umsetzung. Online: https://de.wikipedia.org/wiki/Dom_des_Heiligen_Sava (Stand: 26.04.2023).

[86] Heike Maria Johannis, Moskau. Reise-know-how, S. 224.

[87] Wikipedia: Christ-Erlöser-Kathedrale Moskau. Wiederaufbau in den 1990er Jahren. Online: https://de.wikipedia.org/wiki/Christ-Erlöser-Kathedrale_(Moskau) (Stand: 26.04.2023).

[88] Klaus Hart, Religion trotzt Sowjet-Erbe. In: Neue Bildpost, 22.7.2017, S. 2–3.

[89] Ebd.

[90] Oliver Hinz, Das orthodoxe Christentum boomt in Russland. Online: https://www.katholisch.de/artikel/17878-das-orthodoxe-christentum-boomt-in-russland (Stand: 26.04.2023).

[91] Roman Berger, Für Glauben, Gott und Vaterland. In: Publik-Forum, Nr. 4, 2007, S. 47.

[92] Ebd.

[93] Friedrich Heer, Kreuzzüge – gestern, heute, morgen?, S. 221 f.

[94] Wikipedia: Tichon (Bischof, 1958). Online: https://de.wikipedia.org/wiki/Tichon_(Bischof,_1958) (Stand: 26.04.2023).

[95] Zitiert nach Golineh Atai, Die Wahrheit ist der Feind, S. 75.

[96] Wikipedia: Tichon (Bischof, 1958). Verhältnis zu Putin und politischen Positionen. Online: https://de.wikipedia.org/wiki/Tichon_(Bischof,_1958) (Stand: 26.04.2023).

[97] Uwe Klussmann, Wandlung aus der Asche. In: Der Spiegel 52/2001, S. 142.

[98] Vgl. Online: https://rp-online.de/politik/ausland/putin-wurde-als-kind-heimlich-getauft_aid-9119147 (Stand 06.06.2023).

99 Christian Neef, Putins Masterplan. In: Der Spiegel Nr. 11, 12.3.2022, S. 9.

100 Michael Eltchaninoff, In Putins Kopf, S. 33 f.

101 Orlando Figes, Eine Geschichte Russlands, S. 365.

102 Ebd., S. 366 f.

103 Ebd., S. 380.

104 Ebd., S. 389.

105 Profil, 13.1.2014, S. 48.

106 Die Welt nimmt Abschied von Boris Jelzin. Memento vom 21. September 2007 im Internet Archiv. Online: https://web.archive.org/web/20070921155553/http://nachrichten.aol.de/Politik/Welt-nimmt-Abschied-Boris-Jelzin-828130318-0.html (Stand: 26.04.2023).

107 Der Tagesspiegel: Russen fürchten Macht der Kirche, 26.7.2007.

108 Christoph Zotter, Der Berg ruft. In: Profil 40. 1. Oktober 2018, S. 63.

109 Klaus Hart, Religion trotzt Sowjet-Erbe. In: Neue Bildpost, 22.7.2017, S. 2–3.

110 Hans Rauscher, Solschenizyns Schüler Putin. Online: derstandard.at/story/2000093792278/solschenizyns-schueler-putin (Stand: 26.04.2023).

111 Wie frei sind die Richter in Russland und China? In: Die Welt, 8.9.2012.

112 Bettina Singling, Ikonen des Protests. In: Stern. Ausgabe 35/2012, 23.8.2012.

113 Russischer Patriarch Kyrill: Feminismus „gefährlich". 10.4. 2013. Online: https://religion.orf.at/v3/stories/2579350/ (Stand: 26.04.2023).

114 Prozess gegen Pussy Riot: „Der Kreml geht sehr berechnend vor". Spiegel online. 10.10. 2012. Online: https://www.spiegel.de/politik/ausland/pussy-riot-russland-experte-meister-wirft-kreml-berechnung-vor-a-860022.html (Stand: 26.04.2023).

115 Wikipedia: Ukraine. Online: https://de.wikipedia.org/wiki/Ukraine (Stand: 26.04.2023).

116 Steffen Dobbert, Ukraine verstehen, S. 66 ff.

117 Michael Eltchaninoff, In Putins Kopf, S. 151.

118 Klaus-Helge Donath, Erinnerungskultur in Russland. 3.11.2016. Online: https://taz.de/Erinnerungskultur-in-Russland/!5354495 (Stand: 26.04.2023).

119 Thomas Bremer, Heiliges Russland und der Kampf der Kirchen. In: Publik-Forum, Nr. 5/2022, S. 23. Siehe auch Günter Haller, Wer rettet die Stadt der goldenen Kuppeln? In: Die Presse, 20.3.2022, S. 46.

120 Religion und Politik. Was man über den neuen Kirchenstreit zwischen Kiew und Moskau wissen muss. 24.4.2018. Online: https://uacrisis.org/de/66314-religion-politics-ukraine (Stand: 26.04.2023).

121 Steffen Dobbert, Ukraine verstehen, S. 127–133.

[122] Ebd., S. 137 f., 151 f.

[123] Orlando Figes, Eine Geschichte Russlands, S. 393 f.

[124] Walter Mayr, Stadt der roten Hunde. In: Der Spiegel Nr. 27/2.7.2022, S. 71.

[125] Patriarch: Gegner Russlands „Kräfte des Bösen". 28.2.2022. Online: https://religion.orf.at/stories/3211713/ (Stand: 26.04.2023).

[126] Christof Beckmann, Kirchen in der Ukraine. 27.2.2022. Online: https://www.himmelunderdeonline.de/hue/kirchen-in-der-ukraine.php (Stand: 26.04.2023).

[127] Thomas Vieregge, Kein Osterfriede, aber hoher Besuch in Kiew. In: Die Presse, 25.4.2022, S. 2 f.

[128] Reinhold Flogaus, Religiöse Kriegspropaganda: Soldatentod als Nachfolge Christi. In: FAZ am 27.12.2022. Online: https://www.faz.net/aktuell/feuilleton/russlands-propaganda-setzt-im-ukraine-krieg-zunehmend-auf-religion-18559297.html (Stand: 26.04.2023).

[129] Ebd.

[130] Ebd.

[131] Helden eines „heiligen Kampfes"? Russisches Original 20.1.2016, deutsche Übersetzung 19.2.2016. Online: https://www.dekoder.org/de/article/helden-eines-heiligen-kampfes (Stand: 26.04.2023).

[132] Thomas Klatt, Zu früh für eine Versöhnung. In: Publik-Forum, Nr. 24/2022, S. 39.

[133] Glauben Sie an einen Gott? Statista. Das Statistik Portal Februar 2018. Online: https://de.statista.com/statistik/daten/studie/169072/umfrage/glaube-an-gott-in-deutschland/ (Stand: 26.04.2023).

[134] Hilmar Schmidt, Das Land der Gottlosen. In: Der Spiegel, Nr. 34/20.8.2022.

[135] Karl-Peter Schwarz, Die Welt verabschiedet sich vom Christentum. In: Die Presse, 28.12. 2022, S. 21.

[136] Dumitru Staniloae, Orthodoxe Dogmatik, S. 162.

[137] Wikipedia: Orthodoxe Kirchen. Ökumene. https://de.wikipedia.org/wiki/Orthodoxe_Kirchen (Stand: 26.04.2023).

[138] Wikipedia: Kirchliche Gemeinschaften. Neuere Entwicklungen. Online: https://de.wikipedia.org/wiki/Kirchliche_Gemeinschaften (Stand: 26.04.2023). Vgl. dazu auch eine ausführliche Stellungnahme Benedikts XVI. in dem Sammelband Manuel Herder (Hrsg.), Der Papst der Bücher, S. 235–242.

[139] Heinz Zahrnt, Gott kann nicht sterben, S. 171 f.

Literaturhinweise

Atai, Golineh: Die Wahrheit ist der Feind. Warum Russland so anders ist. 3. Auflage. Berlin 2022.

Balić, Smail: Der Islam in Jugoslawien – eine Religion auf Sparflamme. In: Rolf Italiaander (Hrsg.), Die Herausforderung des Islam. Ein ökumenisches Lesebuch. Göttingen 1987.

Besi, Marco/Oelke, Simone (Hrsg.): Politische Macht und orthodoxer Glaube. Beziehungen zwischen Politik und Religion in Osteuropa. Regensburg 2023.

Blume, Michael: Islam in der Krise. Eine Weltreligion zwischen Radikalisierung und stillem Rückzug. 2. Auflage. Ostfildern 2017.

Bullock, Alan: Hitler und Stalin. Parallele Leben. Berlin 1991.

Calic, Marie-Janine: Geschichte Jugoslawiens im 20. Jahrhundert. München 2010.

Dobbert, Steffen: Ukraine verstehen. Geschichte, Politik und Freiheitskampf. Stuttgart 2022.

Dostojewski, Fjodor: Die Brüder Karamasow. Neuauflage. Klagenfurt 1971.

Eltchaninoff, Michel: In Putins Kopf. Logik und Willkür eines Autokraten. Aktual. Neuausgabe. Stuttgart 2022.

Figes, Orlando: Eine Geschichte Russlands. Stuttgart 2022.

Galeotti, Mark: Die *kürzeste* Geschichte Russlands. 2. Auflage. Berlin 2022.

Halbfas, Hubertus: Glaubensverlust. Warum sich das Christentum neu erfinden muss. 7. Auflage. Ostfildern 2011.

Halbfas, Hubertus: Kann ein Christ Atheist sein? Kann ein Atheist Christ sein? Eine grundsätzliche und notwendige Überlegung. Ostfildern 2020.

Heer, Friedrich: Kreuzzüge – gestern, heute, morgen? Luzern u. Frankfurt a. M. 1969.

Herder, Manuel (Hrsg.): Der Papst der Bücher. Freiburg i. Brsg. 2023.

Johannis, Heike Maria: Moskau. Reise-know-how. Bielefeld 2013.

Kazantzakis, Nikos: Griechische Passion. München 1977.

Koslowski, Peter/Fjodorow, Wladimir F. (Hrsg.): Religionspolitik zwischen Cäsaropapismus und Atheismus. München 1999.

Küng, Hans: Existiert Gott? Antwort auf die Gottesfrage der Neuzeit. München 1978.

Küng, Hans/Ess, Josef van: Christentum und Weltreligionen. I. Islam. Gütersloh 1987.

Latzke, Hans E.: Türkei. Köln 1998.

Lefkowitz, Mary R.: Die Töchter des Zeus. Frauen im alten Griechenland. München 1992.

Leggewie, Claus: Die Türkei und Europa. Die Positionen. Frankfurt a. M. 2004.

Polonyi, Carl: Heil und Zerstörung. Nationale Mythen und Krieg am Beispiel Jugoslawiens 1990–2004. Berlin 2012.

Radonic, Ljiljana: Krieg um die Erinnerung. Kroatische Vergangenheitspolitik zwischen Revisionismus und europäischen Standards. Frankfurt a. M. 2010.

Raphael, Lutz: Imperiale Gewalt und mobilisierte Nation. München 2012.

Rill, Bernd: Atatürk. Hamburg 1987.

Runciman, Steve: Die Eroberung von Konstantinopel 1453. 3. Auflage. München 1977.

Sanders, Ed Parish: Sohn Gottes. Eine historische Biographie Jesu. Stuttgart 1996.

Schweizer, Gerhard: Islam verstehen. Geschichte, Kultur und Politik. 3. aktual. Auflage. Stuttgart 2016.

Schweizer, Gerhard: Pilgerorte der Weltreligionen. Auf Entdeckungsreise zwischen Tradition und Moderne. Mit einem Vorwort von Karl-Josef Kuschel. Ostfildern 2018.

Schweizer, Gerhard: Türkei verstehen. Von Atatürk bis Erdogan. 3. stark erweiterte und aktualisierte Auflage. Stuttgart 2023.

Schweizer, Gerhard: Ungläubig sind immer die anderen. Weltreligionen zwischen Toleranz und Fanatismus. 2. erweiterte und aktualisierte Auflage. Stuttgart 2002.

Siedentop, Larry: Die Erfindung des Individuums. Der Liberalismus und die westliche Welt. Stuttgart 2022.

Staniloae, Dumitru: Orthodoxe Dogmatik. 2 Bände. Zürich 1990.

Zahrnt, Heinz: Gott kann nicht sterben. Wider die falschen Alternativen in Theologie und Gesellschaft. 3. Auflage. München 1970.

Zahrnt, Heinz: Gotteswende. Christentum zwischen Atheismus und Neuer Religiosität. München u. Zürich 1989.

Zeittafel

Um das Jahr 34: Vom Saulus zum Paulus. Der Pharisäer Saulus bekehrt sich vor den Toren von Damaskus durch eine visionäre Begegnung mit Christus zum Christentum und wird zum Apostel Paulus.

Um 45: Nach den Verfolgungen der Christen in Jerusalem wird Syriens Hauptstadt Antiochia zum Zentrum ihrer Bewegung. Dort entwickelt Paulus seine Theologie, von dort aus beginnen seine Missionsreisen.

Um 70 bis um 100: Die vier Evangelien werden im Umkreis von Antiochia verfasst.

Um 200: Der Bischof von Rom erlangt als „Nachfolger des Petrus" immer mehr den Vorrang vor den anderen Bischöfen. Aber es entsteht eine Spaltung zwischen Judenchristen und Heidenchristen. Immer mehr gewinnen jene Christen den größten Einfluss, die aus einer „heidnischen" Religion übergetreten sind und von dort religiöse Traditionen mitbringen.

293: Kaiser Diokletian teilt das Römische Reich angesichts wachsender Krisen in zwei Herrschaftsbereiche: Der „Kaiser des Westens" regiert in Rom, der „Kaiser des Ostens" in Nikodemia (Kleinsasien), ihnen ist jeweils ein weiterer Kaiser untergeordnet. Die höchste Autorität bleibt bei Diokletian.

311: Unter Kaiser Galerius, dem „Kaiser des Ostens", kommt in Nikodemia ein Toleranzedikt zustande, das allen Religionen des Römischen Reiches Glaubensfreiheit gewährt. Der Kaiser stirbt allerdings noch im selben Jahr.

313: Kaiser Konstantin I., der „Kaiser des Westens", einigt sich mit Licinius, dem „Kaiser des Ostens", über die Toleranz für alle Religionen in Mailand. Seitdem wird das Christentum nicht mehr unterdrückt und kann sich im Römischen Reich neben den anderen Religionen frei entfalten.

324: Kaiser Konstantin besiegt Licinius nach langen Machtkämpfen in einer Schlacht und ist damit Alleinherrscher.

324/325: Erstes Allgemeines Konzil von Nikäa (Kleinasien) unter Vorsitz des Kaisers Konstantin. Thema ist der Glaubensstreit zwischen Athanasiern bzw. den Katholiken (Christus ist Gottes Sohn) und den Arianern (Christus ist Gott nahe, aber Mensch). Das Konzil verdammt die Arianer als Ketzer, ihre Anhängerschaft bleibt jedoch weiterhin eine starke Konkurrenz. Es kommt zu einer Spaltung.

324 bis 329: In Rom wird die Peterskirche gebaut. Diese Kirche soll – neben der Grabeskirche Christi in Jerusalem – ein weiteres spirituelles Zentrum für die Christenheit repräsentieren, dazu der Papst als der ranghöchste Bischof. Die Vorrangstellung der Peterskirche bleibt Jahrhunderte lang unbestritten (bis im Jahr 537 Kaiser Justinian in Konstantinopel anordnet, die Hagia Sophia als zusätzliches Zentrum zu errichten).

330: Kaiser Konstantin erhebt Byzanz unter dem Namen Konstantinopel zur neuen Hauptstadt des Römischen Reiches. Der politische wie auch der religiöse Schwerpunkt des Reiches verlagert sich zunehmend in den Osten.

337: Kaiser Konstantin lässt sich auf dem Sterbebett in Nikodemia als erster römischer Kaiser taufen. Zum Christentum bekennen sich fast alle Nachfolger (mit Ausnahme des Kaisers Julian Apostata 361 bis 363), aber manche entscheiden sich für den katholischen, andere für den arianischen Glauben. Der Kampf zwischen beiden Konfessionen geht noch mehr als zwei Jahrhunderte weiter.

391: Kaiser Theodosius erklärt das Christentum katholischer Prägung zur Staatsreligion. Er lässt alle heidnischen Kulte verbieten, unterdrückt aber ebenso die Arianer und andere christliche Glaubensrichtungen. Die ersten Ketzerverfolgungen beginnen.

395: Nach dem Tod des Kaisers Theodosius wird das Römische Reich politisch endgültig geteilt in das Weströmische Reich mit Rom und das Oströmische Reich mit Konstantinopel als Hauptstadt.

476: Das Weströmische Reich bricht politisch zusammen. Die Stellung des Papstes von Rom ist stark geschwächt, die des rivalisierenden Patriarchen von Konstantinopel gestärkt.

496: Der Frankenkönig Chlodwig bekehrt sich zum christlichen Glauben. Von historischer Tragweite ist seine Entscheidung für das katholische und gegen das arianische Christentum.

527 bis 565: Unter Kaiser Justinian erreicht das Oströmische Reich seine größte Blüte. Im Jahr 537 beginnt er mit dem Bau der Hagia Sophia als der prächtigsten Kirche des ganzen Reiches. Die byzantinische Staatskirche bezeichnet sich sowohl als katholisch (allumfassend) wie auch als orthodox (rechtgläubig).

624 bis 644: Unter Kalif Omar erobern die arabischen Muslime Palästina, Syrien, Ägypten, Mesopotamien und den Iran. Die Kerngebiete des frühen Christentums gehen an die islamische Herrschaft verloren. Viele der „Ketzerchristen", die von der byzantinischen Staatskirche unterdrückt werden, begrüßen die Muslime als Befreier.

680: Im Islam beginnt die Religionsspaltung in Sunniten und Schiiten.

688 bis 691: Kalif Abd al-Malik lässt in Jerusalem den Felsendom errichten und schafft damit ein wegweisendes Symbol für die neue religiöse Herrschaft.

705 bis 715: Kalif Walid I. lässt in seiner Residenzstadt Damaskus die zentrale Johannes-Basilika abreißen und an ihre Stelle die Omayaden-Moschee bauen. Während seiner Regierungszeit erobern die arabischen Muslime Andalusien und zentralasiatische Fürstentümer.

800: Der Frankenkönig Karl der Große wird in Rom von Papst Leo III. zum Kaiser gekrönt. Damit regieren im christlichen Kulturraum plötzlich zwei Kaiser, die sich den Anspruch streitig machen, Schutzherren der gesamten Christenheit zu sein. Die Kaiser von Konstantinopel erkennen diese Rivalität nur widerwillig an. In der Folge entwickeln sich das westliche und östliche Christentum immer weiter auseinander. Der Papst von Rom hat wieder an Bedeutung gewonnen, und damit bekommt die Rivalität mit dem Patriarchen von Konstantinopel neues Gewicht.

813 bis 833: Unter Kalif al-Ma'mūn, dem Sohn Harun ar-Raschids, kommt das Abbasiden-Reich mit seiner Hauptstadt Bagdad zur höchsten Blüte und ist den abendländischen Kulturräumen weit überlegen. Das sogenannte Goldene Zeitalter des Islam dauert bis weit in das 13. Jahrhundert.

Um 900 bis 1000: Die berühmten Fresken in den Felskirchen von Göreme (Anatolien) entstehen.

946: In Bulgarien wird das Rila-Kloster gegründet, das bis in das 18. Jahrhundert ein religiöses und kulturelles Zentrum des Landes bildet.

963: Auf der Halbinsel Athos im Norden Griechenlands wird das erste Kloster gegründet. Die im Hochmittelalter entstehende Mönchsrepublik zählt rund 40 000 Einwohner. Heute sind es nur noch rund 2 000 Menschen.

988: Das Reich der Rus mit der Hauptstadt Kiew leitet durch Großfürst Wladimir I. eine folgenreiche Entwicklung ein. Er tritt zum Christentum über und veranlasst eine Massentaufe seiner Untertanen. Die neuen Christen orientieren sich kulturell an Konstantinopel.

1037: In Kiew wird der Bau der Sophien-Kathedrale nach dem Vorbild der Hagia Sophia begonnen.

Um 1050: In Frankreich beginnt sich der Baustil der Romanik zu entwickeln, der sich auf weite Teile des westlichen Europa verbreitet, bis er um 1200 allmählich von der Gotik abgelöst wird.

1051: In Kiew entsteht ein erstes Kloster an jener Stelle, an der 988 die Massentaufe stattfand. Gegen Ende des 11. Jahrhunderts entwickelt sich der Bereich des Höhlenklosters zum wichtigsten Pilgerzentrum der Kiewer Rus.

1054: Im Streit um die geistige Vorherrschaft über die Christenheit entzweien sich der Papst von Rom und der Patriarch von Konstantinopel endgültig. Damit ist die Spaltung zwischen westlicher (katholischer) und östlicher (griechisch-orthodoxer) Kirche vollzogen. Beide religiösen Machthaber belegen sich gegenseitig mit dem Kirchenbann, der erst 1965 zum Abschluss des Zweiten Vatikanischen Konzils aufgehoben wird.

1071: Alp Arslan, Sultan der türkischen Dynastie der Seldschuken, besiegt in der Schlacht von Mantzikert den byzantinischen Kaiser Romanus IV. Diogenes. In den folgenden Jahrzehnten verliert das Oströmische Reich weite Teile seiner Kernprovinz Anatolien an die Muslime.

1080: Die Seldschuken gründen das Sultanat von Rum mit der Hauptstadt Konya, wo die orthodoxen Christen religiöse Toleranz genießen.

1088: Auf der griechischen Insel Patmos wird eine Klosteranlage begründet, die dem Apostel Johannes geweiht ist, weil jener angeblich hier Zuflucht fand.

1095: Papst Urban II. ruft auf der Synode von Clermont zum ersten Kreuzzug auf, um das „Heilige Land" von der Herrschaft der „ungläubigen" Muslime zu befreien.

1099: Die katholischen Kreuzritter erobern Jerusalem und töten die meisten muslimischen und jüdischen Einwohner.

1125 bis 1328: Nach dem Tod des Großfürsten Wladimir II. verliert die Hauptstadt Kiew wegen starker innenpolitischer Konflikte an Bedeutung. Das machtpolitische Zentrum der Kiewer Rus verlagert sich in den Nordosten – das heutige Russland. Die dort 1108 gegründete Stadt Wladimir wird Hauptstadt des größten Fürstentums.

1147: Moskau wird gegründet. 1156 entsteht die erste Wehranlage des Kreml.

1204: Das katholische Heer, unterwegs auf dem 4. Kreuzzug, erobert Konstantinopel. Die Katholiken kämpfen damit nicht gegen die Muslime, sondern ziehen es vor, die griechisch-orthodoxe Kirche zwangsweise unter die Herrschaft des Papstes zu stellen. Sie plündern Konstantinopel so stark, dass sich das Oströmische Reich von dieser Verheerung nicht mehr erholt. Die katholische Herrschaft kann erst 1261 wieder abgeschüttelt werden.

Um 1220: Von Frankreich her beginnt sich die Gotik auch im deutschen Kulturraum zu verbreiten (und wirkt bis in das 16. Jahrhundert).

1231: Die katholische Kirche beginnt in Westeuropa mit der Inquisition gegen „Ketzer". Seit 1251 ist die Folter als Mittel der Befragung ausdrücklich erlaubt.

1240: Das Reich der Rus auf dem Gebiet der heutigen Ukraine endet durch die Eroberung der Mongolen. Nun regiert die islamische Dynastie der Goldenen Horde über eine Vielzahl kleiner christlicher Fürstentümer.

1251 bis 1504: Die Mongolen der Goldenen Horde erringen politisch auch die Oberhoheit über die Fürstentümer in Russland. Ihre Herrschaft isoliert die Region der Rus über viele Jahrhunderte von der Entwicklung in Westeuropa.

1299: Der türkische Stammesführer Osman, der in Westanatolien seinen Herrschaftsbereich wesentlich ausgedehnt hat, nimmt den Titel Sultan an. Er wird zum Begründer der Osmanen-Dynastie.

1315 bis 1321: Die Chora-Kirche in Konstantinopel bekommt die prachtvollen Mosaiken und Fresken, die zu den schönsten Beispielen der byzantinischen Kunst zählen.

1328: Der russische Großfürst Iwan I. Kalita mit der Residenz in der Stadt Wladimir macht Moskau zur neuen Hauptstadt seines Fürstentums. Er lässt im Kreml die Kathedrale Mariä-Himmelfahrt errichten, in der zukünftig die Krönungszeremonien aller russischen Großfürsten und Zaren stattfinden.

1356: In der griechischen Provinz Thessalien entsteht das erste Meteora-Kloster. Ihm folgen im Verlauf der nächsten Jahrzehnte weitere auf Felsen gebaute Klöster, die mit ihren Fresken zu den eindrucksvollsten Beispielen byzantinischer Kultur gehören.

1389: In der Schlacht auf dem Amselfeld werden die Serben durch die Osmanen besiegt. Der Sieg öffnet den türkischen Muslimen endgültig den Weg nach Europa. Bereits 1393 folgt die Eroberung von Thessalien.

Um 1420: In Florenz beginnt die Renaissance und breitet sich im Verlauf eines Jahrhunderts in fast ganz Europa aus.

1453: Der Osmanen-Sultan Mehmed II. erobert Konstantinopel und macht die Metropole unter dem Namen Istanbul zu seiner Residenz. Damit endet das Byzantinische Reich. Die orthodoxe Kirche verliert Konstantinopel als den zentralen Bezugsort. Zwar darf der Patriarch in der nun islamisch regierten Stadt seinen Amtssitz behalten, aber seine Macht über die orthodoxen Kirchen in anderen Ländern ist erheblich eingeschränkt.

1456 bis 1479: Mehmed II. erobert 1456 Athen, 1459 endgültig Serbien, 1460 den Peloponnes, 1463 Bosnien, 1479 Albanien. Die Walachei und Moldau (das spätere Rumänien) sowie das Khanat Krim kommen unter osmanische Oberhoheit.

1480: Der russische Großfürst Iwan III. befreit Moskau von der Herrschaft der Mongolen. Russland beginnt sich nach über zwei Jahrhunderten Fremdherrschaft eigenständig zu entwickeln.

1488 bis 1503: In Rumänien, das sich unter osmanischer Oberhoheit befindet, entstehen etliche der wichtigsten Moldau-Klöster mit ihren künstlerisch wertvollen Malereien an den Außenwänden.

1492: Die katholischen Spanier vertreiben die letzten Mauren aus Andalusien. Andersgläubige werden von nun an durch die Inquisition unerbittlich verfolgt.

1506: Papst Julius II. lässt in Rom die frühchristliche Peterskirche abreißen. An ihrer Stelle wird in den folgenden eineinhalb Jahrhunderten der Petersdom im Renaissance-Stil entstehen – mit der Botschaft, als die größte Kirche der Welt das Zentrum der Christenheit (und damit der Welt) zu bilden.

1514: Der Osmanen-Sultan Selim I. führt als Sunnit einen „Glaubens-krieg" gegen den schiitischen Schah Ismail im Iran. Er lässt im Grenz-gebiet seines eigenen Herrschaftsgebiets rund 40 000 Schiiten töten.

1516/1517: Sultan Selim I. erobert Syrien, Palästina und Ägypten. Da-mit wird das Osmanische Reich endgültig eine Großmacht.

1517: Martin Luther löst durch seine Kritik an Theologie und Glau-benspraxis der katholischen Kirche die Reformation in weiten Teilen Europas aus.

1524: Das Neujungfrauen-Kloster, die schönste Klosteranlage in Mos-kau, wird gebaut.

1530 bis 1584: Der Großfürst Iwan IV. (mit dem späteren Beinamen „der Schreckliche") ist der erste russische Herrscher, der den Titel Zar führt (die russische Version des lateinischen Titels „Caesar", „Kaiser"). Er ist auch der erste Regent, der Moskau als das „Dritte Rom" proklamiert – in der Nachfolge von Konstantinopel als dem „Zweiten Rom". Er er-obert 1547/1548 das mongolische Khanat Kasan und 1452 das Khanat Astrachan und festigt anlässlich dieses Sieges über den Islam seinen Ruf, der maßgebende Schutzherr der russisch-orthodoxen Kirche zu sein. In der Folge kann er auch durch Eroberungen im Herrschaftsbereich von Polen und Litauen die Macht des Russischen Reichs vergrößern.

1529: Wien wird von osmanischen Truppen unter Führung von Sultan Suleiman I. vergeblich belagert. Aber wegen der Eroberung des katholi-schen Königreichs Ungarn durch die Türken 1526 bleibt die islamische Bedrohung für die Habsburger bestehen.

Um 1550: Das Osmanische Reich befindet sich unter der Regierung von Sultan Suleiman I. auf dem Höhepunkt seiner Macht und seiner kulturellen Entfaltung. Die Grenzen reichen im Westen von Ungarn bis in den Osten nach Mesopotamien.

1552: Zar Iwan IV. veranlasst nach dem Sieg über das islamische Kha-nat Astrachan, dass auf dem Roten Platz die Basilius-Kathedrale erbaut wird. Die Bauzeit ist von 1555 bis 1560.

1582: Der Gregorianische Kalender wird durch Astronomen des Papstes Gregor XIII. eingeführt. Sie ersetzen den bisherigen Julianischen Kalender, der auf die Zeit von Julius Caesar zurückgeht und weniger genau ist. Katholisch geprägte Herrschaftsgebiete übernehmen die Reform sofort, Protestanten in konfessioneller Abgrenzung zum Katholizismus folgen erst Jahrzehnte später und Staaten mit orthodoxer Konfession brauchen gar bis zum Beginn des 20. Jahrhunderts. Die orthodoxen Kirchen in Russland, Serbien und Georgien feiern religiöse Feste bis heute nach dem Julianischen Kalender.

1618 bis 1648: Im Dreißigjährigen Krieg zwischen Katholiken und Protestanten verflechten sich religiöse und politische Motive intensiv. Aber dieser ruinöse Krieg signalisiert in Westeuropa das Ende der sogenannten Glaubenskriege und schafft eine wesentliche Voraussetzung für das Zeitalter der Aufklärung.

1651: Das Gebiet der heutigen Ukraine wird zwischen den Großmächten Polen und Russland geteilt. Im polnischen Teil wird die Bevölkerung „polnisiert" (und in der Religion katholisch), im russischen Teil „russifiziert" (und in der Religion russisch-orthodox).

1683 bis 1699: Die Türken belagern Wien zum zweiten Mal vergeblich. Seit dieser Niederlage befinden sich die Osmanen in Europa auf dem Rückzug. Die Truppen der Habsburger dringen in den folgenden Jahrzehnten immer weiter auf dem Balkan vor. Das Reich der Habsburger macht nun auch auf dem Balkan seinen Anspruch als Großmacht geltend.

1686 bis 1725: Zar Peter I., der Große, erobert im Krieg gegen Schweden einen Seeweg zur Ostsee und macht an der Meeresküste die von ihm gegründete Stadt Sankt Petersburg anstelle von Moskau zur neuen Hauptstadt. Er modernisiert Russland mit diktatorischen Methoden. Von nun an ist das Reich der Zaren eine politisch ernstzunehmende Macht für Europa. Russland wird neben dem österreichischen Kaiserreich zum Hauptgegner der Türken auf dem Balkan. Aber große Teile des russischen Bauerntums leben weiterhin in krasser Armut.

Um 1700: Das Zeitalter der Aufklärung beginnt in Westeuropa. Religiöse Dogmen werden abgelehnt, sofern sie der Vernunft widersprechen.

1781: Immanuel Kant veröffentlicht seine *Kritik der reinen Vernunft*, eines der wichtigsten Bücher der europäischen Aufklärung.

1783: Die Russen erobern unter der Regierung der Zarin Katharina II. das mongolische Khanat Krim und gliedern es ihrem Reich ein.

1789 bis 1795: Die Französische Revolution verändert Europa.

1795: Das politisch geschwächte Polen wird durch die Großmächte Russisches Reich, Preußen und das Habsburgerreich aufgeteilt. Hierbei kommen die südlichen und östlichen Gebiete der heutigen Ukraine an Russland, die westlichen Gebiete unter dem Namen Galizien an das Habsburgerreich. Die Zaren betrachten ihren Herrschaftsbereich als „Kleinrussland".

1804 bis 1878: Nach zähen Kämpfen gegen die Osmanen begründen die Serben einen Nationalstaat. Ein Teil Serbiens wird 1804 selbstständig, der Rest kann sich erst 1878 aus dem Osmanischen Reich lösen.

1815 bis 1817: Nach einem Aufstand gegen die osmanische Herrschaft werden Teile Serbiens zu einem Fürstentum, das sich nur noch locker unter osmanischer Oberhoheit befindet.

1821 bis 1834: Die Griechen erkämpfen sich schrittweise die Unabhängigkeit vom Osmanischen Reich. Das südliche Griechenland wird souveränes Königreich, 1834 wird Athen die Hauptstadt.

1822: Auf der griechischen Insel Tinos entsteht ein Wallfahrtsort, der im Freiheitskampf gegen die Türken ideologisch eine wichtige Rolle spielt und heute das bedeutendste Pilgerzentrum der griechisch-orthodox Gläubigen ist.

1839: Zar Alexander I. veranlasst nach dem Sieg über Napoleon in Moskau den Bau der Christ-Erlöser-Kathedrale, der größten Kirche des Russischen Reiches. Die Bauzeit dauert bis 1883.

1825 bis 1855: Zar Nikolaus I. treibt eine Russifizierung der verschiedenen Nationalitäten in seinem Reich entschieden voran. So sollen alle andersgläubigen Christen zum russisch-orthodoxen Glauben gezwungen werden. Besonders stark sind die Auswirkungen in der Ukraine. 1854 lässt er in Kiew ein Denkmal des Großfürsten Wladimir I. errichten, den er als den Vater des „russisch-orthodoxen" Christentums versteht.

1853 bis 1856: Zar Nikolaus I. beginnt einen Krieg gegen das Osmanische Reich aus religiösen Gründen. Großbritannien und Frankreich verhindern einen russischen Sieg. Schauplatz der Kämpfe ist die Krim (daher der Name Krim-Krieg). Der Interessenkonflikt auf dem Balkan verschärft sich, während das Osmanische Reich immer mehr an politischem Einfluss verliert.

1864: Papst Pius IX. wendet sich radikal gegen den säkularen Staat, die Demokratie und Toleranz der Aufklärung mit der Botschaft: Außerhalb der katholischen Kirche kein Heil.

1869/1870: Papst Pius IX. setzt auf dem Ersten Vatikanischen Konzil das Dogma von der „Unfehlbarkeit des Papstes" in Fragen der kirchlichen Lehre durch.

1878: Serbien, Rumänien und Montenegro erlangen durch ein Abkommen des Berliner Kongresses die Unabhängigkeit von der osmanischen Herrschaft.

1880: Fjodor Dostojewski veröffentlicht ein Jahr vor seinem Tod den religionskritischen Roman *Die Brüder Karamasow*. Zu dieser Zeit ist das Reich der Zaren religiös, sozial und politisch immer stärkeren Zerreißproben ausgesetzt.

1881: Griechenland bekommt im Kampf gegen die Osmanen Teile von Thessalien und Epirus.

1882: Das Fürstentum Serbien erklärt sich zum Königreich Serbien.

1890: In Galizien, dem westlichen Teil der Ukraine, wird die erste ukrainisch-nationalistische Partei gegründet. Ihre Sprache ist das Ukrainische.

1904: Leo Tolstoi wird von der russisch-orthodoxen Kirche wegen seiner religionskritischen Haltung exkommuniziert.

Um 1910: In den USA kommt der Begriff „Fundamentalismus" in Umlauf, er bezieht sich auf die religiös Radikalen, die sich von den „modernen", „ungläubigen" Amtskirchen abgrenzen.

1917: Im Ersten Weltkrieg kapituliert das Russische Reich vor den Truppen des deutschen und des österreichisch-habsburgischen Kaiserreichs. Im Friedensvertrag von Brest-Litowsk erzwingen die Siegermächte, dass die Ukraine ein eigenständiger Staat wird. Auf die Niederlage folgt die Oktoberrevolution, in welcher Zar Nikolaus II. gestürzt wird und die Kommunisten an die Macht kommen. Damit endet auch die Macht der russisch-orthodoxen Kirche.

1917 bis 1921: Nach dem Friedensvertrag von Brest-Litowsk kann sich die „Ukrainische Volksrepublik" vier Jahre behaupten, bevor kommunistische Truppen sie unterwerfen und als „russischen" Teilstaat der Sowjetunion angliedern. Die ukrainischen Nationalisten scheitern daran, genügend Rückhalt bei den Bauern, der Mehrheit der Bevölkerung, zu finden.

1918 bis 1945: Nach der Niederlage des Habsburgerreiches im Ersten Weltkrieg endet dessen Herrschaft in Bosnien-Herzegowina und dessen politischer Einfluss in Dalmatien. Serbien, Kroatien und Slowenien schließen sich zu einem Königkreich mit dem Namen Jugoslawien („Südslawien") zusammen.

1919 bis 1922: Nach der Niederlage im Ersten Weltkrieg verliert das Osmanische Reich seine arabischen Provinzen an die Siegermächte Großbritannien und Frankreich, die noch verbliebenen Gebiete in Europa an Griechenland. Die Griechen nutzen diese Niederlage als Chance, sie wollen Teile Anatoliens erobern und Istanbul wieder in ein christlich-orthodoxes Konstantinopel verwandeln. Sie scheitern aber am militärischen Widerstand der Türken unter General Mustafa Kemal, der später den Beinamen Atatürk, „Vater der Türken", erhält.

1923: Proklamation der strikt säkularen Republik Türkei am 29. Oktober. Die Hauptstadt wird Ankara anstelle von Istanbul. Atatürk ist der erste Präsident (von 1923 bis 1938).

1928: In Kairo entsteht die Muslim-Bruderschaft als Reaktion auf die Säkularisierung der Türkei. Damit beginnt die Entwicklung der modernen radikal-islamischen Bewegungen.

1931: Stalin lässt die Christ-Erlöser-Kathedrale in Moskau abreißen. Zahlreiche weitere Kirchen in der Sowjetunion werden in den folgenden Jahren zerstört.

1934: Atatürk ordnet an, dass die Hagia Sophia von einer Moschee in ein Museum umgewandelt wird. Das für Muslime und Christen gleich wichtige Bauwerk soll ein neutrales „Kulturdenkmal" sein.

1945 bis 1989: Das Königreich Jugoslawien endet durch den Sieg kommunistischer Partisanen im Zweiten Weltkrieg. Die kommunistische Republik Jugoslawien regiert Marschall Tito bis zu seinem Tod 1980. Daraufhin fehlt der Politiker, der das multiethnische und multireligiöse Staatsgebilde zusammenhalten kann.

1947: Die Vollversammlung des „Ökumenischen Rates der Kirchen" verkündet in Amsterdam, dass die Glaubensfreiheit aller Religionsgemeinschaften ein Menschenrecht sei.

1948: Nikos Kazantzakis veröffentlicht seinen religionskritischen Roman *Griechische Passion* und gerät in einen starken Konflikt mit der griechisch-orthodoxen Kirche.

1953 bis 1964: Der sowjetische Präsident Nikita Chruschtschow leitet durch seine Kritik an der Diktatur Stalins eine (kurzfristige) Entstalinisierung ein. Diese „Tauwetter-Politik" führt 1964 zu seinem Sturz.

1962 bis 1965: Im November eröffnet Papst Johannes XXIII. das Zweite Vatikanische Konzil. Er verkündet „Offenheit" und ist der erste Papst überhaupt, der gemeinsam mit nichtkatholischen Christen betet.

Papst Paul VI. als der Nachfolger bringt das Konzil – in den Reformen wesentlich abgeschwächt – 1965 zum Abschluss.

1963: In der Mönchsrepublik Athos wird zur Tausendjahrfeier die erste Schotterstraße von dem Hafen bis zum Hauptort Karyes gebaut. Zwei bis drei Jahrzehnte später sind alle 20 noch bestehenden Klöster an das Straßennetz angeschlossen.

1964 bis 1980: Chruschtschows Nachfolger wird der ideologische Hardliner Leonid Breschnew.

Um 1970: Die sogenannte Islamische Wiedergeburt als Massenbewegung nimmt ihren Anfang. Immer mehr Muslime beginnen die „Verwestlichung" abzulehnen. Seit Mitte der 1970er Jahre benützen die westlichen Medien in diesem Zusammenhang den Begriff „Fundamentalismus".

1979: Im Iran siegt die „Islamische Revolution" des Ayatollah Khomeini.

1982: In Griechenland setzt der sozialistische Ministerpräsident Andreas Papandreou die Zivilehe gegen den Widerstand der griechisch-orthodoxen Kirche durch. Aus der Sicht der Kirche ist dies eine Reform der „Ungläubigen".

1985 bis 1990: Wladimir Putin lebt als Geheimdienstoffizier in Dresden. Ende 1990 kehrt er nach Russland zurück.

1989: Der serbische Präsident Slobodan Milošević hält am 28. Juni bei einer Kundgebung im Kosovo eine Gedenkrede zum 600. Jahrestag der Schlacht auf dem Amselfeld, in der die Serben von den osmanischen Türken besiegt wurden. Diese Rede bedeutet die Radikalisierung für einen religiös-politischen Nationalismus, der zum Ende der Republik Jugoslawien führt.

1991 bis 1995: Am 25. Juni erklären Kroatien und Slowenien ihre Unabhängigkeit vom Bundesstaat Jugoslawien, wenig später auch Bosnien-Herzegowina. Milošević startet einen Angriffskrieg gegen die Teilstaaten, um ihre Unabhängigkeit zu verhindern. Es entsteht ein Bürgerkrieg, in dem sich nationalistische und religiöse Motive mischen: das orthodoxe Christentum in Serbien gegen das katholische Christentum in Kroatien und Slowenien sowie gegen den Islam in Bosnien-Herzegowina. Der Zerfall Jugoslawiens beginnt.

1991: Nach einem gescheiterten Putsch gegen den liberalen Präsidenten Michail Gorbatschow beginnt die Sowjetunion zu zerfallen. Von August bis Oktober schrumpft die Zahl der noch kommunistischen Mitgliedstaaten von 14 auf 3: Russland, Ukraine, Belarus. Gegen Ende des Jahres werden auch die Ukraine und Belarus unabhängig. Gorbatschow tritt zurück. Boris Jelzin wird der erste Präsident von Russland.

1991 bis 2008: In Russland hat sich die Zahl der kirchlichen Mitglieder von 31 auf 72 Prozent mehr als verdoppelt.

1994 bis 2004: Leonid Kutschma gewinnt in der Ukraine die Wahlen, er beginnt als Reformer und endet als Diktator. Dies ist eine Parallele zu Alexander Lukaschenko in Belarus, der ebenfalls 2004 gewählt und später zu einem wichtigen Verbündeten von Wladimir Putin wird.

1995: Das Massaker von Srebrenica: Mehr als 8 000 Muslime werden von Nationalisten serbisch-orthodoxen Glaubens erschossen. Unter dem Druck westlicher Großmächte kommt es daraufhin zum Ende des Bürgerkriegs in Jugoslawien mit dem Friedensvertrag von Dayton am 21. November.

1995 bis 2000: Die Christ-Erlöser-Kathedrale in Moskau wird wieder aufgebaut.

Mitte der 1990er Jahre: Putin gewinnt in Sankt Petersburg als Vizebürgermeister den Ruf, ein sehr guter Organisator zu sein.

1996 bis 2008: Milošević beginnt – wieder mit ideologischer Unterstützung der serbisch-orthodoxen Kirche – einen Angriffskrieg gegen den Kosovo, um dessen Unabhängigkeit zu verhindern. Er scheitert. Am 17. Februar 2008 proklamiert der Kosovo seine Unabhängigkeit, sie wird von 115 der 193 Mitgliedstaaten der UNO anerkannt, Serbien lehnt bis heute die Eigenstaatlichkeit des Kosovo ab.

1998 bis 2000: Die Uspenski-Kathedrale, zentrale Kultstätte des Höhlenklosters in Kiew, wird wieder aufgebaut (sie ist durch die deutschen Faschisten im Zweiten Weltkrieg zerstört worden).

1999: Putin wird von Präsident Jelzin im März zum Ministerpräsidenten ernannt. Am 31. Dezember tritt Jelzin wegen zahlreicher Korruptionsaffären zurück und ernennt Putin zu seinem Nachfolger.

2000: Am 26. März finden in Russland Präsidentschaftswahlen statt. Putin wird in seinem Amt bereits im ersten Wahlgang mit 52,9 Prozent der Stimmen bestätigt. Am 7. Mai erfolgt die säkulare Amtseinführung Putins im Kreml, ihr folgt die religiöse Weihe in der Kreml-Kirche Mariä-Verkündigung. Dies ist ein erstes öffentlichkeitswirksames Signal von Putins Wende zur Religion. Im selben Jahr findet in Moskau ein Konzil des Patriarchats mit folgender Botschaft statt: Die Kirche verstehe sich als die große geistige Kraft, ohne die Russland nicht bestehen könne.

2000 bis 2007: In Griechenland veranlasst der sozialistische Ministerpräsident Kostas Simitis, dass in den Personalausweisen die Religionszugehörigkeit gestrichen wird. Der Erzbischof von Athen organisiert dagegen einen massiven Widerstand durch Demonstrationen. Erst 2007 kann die Regierung ihre Reform durchsetzen.

2000 bis 2009: In den USA gewinnt George W. Bush durch maßgebliche Unterstützung fundamentalistischer Christen die Wahl. Entsprechend fundamentalistisch geprägt ist seine Politik.

2001: Am 25. September hält Putin im Saal des Bundestages von Berlin auf Deutsch eine Rede und erweckt den trügerischen Eindruck eines weltoffenen Reformers.

2004: Putin gewinnt in den Wahlen eine zweite Amtszeit als Staatspräsident. Auch in der Ukraine finden Präsidentschaftswahlen statt, aber es kommt zu einer Krise: Bei den Stichwahlen im November siegt Wiktor Janukowytsch, der eng mit Putin verbündete Kandidat, doch dieser Sieg erweist sich als Wahlfälschung. Es kommt zum Protest der Wähler in der „Orangen Revolution". Bei der erzwungenen Wiederholung der Wahl siegt der prowestliche Kandidat Wiktor Juschtschenko.

2005: Putin besucht das erste Mal die Mönchsrepublik Athos.

2006: Alexej II., der seit 1990 amtierende Patriarch von Moskau, lehnt im April die UNO-Deklaration der Menschenrechte als „unmoralisch" ab, eine solche schrankenlose Liberalität dürfe dem russischen Staat nicht aufgezwungen werden.

2007: Der Schriftsteller Alexander Solschenizyn, der 1991 aus seinem Exil in den USA nach Russland zurückgekehrt ist, erhält am 5. Juni in Moskau den Staatspreis der Russischen Föderation, ein Jahr vor seinem Tod. Putin besucht ihn aus diesem Anlass in seiner Wohnung. In mancher Hinsicht zeigen sich Gemeinsamkeiten in der panslawistischen Gesinnung.

2008: Dmitri Medwedew wird Staatspräsident, Putin dessen Ministerpräsident.

2008/2009: Alexej II. stirbt, sein Nachfolger wird Kyrill I.

2011: Im Dezember kommt es im Parlament von Griechenland zur Abstimmung, ob in der Verfassung der Passus einer engen Verbindung von Staat und Kirche gestrichen werden soll. Die Mehrheit entscheidet sich für den bisherigen Status.

2012: Im März wird Putin durch Wahlen wieder Staatspräsident und Medwedew dessen Ministerpräsident. Von Dezember 2011 an gibt es zahlreiche Demonstrationen gegen wachsenden Machtmissbrauch der Regierenden. Im Westen besonders bekannt wird das „Gebet" der Gruppe Pussy Riot in der Christ-Erlöser-Kathedrale von Moskau am 21. Februar.

2013/2014: Der 2010 in der Ukraine wiedergewählte Präsident Janukowytsch verweigert seine Zustimmung zu dem vom Parlament beschlossenen Gesetz, ein Assoziierungsabkommen mit der EU anzustreben. Daraufhin kommt es in Kiew zum Maidan-Protest mit Tausenden Demonstranten. Im Februar 2014 eskalieren die Unruhen, Janukowytsch flieht nach Russland. Am 25. Mai wird Petro Poroschenko, einer der reichsten Oligarchen, zum Präsidenten der Ukraine gewählt.

2014: Im März annektiert Russland die Halbinsel Krim, die 1954 von Chruschtschow durch eine Verwaltungsreform dem russischen Teilstaat Ukraine zugeteilt wurde.

2016: Putin besucht im Mai ein zweites Mal die Mönchsrepublik Athos und spendet reichlich für das russische Kloster. Im November lässt er in Moskau ein Denkmal des Großfürsten Wladimir I. errichten – in Konkurrenz zu dem bereits vorhandenen Denkmal in Kiew. Die Botschaft lautet: Das eigentlich religiöse Zentrum des „Russentums" ist nicht mehr Kiew, sondern Moskau.

2016 bis 2021: Im November wird in den USA Donald Trump durch maßgebliche Unterstützung fundamentalistischer Christen zum Präsidenten gewählt. Er dankt es seinerseits mit Unterstützung dieser religiös-radikalen Gruppierungen.

2017: Im Sommer sind die Gebeine des Heiligen Nikolaus, eines der populärsten russischen Heiligen, in der Christ-Erlöser-Kathedrale für zwei Monate ausgestellt. Zu der Reliquie pilgern Millionen Menschen aus ganz Russland, die Warteschlangen vor der Kirche sind Kilometer lang. Putin ist Ehrengast.

2018: Putin wird zum vierten Mal Staatspräsident. Die Proteste wegen „manipulierter Wahl" werden unterdrückt. In Rumäniens Hauptstadt Bukarest wird nach zweieinhalb Jahrzehnten Bauzeit die monumentale orthodoxe Kirche mit dem Namen „Kathedrale der Erlösung des Volkes" eingeweiht. Der Name steht für die Rückkehr des Christentums nach der Unterdrückung durch kommunistische Herrschaft.

2019: Im April gewinnt Wolodymyr Selenskyj beim ersten Wahlgang gegen Poroschenko und wird Staatspräsident der Ukraine.

2020: In Serbiens Hauptstadt Belgrad wird der monumentale Dom des Heiligen Sava geweiht. Putin hat sich mit großzügigen Spenden am Bau beteiligt. In der nominell noch immer säkularen Republik Türkei ordnet der Verfassungsgerichtshof an, dass die Hagia Sophia wieder eine Moschee sein soll. Auch die museale Chora-Kirche wird wieder Moschee. Im August finden in Belarus Präsidentschaftswahlen statt, die der Autokrat Lukaschenko für eine sechste Amtszeit wieder gewinnt. Anschließend kommt es wegen Wahlfälschung zu Massenprotesten der Bevölkerung, die bis weit in den September dauern. Durch massive Hilfe von Putin kann sich Lukaschenko an der Macht halten, aber dadurch verstärkt sich die Abhängigkeit von Russland noch mehr.

2022/2023: Am 24. Februar beginnt Putin seinen Angriffskrieg gegen die Ukraine. Er scheitert aber mit seiner Absicht, die Ukraine im „Blitzkrieg" zu einem Vasallenstaat zu machen. Durch den massiven Widerstand der Ukrainer unter Führung des Präsidenten Selenskyj und durch die massive Unterstützung des ukrainischen Militärs von Seiten westlicher Staaten wird es ein Krieg mit langer Dauer.

2023: Patriarch Kyrill setzt Ende April mit Andrej Kurajew einen bekannten Theologen und Kritiker seines Kirchenkurses in den Laienstand zurück. Kurajew verliert damit auch seine Professorenstelle an der Geistlichen Akademie in Moskau. Kyrill begründet seine Entscheidung damit, dass Kurajew seine „zersetzende Kritik" am Krieg gegen die Ukraine nicht eingestellt habe.

Namensregister

Wie tickt die russische Gesellschaft?

208 Seiten
Klappenbroschur
ISBN 978-3-451-39978-7

Als Russland die Ukraine angriff, schien das großen Teilen der russischen Bevölkerung egal zu sein. Das ist nicht überraschend, wie die Reportagen und Analysen von Gesine Dornblüth und Thomas Franke zeigen. Sie zeichnen ein authentisches Bild der russischen Gesellschaft nach. Selbst wenn Putin geht, bleiben Rassismus, übersteigerter Nationalismus und die Furcht vor der Staatsmacht bestehen. Dabei wird deutlich: Der zukünftige Frieden in Europa hängt davon ab, ob wir Russlands Gesellschaft richtig verstehen und entsprechend handeln.

In jeder Buchhandlung!

HERDER

www.herder.de